近世諸藩における財政改革
―― 燎原編 ――

Mitsuhiro OFUCHI
大淵 三洋 著

八千代出版

はしがき

　前書『近世諸藩における財政改革──濫觴編──』の序章でも記述した如く、「近世」とは、ヨーロッパ史においては、ルネサンスから絶対王政期を意味する。しかし、日本史における近世という時代の範囲は、簡単に論ずる事はできない。論じ始めると世界史にまたがる難解な問題（時代区分論）に直面する。しかし、本書で用いる近世は、乱から治への転換を終えて「幕藩体制」と呼ばれる仕組みの下に置かれた江戸時代を中心に、事柄によっては、多少前後させた時代幅を指す事にする。すなわち、近世、換言するならば、江戸時代は、関ヶ原の戦い後、徳川家康が征夷大将軍に就任し、江戸に幕府を開いた1603（慶長8）年に始まり、1867（慶応3）年に15代将軍の徳川慶喜が大政奉還するまでの265年間と解釈する。著者は、江戸時代を、財政的見地より以下のように2期に区分した。

(1) 江戸前期（財政改革の濫觴期　1603年～1716年〔慶長8年～享保元年〕までの114年間）
(2) 江戸後期（財政改革の燎原期　1717年～1867年〔享保2年～慶応3年〕までの151年間）

　こうした区分をした理由は、徳川吉宗の「享保の改革」を分水嶺としたからである。江戸時代の財政改革を論じる上で、享保の改革が、絶対的意義を保有しているといっても過言ではあるまい。前書は、江戸前期を研究対象とした。すなわち、未だ財政赤字が顕著になっていなかった時代における諸藩の財政改革である。その結果、江戸後期と比較して、江戸前期の主要な財政改革者は、比較的少なかったといえよう。本書は、江戸後期、すなわち、財政改革の燎原期を研究対象としている。諸藩の財政状況が危機に瀕し始めた時期であり、換言するならば、江戸後期になると、質素倹約の徹底、家臣の俸禄の減額、大坂、京都及び江戸をはじめとする大商人への借財、地場産

業の振興と専売制等が財政改革策の中心となる。

　江戸後期を研究対象とする本書では、尾張藩、肥後藩、松代藩、米沢藩、松江藩、仙台藩、白河藩、庄内藩、姫路藩、薩摩藩及び長州藩の11藩の事例を取り上げたが、諸藩の財政状況は様々で、その対応策も大きく異なっている。ただし、最後の長州藩においては、大きな財政改革が2度行われている事を考慮して、2つの章を割く事とした。本書の構成は、長州藩を例外として、原則として財政改革者の生年及び没年とは関係なく、主たる財政改革が実施された年度に配慮した事を明言しておく。

　筆者が、「近世諸藩における財政改革」に関する2部作を執筆しようと試みたのは、諸藩の財政が困窮した事情と、財政改革に挑んだ人々の志や知恵、採用した財政改革策とその結果に、現代の財政改革及び財政再建の処方箋を求めたからである。勿論、本文で取り上げた財政改革の実行者は、藩主だけではなく、藩の事情によって、有能な家老や家臣であったり、商人や農民の事もあった。読者は意外に思われるかも知れないが、藩主や重役の中には、商人や農民の実績を評価し、藩の財政改革を任せようとした人物が存在したのである。彼らの経営感覚が、旧態依然とした藩の財政運営を変化させ、財政改革を成功させたといってよい。

　第二次大戦後、近世諸藩の研究が提唱され始めた頃、まず注目されたのは、藩の確立期に関する諸問題であった。しかし、当時の学界の風潮は、諸藩の体制的、構造的な問題を重視する傾向が強く、財政改革の指導者としての藩主や家臣の特性等は、無視されがちであった。筆者は、諸藩の財政改革を強力に指導する人物の人格的、思想的な側面をも、その歴史的背景との関連において、正当に評価すべき事の必要性を強く感じている。その意味において、歴史の中における人物としての藩主や家臣個人のあり方と役割を、全体的な流れの中で把握すべきである。筆者の研究に関する観点は、自余の独創的な試みといってもよいであろう。

　本書は、江戸後期の諸藩の財政改革に関して、主として、政策立案から実行に至る過程に関与した様々な人々の意識、思想及び活動に焦点を当てて分析研究したものである。この事によって、領主から領民に至る各層の意識、

思想及び諸政策を巡った、相互の関連性と葛藤の実像に迫り得る財政改革を論述した。江戸後期の諸藩の財政改革は、藩の財政窮乏、社会構造及び経済状況の変化へ対応しつつ、年貢徴収体系の再考、殖産興業、その他の各種の財政改革を主要な政策として、強力な改革主体によって実行されたと思量する。江戸後期という時代は、広く全国の数多くの藩において、財政改革が行われている。その意味で、江戸後期の財政改革は、特筆すべきものといってもよいと思惟する。

日本大学にあって、中山靖夫先生に経済学の手ほどきを受けて以来、早くも40年以上の歳月が流れた。その後、日本大学大学院経済学研究科修士課程において、原亨先生に公債論、同博士課程において、林榮夫先生、井手文雄先生のもとにて、本格的に財政学の指導を受けた。また、個人的に杉原四郎先生より、多くのご教示を賜った。今は、鬼籍の人となられた中山靖夫先生、原亨先生、林榮夫先生、井手文雄先生、杉原四郎先生の学恩に対して、深い感謝の意を捧げたいと思う。

本書は、前書に劣らず、苦渋の産物であった。自ら反省して、内心忸怩たるものがある。論述において充分に意を尽くしていないと見受けられる箇所もあろう。私自身、これを熟知している。前書と本書の近世諸藩における財政改革に関する2部作は、著者の生涯を通じての研究成果のごく一部に過ぎない。向後、更に研究を発展させ、より高い頂を目指したいと愚考している。現代の財政改革及び財政再建に多大な影響を与えた近世諸藩における財政改革の燎原に関して、読者が本書によって、何らかのものを感じ取って頂ければ、大変幸甚である。

最後となったが、拙いこの書の出版に当たり、八千代出版社長の森口恵美子氏及び編集担当の井上貴文氏に絶大なるご支援、ご厚誼を頂戴し、心より万謝する次第である。

2019年6月5日

静岡県伊豆にて

大淵　三洋

目　　次

はしがき　i

第 1 章　徳川宗春の財政改革（尾張藩）
　　　　　──徳川吉宗と対峙した明君──　……………………… 1
　第 1 節　はじめに　1
　第 2 節　徳川宗春の生涯　3
　第 3 節　尾張藩の地位と財政状況　8
　第 4 節　『温知政要』と徳川宗春の財政改革　12
　第 5 節　むすびにかえて　22

第 2 章　細川重賢の財政改革（肥後藩）
　　　　　──宝暦の改革を主導した肥後の鳳凰──　…………… 27
　第 1 節　はじめに　27
　第 2 節　細川家の系譜と細川重賢　29
　第 3 節　細川重賢以前の肥後藩の財政状況　32
　第 4 節　細川重賢の財政改革　37
　第 5 節　むすびにかえて　44

第 3 章　恩田杢の財政改革（松代藩）
　　　　　──虚言申すまじく候の賢臣──　…………………… 49
　第 1 節　はじめに　49
　第 2 節　恩田杢の生涯　51
　第 3 節　真田家の系譜と松代藩の財政状況　54
　第 4 節　恩田杢の財政改革　57
　第 5 節　恩田杢と二宮尊徳の財政改革の比較　66
　第 6 節　むすびにかえて　68

第 4 章　上杉鷹山の財政改革（米沢藩）
　　　　　──ジョン・F・ケネディが最も敬愛した賢君──　……… 71
　第 1 節　はじめに　71
　第 2 節　上杉鷹山の生涯　72
　第 3 節　上杉鷹山以前の米沢藩の財政状況　76
　第 4 節　上杉鷹山の財政改革　81
　第 5 節　むすびにかえて　87

目　　次　　v

第5章　朝日丹波の財政改革（松江藩）
　　　　――苛斂誅求で領民に君臨した摂政――················· 93
　第1節　はじめに　93
　第2節　朝日丹波の生涯　95
　第3節　朝日丹波以前の松江藩の財政状況　98
　第4節　朝日丹波の財政改革　102
　第5節　むすびにかえて　111

第6章　山片蟠桃の財政改革（仙台藩）
　　　　――日本のアダム・スミスと呼ばれた商人学者――················· 115
　第1節　はじめに　115
　第2節　山片蟠桃の生涯　117
　第3節　山片蟠桃以前の仙台藩の財政状況　121
　第4節　山片蟠桃の財政改革　124
　第5節　むすびにかえて　130

第7章　松平定信の財政改革（白河藩）
　　　　――財政改革に燃えた青年宰相――················· 133
　第1節　はじめに　133
　第2節　松平定信の生涯　135
　第3節　松平定信以前の白河藩の財政状況　139
　第4節　松平定信の財政改革　143
　第5節　むすびにかえて　151

第8章　本間光丘の財政改革（庄内藩）
　　　　――救荒の父と慕われた豪商――················· 155
　第1節　はじめに　155
　第2節　本間光丘の生涯　157
　第3節　本間光丘以前の庄内藩の財政状況　162
　第4節　本間光丘の財政改革　167
　第5節　むすびにかえて　174

第9章　河合寸翁の財政改革（姫路藩）
　　　　――産業復興により姫路藩を救った家老――················· 177
　第1節　はじめに　177
　第2節　河合寸翁の生涯　178
　第3節　河合寸翁以前の姫路藩の財政状況　182
　第4節　河合寸翁の財政改革　186
　第5節　むすびにかえて　194

第10章　調所広郷の財政改革（薩摩藩）
──強引な借財踏み倒しによる財政改革者── …………… 197
- 第1節　はじめに　197
- 第2節　調所広郷の生涯　199
- 第3節　調所広郷以前の薩摩藩の財政状況　202
- 第4節　調所広郷の財政改革　205
- 第5節　むすびにかえて　213

第11章　毛利重就の財政改革（長州藩　第一期改革）
──尊皇倒幕の資金を蓄えた毛利家中興の祖── …………… 217
- 第1節　はじめに　217
- 第2節　毛利重就の生涯　219
- 第3節　毛利重就以前の長州藩の財政状況　223
- 第4節　毛利重就の財政改革　226
- 第5節　むすびにかえて　239

第12章　村田清風の財政改革（長州藩　第二期改革）
──明治維新につながる財政改革の功労者── …………… 243
- 第1節　はじめに　243
- 第2節　村田清風の生涯　245
- 第3節　村田清風の財政改革　248
- 第4節　むすびにかえて　255

参考文献目録　261
人名索引　280
事項索引　286
著者紹介　297

第1章

徳川宗春の財政改革（尾張藩）
──徳川吉宗と対峙した明君──

第1節　はじめに

　徳川幕藩体制下において、御三家[1]の筆頭であり、約63万石を領した尾張徳川家は、万が一、将軍家に世継ぎが途絶えた場合、次期将軍の輩出に最優先される藩であった。ところが、不思議な事に、江戸時代における15代の将軍のうち、紀州藩と水戸藩の2家は将軍を出しているが、尾張藩は、ついに一度も将軍を擁立する事ができなかった。しかし、その機会が皆無であった訳ではない。6代将軍の徳川家宣（とくがわいえのぶ）の後継者として、もう少しで、尾張藩出身の将軍が誕生する可能性があった。

　1712（正徳2）年9月、死期の迫った将軍徳川家宣は、側近の新井白石を枕元に呼び、我が子徳川家継（いえつぐ）の幼い事を案じ、「わが死後は、三家筆頭の尾張殿（徳川吉通（よしみち））に将軍職を譲り、幼い嗣子が成人したあかつきには、そのとき、後継の人に委ねるべきだ、との考え方もある。幼いとはいえ一人いるからには、これに将軍職を譲り、成人するまでの間、尾張どのに西ノ丸に入っていただき、天下の政治をみてもらうべきか」[2]と訊ねたとされる[3]。この家宣の問いに対し、「累代の家臣がついております限り、若君（家継）が世を継がれるのに、何のご心配がござりましょうか」[4]と白石は家宣の弱気を励まし、幼君でも案ずる必要はないと返答し、尾張吉通の誕生は夢と消えたのである。

　その徳川吉通の3代後の尾張7代藩主こそが、本章で研究対象とする徳川宗春（むねはる）である。宗春は、極めて毀誉褒貶の相半ばする人物である。すなわち、一方は名古屋の発展の基礎を築いた明君[5]とするものであり、他方は尾張藩を崩壊させた暗君とするものである。本章は前者の立場から、近世後期、

換言するならば、江戸後期の財政改革の嚆矢をなした宗春の諸策を論ずるものとする。

筆者は、諸藩の財政改革の主たる目標が、常に、危殆に瀕した諸藩の財政状況からいかに脱し、財政再建を達成するかという事にあると思量する。過去及び現在を問わず、財政改革における原則は、財政収入を増やすと同時に、財政支出を削減する事が肝要である。これは、至極当然の考え方であろう。筆者が前書の最後に取り上げた徳川吉宗（よしむね）（後の8代将軍）も、この諸策を採用した。

徳川吉宗は、財政支出を削減する事、換言するならば、倹約主義を採用し、財政収入の増加策がそれを補完するものであると唱えた。それに異を唱えた徳川宗春は、誠に特異な明君であったといえよう。宗春は、過去及び現在の財政改革の原則を否定し、財政の窮状を打破するには、消費支出を積極的に増やし、それによって経済を浮揚させ、結果として、財政収入を増加させる財政改革を試みた。あたかも、西欧における、イギリス正統派経済学者のトーマス・ロバート・マルサス（Thomas Robert Malthus）[6]及びジョン・メイナード・ケインズ（John Maynard Keynes）の需要重視の考え方を、日本において、初めて採用したといえよう。宗春は、尾張領内を開放し、芝居小屋や娯楽施設も増やし、諸国の人々を取り込んだ。そして、尾張藩に落とされる財貨をもって、藩の財政安定と、更なる投資に充当しようと考えたのである。事実、尾張藩は莫大な財政収入を獲得している。

徳川宗春の財政改革策は、徳川吉宗の諸策の真逆どころか、現在の財政再建の考え方を根底から覆すものであったといえよう。その意味において、宗春は江戸後期の財政改革者としては、異端児と認識されている。

本章の目的は、極めて稀有な徳川宗春の財政改革を分析研究する事によって、後世の財政改革及び財政再建への影響と貢献を論ずる事である[7]。

註
1) 御三家は、将軍継嗣を出す家柄として、将軍を支える存在であるとともに、幕政を補佐する事もあった。例えば、3代将軍徳川家光による親政が開始される寛永初期の段階では、老中制を中核とする政治機構がまだ整備されていなかった事から、

初代徳川義直（よしなお）は徳川頼宣と徳川頼房とともに「御内用」と称して、頻繁に江戸城への登城を命じられている。
2) 加来耕三「歴史に見る経営感覚（第 22 回）倹約の非を見抜いていた名君　徳川宗春」『商工ジャーナル』第 39 巻第 1 号、商工中金経済研究所、2013 年、82 頁。
3) 当時、徳川吉通は、将軍徳川家宣に可愛がられていた。これは、御三家筆頭の家柄だけが理由ではなく、彼がしばしば将軍に、幕府財政の再建に対し尽力していたからである。
4) 加来耕三、前掲論文、82 頁。
5) 「明君」とは、中国の古典『春秋左氏伝』及び福澤諭吉の『文明論之概略』で著述されているように、単なる名高い君主としての「名君」ではなく、特に賢明な君主を意味している。
6) トーマス・ロバート・マルサスの財政経済思想に関しては、拙書『イギリス正統派の財政経済思想と受容過程』学文社、2008 年を参照されたい。マルサスは、有名なジョン・メイナード・ケインズの有効需要論の先駆をなしたと推考される。
7) 筆者はすでに、徳川吉宗の財政改革に関する研究を発表している（拙稿「徳川吉宗の財政改革に関する一研究」『第 21 回日本情報ディレクトリ学会全国大会研究予稿集』第 21 巻、日本情報ディレクトリ学会、2017 年）。本章は、過去の論文に加筆及び修正したものである。

第 2 節　徳川宗春の生涯

　1696（元禄 9）年、尾張名古屋で、一人の男の子が誕生した。徳川萬五郎と名づけられたその子が、後の徳川宗春である。父は尾張藩 3 代藩主徳川綱誠、母は側室梅津であった。萬五郎は、綱誠にとって 20 番目の男子（34 番目の子）であり、梅津にとっては 2 番目の男子であった。萬五郎は尾張徳川家の生まれであったが、末弟であり、比較的自由に育った。若き日の彼は、藩主の子であったにも拘わらず、中級下級武士とも交わり、庶民感覚を身につけるとともに学問、武道及び芸事にも熱心であった。一流の文化人としての素地がここで作られたのであろう。萬五郎が名古屋で生まれ育ったのは、元禄文化の華やかな頃でもあった。戦国の時代は、100 年も前に終わっており、幕藩体制も堅固なものとなっていた。庶民も武家も平和な時代を謳歌していた時代である。その後、彼は数奇な運命を辿り、梁川藩主、そして尾張藩主

となっていく。

　その間、尾張藩ではいくつかの事柄が生じた。1698（元禄11）年に、徳川萬五郎達の兄弟の祖母千代姫（3代将軍徳川家光の長女）が逝去し、翌年、父徳川綱誠が泉下の人となり、萬五郎の7つ年上の長兄吉通が、僅か数え11歳で尾張藩の4代藩主となったのである。更に、1701（元禄14）年、尾張藩と縁続きであった播州赤穂藩主浅野内匠頭長矩の江戸城の松の廊下での刃傷事件、翌年には、有名な赤穂浪士による吉良上野介邸への討ち入りが生じた。加えて、1703（元禄16）年には、元禄大地震が起き、江戸の尾張藩邸の壁が崩壊している。

　1705（宝永2）年、紀州藩御連枝（分家）の徳川頼方が数え22歳で、紀州藩5代徳川吉宗となった。1707（宝永4）年、宝永の大地震が生じ、富士山が大噴火、宝永火口が新たにできた。翌年、徳川萬五郎は兄達とともに諱を賜っている。萬五郎は、長兄の藩主徳川吉通の「通」を拝領し、萬五郎通春と改名した。1709（宝永6）年、5代将軍徳川綱吉が鬼籍の人となり、彼の甥の徳川家宣が6代将軍の座に就いた。この時、御側御用人大老格であった柳沢吉保は幕閣を去り、間部詮房が御側御用人に、新井白石が将軍侍講[1]となる。そして、尾張藩4代藩主吉通は、参勤交代で生まれて初めて名古屋城に入り、弟達と初対面を行った。1711（正徳元）年、吉通御簾中（御三家の正妻）であった九條輔子との間に、嫡男五郎太が誕生した。その夏、吉通の側近であった奥田主馬忠雄が、名古屋城下屋敷で刺殺されるという事件が発生した。この頃、吉通は藩の重臣中心の官僚政治から脱却し、側近政治を開始している。主馬の死去は、彼にとって大きな痛手であった。主馬を殺害した女中は、その場で成敗され、事の真相は闇の中とされている。以上のような様々な出来事が起きる中、萬五郎通春は名古屋で成長していったのである。

　しかし、萬五郎通春は、尾張藩の貴公子とはいえ末の男子であり、幕府からも、尾張藩の重臣達からも、ほとんど注目されていなかった。通春の次兄の徳川八三郎通顕と、すぐ上の兄である徳川安之助通温は、幕府からの命により、藩主徳川吉通とともに東海道で江戸に下向した。1712（正徳2）には、通顕は従四位下左近衛権少将大隅守に、通温は従四位下侍従安房守に叙任さ

れている[2]。御三家の子弟に対する幕府からの特別な配慮であったといえよう。一方、彼らと同時に諱を賜った萬五郎に対しては、幕府から何の通達もなく、無位無官のままであり、名古屋に留め置かれた。この年、6代将軍徳川家宣が薨去し、7代将軍の可能性が最も高かったのは、通春の長兄徳川吉通であったが、結果的には、家宣の4男徳川鍋松が7代将軍徳川家継となったのである。僅か数え4歳の幼き征夷大将軍であった。

　1713（正徳3）年、18歳になった萬五郎通春は、徳川吉通の命令で中山道を通り、江戸に下った。江戸に着くと、彼は尾張藩上屋敷谷邸の奥に住む事となった。通春は元服前なので、藩主の家族として奥の住居となったのである。しかし、通春は、藩主吉通が夕食を取る時には、必ずともにいた程、吉通に可愛がられていたという[3]。

　その後、通春達の兄弟の長兄であった徳川通顕が、幕府から尾張藩主を嗣ぐように命じられた。7代将軍徳川家継の「継」の一文字を拝領し、尾張藩6代藩主徳川継友（つぐとも）となったのである。そして、それと合わせて、漸く萬五郎通春は元服を許され、求馬通春と改名した。不思議な事に、ここから2年間の間、求馬通春の名前は記録に残されていない。尾張徳川家の2番目のお控えとなったのであるから、それまでの尾張藩や紀州藩の例に従えば、松平の苗字と従五位下相当の官位を授けられ、翌年には侍従もしくは小将に昇進して当然であった。しかし、通春は幕府から放置され、任官ばかりか苗字さえも許可される事がなかった。

　徳川継友が尾張藩主になってから2年半後、求馬通春21歳の1716（正徳6）年2月15日、漸く通春も将軍徳川家継に初お目見えを許された。1回り以上年下の幼い将軍に拝謁した通春は、一体、何を感じたであろうか、察するに余りある。1729（享保14）年4月25日、尾張藩御連枝の梁川藩3代藩主松平義真（よしざね）の叔父である松平伊織義武（よしたけ）（通春の従兄）が幽界（ゆうかい）した。更に、5月12日、義真自身が数え16歳で急逝してしまった。幕府の定めでは、17歳未満で逝去し後嗣のいない大名は、廃絶と決められていたが、梁川藩は幕府御連枝であり、例外とされるものと考えられていた。しかし、意外にも、定め通りに断絶の法が適用された。そして、その3カ月後の8月11日、通春は梁

川藩主を命じられる事になったのである。

　求馬通春改め宗春は、梁川藩主を経て、1730（享保15）年11月には、ついに尾張藩主の座に就いた。新しい藩主として、彼は早速、庶民優先の諸政策を採用していった。当時、先代の徳川継友の質素倹約令で、尾張藩内の「祭」は縮小されていた。しかし、宗春は、祭が経済的効果が高く、人心を一つにまとめる事ができると考えた。そこで、彼は藩主として、名古屋東照宮祭及び名古屋祇園祭等を、祖父2代藩主徳川光友の時代のように、華やかに行うように家臣に命じた。宗春自身、祭とともに踊り好きな人物であった。更に、彼は御下屋敷に向かったり、名古屋城下を巡察した時、歌舞伎役者のように派手な衣装を着ていた[4]。宗春の奇抜な演出によって、名古屋は多くの人や物が集まる町へと変貌していった。彼が藩主に就任する以前の名古屋は、これといった賑わいのない田舎町でしかなかったといわれている。宗春は、自身の工夫で、名古屋を賑わいのある華やかな町に作り替えたのである。それまで武士が芝居を観る事は禁忌とされ、変装して芝居を見ていたという記録もある[5]。宗春はこれを改め、芝居小屋を許可して、浄瑠璃及び歌舞伎を観劇する事を藩士にも奨励した。しかしながら、幕閣は、宗春の心を逆撫でする行動に出たのである。第4節で詳細に分析する『温知政要』の出版が、京都町奉行所により差し止められてしまう[6]。

　1738（元文3）年5月30日、幕府の尾張藩への圧力を恐れ、名古屋城内で、重職達によって、徳川宗春に対する武力による反乱が惹起された。この時、御付家老（執政・宿老）の一人の成瀬正太は江戸にいて、名古屋はもう一人の御付家老竹腰正武が差配していた。一部の藩士は反対勢力に回ったが、結果的には、正武達に従わざるを得なかった。一転して、尾張藩領内では、次から次へと宗春の政策が否定された。尾張藩における政務は、今後、藩主宗春の許可を得る必要がないという通達も出された[7]。

　しかし、民衆の支持にも拘わらず、徳川宗春は幕府から謹慎を命じられ、彼の尾張藩の統治は、僅か8年余りで幕を閉じた。不行跡が重なり、尾張藩政が弛緩したというのが、主たる理由であった。事実、尾張藩の財政は悪化し、領内の風紀も乱れていった事は、否定できない事実であったといえよう。

第1章　徳川宗春の財政改革（尾張藩）

　1739（元文4）年正月7日、大嘗会（だいじょうえ）の使者として京都に登っていた高家[8]の堀川廣益（ひろます）が江戸に戻り、尾張藩の現状を将軍徳川吉宗に報告をした。その結果、正月12日、尾張藩の家老達が呼び出され、徳川宗春は隠居謹慎を命じられ、御連枝高須藩主の松平義淳（よしあつ）を後継とするように申し渡しがなされたのである。宗春は謹慎後、9月22日に中山道を通り、名古屋に旅立って行った。藩主時代とは異なり、実に質素な行列であったという。10月3日、名古屋に戻った宗春は、泉光院（6代藩主徳川継友の実母）が前年まで住んでいた三之丸屋敷に入り、隠居生活を始めた。屋敷の広さは4627坪であったが、尾張藩内では、宗春を「尾張黄門」と呼び、敬意が払われたとされる[9]。

　1752（宝暦2）年、徳川宗春は病に倒れた。それに伴い、かつての宗春の小姓であった河村秀根は再び宗春の奥番となった。宗春は彼にとってただ一人の主人であった。そして、1754（宝暦4）年、尾張藩主徳川宗勝（むねかつ）は、宗春の御下屋敷への転居を幕府に求め、許可を得た。1764（明和元）年秋、宗春は再び病に伏した。当時の藩主徳川宗睦（むねちか）は、京都から医師を招いたが、残念ながら死期に間に合わなかった。10月8日、宗春は秋も深まる御下屋敷で薨去した。享年69歳であった。最後まで側にいたのは、秀根はじめ側近達と、側室筆頭であった和泉（阿薫）、そして愛妾おはるのみであったという。

　徳川宗春は薨去の後も、尾張藩では特別な存在であり続けた。幕府や藩という組織を護る事が重要課題であったのは、当時の武士団であった。しかし、宗春の視点は、常に領内の庶民に向いていた。こうした姿勢は、この時代では稀有な事であったといわねばならない。庶民が心から喜んで生きる事、そのために力を尽くす事が、宗春にとって国を護るという事であった。彼の人生は、江戸後期に、華やかな色彩を備えた花火のように、人の心に残るものであったと思惟する。

　1839（天保10）年11月、徳川宗春の墓を覆っていた金網が漸く撤去された。実に76年ぶりの事であった。宗春が幕府から蟄居謹慎を命ぜられたのは、1739（元文4）年正月の事であるから、それから起算すると、なんと100年もの間、罪人としての扱いを受けていた事になる。

註

1) 将軍侍講とは、将軍に儒学、特に朱子学を教える講師を意味する。
2) 少将は上位の大大名並であり、侍従は老中、大大名並の高位である。
3) 北川宥智『徳川宗春 〈江戸〉を超えた先見力』風媒社、2013年、24頁参照。
4) 後に、「歌舞伎者」という言葉が生まれる。すなわち、並外れて華美な風態をしたり、異様な言動をする者、特に、反体制的思考を持つ伊達者を意味する。
5) 北川宥智、前掲書、34頁参照。
6) この出版差し止めに抗議するかのように、徳川宗春は病と届けを出し、2カ月近く江戸城に出仕しなかった。
7) また、1738（元文3）年、徳川宗春の許可を得ずに、百姓に別金1万5000両、名古屋と岐阜町に別金3万5000両を課税した。その前年はあくまでも借財であったが、今回は課税であり、尾張藩の領民は混乱した（北川宥智、前掲書、46頁参照）。
8) 高家とは、幕府の儀式典礼を司る旗本の家柄を意味する。
9) 北川宥智、前掲書、48頁参照。

第3節　尾張藩の地位と財政状況

　江戸時代の大名は、徳川将軍家の支配下において、格式（家格）によって序列化されていた。格式の基準となるのは、石高、官位、席次及び将軍家との親疎関係である。尾張藩は、徳川家康の9男徳川義直を祖とし、10男徳川頼宣を祖とする紀州藩、11男徳川頼房を祖とする水戸藩とともに御三家と称されていた。藩主は、将軍家と血縁関係が近い事から、「徳川」と称し、葵紋を使用する事も許されていたのである。また、尾張藩は、石高も61万9000石と多く、支配領域も広大であった[1]。そのため、尾張藩は、幕府から特別な待遇を受ける家柄として、諸大名の中で最も高い格式を保有していた。例えば、江戸城では、年を通じて様々な儀礼を行っていたが、尾張藩主が登城した際には、幕府の諸役人は全て、下座する事になっていたのである。また、諸大名は格式ごとに、城内の詰所が決まっており、尾張藩主の詰所は、紀州、水戸両家とともに、松の廊下に沿った「大廊下上之部屋」という格式が最高の部屋であった。この部屋では、御三家の着座する位置も決まっていた。

第1章　徳川宗春の財政改革（尾張藩）

　次に、官位に関しても、尾張藩主は、元服後に従四位下、続いて従三位中将に叙位任官され、更に、参議兼官となっていた。武家官位の序列は、太政大臣、左大臣、右大臣、大納言、中納言、参議、宰相、中将、少将、侍従、四品、諸大夫の順になっており、右大臣以上は将軍のみであり、尾張藩主の従二位権大納言は、諸大名の中で最高位といえた。紀州藩主の官位も尾張藩主と同様で、水戸藩主は、従三位権中納言が極位極官であった。尾張藩では、初代徳川義直、2代徳川光友、9代徳川宗睦、11代徳川斉温、12代徳川斉荘、15代徳川茂徳が従二位権大納言まで昇進している。3代徳川綱誠、4代徳川吉通、6代徳川継友、8代徳川宗勝、13代徳川慶臧、14代徳川義恕は従三位権中納言であった。10代徳川斉朝と17代徳川慶勝は異例の正二位大納言まで昇進している。また、2代光友の時に創設された分家の高須松平家（四谷家）と梁川松平家（大久保家）は、ともに従四位下少将まで昇進した。これは国持大名とほぼ同格で、江戸城の詰所も島津家や伊達家等の国持大名と同じ大広間であった。

　1600（慶長5）年9月、関ヶ原の戦いに勝利した徳川家康は、その戦後処理のため、敵対した豊臣恩顧の諸大名への大規模な改易及び転封を行うとともに、関東の本領6カ国に加えて、三河、遠江、駿河、甲斐及び南信濃の旧5カ国を回復、尾張、越前の各1国と美濃、北伊勢、近江の一部、更に、常陸、下野の一部等を領有するに至った。そして、家康は息子達を徳川一門として大名に取り立て、領有した諸国の一部に配置する事で、権力基盤の強化を図り、その一環として、家康の4男松平忠吉は、武蔵国忍10万石から尾張国に転封となった[2]。ところが、忠吉は28歳の若さで病死してしまった。しかも、世嗣がいなかった事から、家康は9男の徳川義直を甲斐から尾張へと国替したのである。

　このように、息子達を尾張に配していた事から、徳川家康はこの地を重視していたと考えられる[3]。すなわち、家康による領国支配体制の構築において、東国と西国との境界に位置する尾張藩は、大坂城を中心とする豊臣勢力の動向を監視及び牽制し、徳川将軍家の拠点である江戸を防御する上で、戦略的重要拠点であった。

備前検地によって、総石高は47万1300石余りとされたが、その後も美濃国内を中心に加増され、徳川義直の領域は拡大していった。美濃国各務郡鵜沼、羽栗郡円城寺村及び竹ヶ鼻村等の7580石余りの木曽川流域及びその周辺地域等である。更に、1615（元和元）年8月には、木曽川地域を中心に3万2282石余り、加えて、1619（元和5）年には、岐阜を含めた美濃国内において、5万石が加増された[4]。すなわち、木曽地域及び木曽川・飛驒川流域、長良川・揖斐川流域を中心とした、軍事的、経済的要衝が尾張藩領に組み入れられたのである。また、徳川家康の命により、義直に従属した重臣達には、領国支配において、特に、名古屋城の防衛という軍事上の理由によって、要衝の地に知行地が与えられ、在所（本拠地）が定められた。結果として、尾張一国の他に、美濃・三河、更に摂津・近江等の一部も領有し、幕府が定めた領知高は61万9500石となった。しかし、実際には、1635（寛永12）年の時点で、尾張一国の48万3500石余り、美濃国内の12万7000石余り、三河国内の5000石、近江国内の5000石余り、摂津国内の232石余りとなっており、これに木曽山での収入を加えると、63万3000石余りに達していた。また、その後の新田開発や檜を主木とする木曽山での収入等を考慮すると、近世後期以降には、その実高は90万石から100万石近くに達していたといわれる[5]。

　初代徳川義直は、財政基盤の拡充を図るため、積極的に新田開発を進めるとともに、1645（正保2）年に「四ツ概制度」を実施して、地域ごとに格差があった年貢の免率を四公六民とした。その結果、蔵入地（藩の直轄地）では、約16万9000石の増収となった[6]。しかし、その間に跡継ぎの2代藩主徳川光友と3代将軍徳川家光の娘である千姫との婚礼や江戸屋敷の焼失による再建等の出費があった。また、光友の時に菩提寺である建中寺をはじめとした寺社を建立したり、1660（万治3）年の万治大火等の度重なる天災により、尾張藩の財政状況は悪化していった。1666（寛文6）年9月には、金銀貨の通用を停止して「判書」と呼ばれる藩札を発行したが、かえって経済活動の停滞を招き、1年後に廃止する事となったのである。そこで、1681（天和元）年には、国用人の山内知真を登用して財政改革を断行し、代官の収入であった口

米[7]を藩の収入に切り換えた他、家臣団の新開地を公の収入とする等の藩財政の基盤強化を図った。3代藩主徳川綱誠以降も倹約を徹底して、財政改革に努めたが、その後も、5代将軍徳川綱吉の江戸屋敷訪問に伴う御成御殿の建設、名古屋城下の大火、尾張藩領内の水害の復旧費用、富士山の噴火による幕府への上納金等、多額の出費が続いたのである。

　江戸後期以降の尾張藩の財政状況を分析すると、6代徳川継友の時代である1718（享保3）年の収支は、金部門では収入が13万970石、支出は11万3741石であった。その結果、差引1万7229石の余剰があり、これを同年の米の価格1石（金2両）で換算すると、総差引3万4458両の黒字となった。米部門の収入項目は、年貢米越小物成、三枡口米等の付加税で、支出項目は江戸下米や家中扶持米等である。また、金部門の主要な収入項目は、年貢金、三役銀（夫銀、堤役銀、伝馬銀）等で、支出項目は、江戸費用や諸役所経費及び家臣団の扶持等でも総差引は2万8167両の黒字を計上した。しかし、7代藩主徳川宗春の時の1731（享保16）年には赤字に転じ、1738（元文3）年には、総差引14万7585両の赤字となり、尾張藩の財政状況は窮乏化していったのである[8]。

　当時、尾張藩の表高は、冒頭に述べた如く、約63万石であったが、実収入は90万石にも達し、その財力は驚嘆に値するものがあった[9]。徳川幕府が最も恐れたのは、薩摩藩でもなく、長州藩でもなく、親藩の尾張藩であった。その尾張藩の藩主であった徳川宗春が、実兄が将軍になる事ができなかったのを、残念至極と考えていた傑物であったのは、歴史上の皮肉といわざるを得ない。もし、彼が西の京都や大坂を抑え、多くの外様大名を味方とし、関東に対抗しようとしたならば、幕府にとってこれ以上の脅威はなかったであろう。幕府が彼に弾圧を加えたのは、幕府自体にとって、至極当然の事といわねばならなかったのである。

註

1) http://www.tokugawa.or.jp/institute/019.0001-owari-part01.htm 参照（2018年3月20日現在）。

2) 同上。
3) この事は、1608（慶長13）年8月に2代将軍徳川秀忠が発給した『領知判物』からも裏づける事ができる。この判物には、徳川義直が尾張一国を領有する事が記されているが、石高が明記されていない。これは、同年7月から幕府の代官頭であった伊奈備前守忠次等によって実施された尾張領内の検地（備前検地）がまだ途中で、石高が確定していなかった事による。更に、松平忠吉の死後、早急に義直を配置する事で、尾張を引き続き徳川家康の支配下に置く事を、最優先した当時の政治情勢が背景にあった。
4) 前掲ホームページ参照。
5) 同上。
6) 同上。
7) 口米とは、年貢米徴収の際の手数料を意味する。
8) 前掲ホームページ参照。
9) 日本英雄傳編纂所編『日本英雄傳　第7巻』非凡閣、1936年、109頁参照。

第4節　『温知政要』と徳川宗春の財政改革

　1730（享保15）年11月、徳川御三家筆頭の尾張藩7代藩主に、徳川宗春が就任した[1]。江戸前期の高度経済成長時代はすでに終焉し、低成長が長期化していた時期であった。宗春は、尾張藩主になると同時に、新しい経済政策と財政政策を次々と打ち出していった。その基本となる考え方は、経済の発展や社会の活性化へ向けて、様々な分野で自由化と規制緩和を実施しようというものであった。しかしながら、こうした宗春の諸政策に対する基本方針は、当時の徳川幕府の主導者であった8代将軍徳川吉宗の思想と、全く考え方を異とするものであったといえる。吉宗は、低成長の時代を迎えて、法と官僚による中央国家体系を構築し、様々な保護や規制を加える事によって、国民諸階層の生活を低成長時代に適応させようと苦慮していたのである。

　1705（宝永2）年、弱冠22歳で紀州藩主の座に就いた徳川吉宗は、すぐに窮迫した藩の財政再建に着手した。彼は、勤倹節約を旨とする典型的な緊縮財政を展開していったのである。同時に、殖産興業及び新田開発等も推進して、藩政12年間で莫大な負債を返却した上に、150万両近い金と11万石余

第1章　徳川宗春の財政改革（尾張藩）

りの米が貯蔵されたという実績を誇っていた[2]。将軍になってからの享保の改革も、この延長線上にあった。すなわち、徹底的な緊縮政策によって、財政支出を極力抑えるというものであった。そのために、士農工商全てに勤倹節約を厳命したのである。

やがて、当然のように、徳川宗春と徳川吉宗の考え方は鋭く対立する事になるが、宗春の思想的背景を知る上で重要な資料が、彼の主著である『温知政要』[3]である。この著作は、新藩主宗春の尾張藩入部に当たって、自らの政治信条を述べたものであり、間違いなく彼の直筆で、お国入りの僅か1カ月前に書かれた[4]。

『温知政要』の骨子は、規制緩和である。人心を和らげ、働く意欲を旺盛にし、経済活動の自由を認め、物作りを拡大させ、人口増加を図り、消費を拡大し、城下及び周辺地域の発展を目指したものである。その基礎は「愛」と「仁」であり、徳川宗春は、尾張藩内には「慈」を、外には「仁」をもって接する事を説いた。この考え方は、彼自身が、本来生まれ持って保有していたものであり、ある意味で、宗春は進歩的な思想家であったと思われる[5]。『温知政要』は、尾張藩の儒官深田慎斎によって添削されている。1730（享保15）年11月28日、宗春は尾張藩7代藩主となり、すぐにこの政治宣言を著述し始め、1731（享保16）年に脱稿した。御手刷版は、1732（享保17）年に刷られ、主だった尾張藩士に配られている[6]。前述の如く、書写版が出回ったり、流行しかけた時に、京の出版所に依頼してあった普及版が、幕府京都所司代牧野英成によって、出版差し止めとなる。宗春隠居謹慎後は、尾張藩内の御手刷版も回収処分されたために、現存数は少ないが、いくつかの御手刷版と写本が残されている。巻頭に「慈」の字を赤く、巻末に「忍」の字を黒く印刷してあり、宗春の政治理念である「慈忍」を強く印象づける工夫がなされていた。

『温知政要』の序には、以下のように記述されている。すなわち、

　古より、国を治め民を安んずるの道は、仁に止る事也とぞ[7]。我武門貴
　族の家に生るといへども、衆子[8]の末席に列り、且生質疎懶にして文

学に暗く、何のわきまゑもなかりし中、幕府祗候の身となり、恩恵渥く蒙りしうへ、はからずも嫡家の正統を受継ぎ、藩屏の重職に備れり。熟思惟するに、天下への忠誠を尽し先祖の厚恩を報ぜん事は、国を治め安くし、臣民を撫育し、子孫をして不義なからしむるより外あるまじ9)。故に日夜慈悲愛憐の心を失ず、万事廉直にあらんが為、思ふ事を其儘に和字に書つゞけ、一巻の書となして、諸臣に付与す。是、我本意を普く人にも知らし、永く遂行ふべき制約の証本なるうへ、正に上下和熟一致に有らん事を欲するが為爾云10)。

現代語訳は、以下の通りである。すなわち、「昔から、国を治め、民を安らかにする道理は、仁（最高の徳、愛情）に尽きる事である。私は、武門貴族の家に生まれたとはいえ、数多い子供の末席に連なり、かつ性格はうとく怠惰であり、文学に暗く、なんのわきまえもないうちに、幕府に仕える身分となり、恩恵を厚くこうむったうえ、思いがけず本家の正統を受け継ぎ、藩屏（垣根・守りの屏）の重職の地位についた。よくよく考えるに、天下へ忠誠を尽くし、先祖の厚い恩に報いるという事は、国を治め穏やかに保ち、臣民を慈しみ育て、子孫が道をはずれる事のないようにする以外にはない。このため、日夜慈悲愛憐（いつくしみとあわれみ）の心を失わず、万事清廉潔白でいるために、思う事をそのままに、漢字ではなく国字で書きつづけ、一巻の書として家臣に与える。これは、自分の本意を広く人にも知らせ、永くなし遂げる誓約の証本であり、まさに身分の高い者も低い者も、仲良く一つになることを望むがために言うことである」11)。

冒頭に、『温知政要』執筆の意図が記されており、徳川宗春は国を治める道として、「仁」が最も重要であるという事を明言している。一般に、宗春は徳川吉宗と比較される傾向がある。宗春も吉宗も、儒家及び儒教の影響を受けていた。儒家の修めるべき五徳は、「温、良、恭、倹、譲」であり、儒教の五徳は、「仁、義、礼、智、信」である。吉宗は、「倹」と「礼」を重視したが、他方、宗春は、「慈」と「忍」に重きを置いた「仁政」を尾張藩の統治の基礎とした。宗春は、次のように説いたのである。すなわち、人が

二人と書いて仁という字になる。人が二人存在すれば、社会が生まれる。国家とは、その小さな社会の集合体である。それゆえ、仁が最も重要なのだとした。例えば、経済の起源は、物々交換である。しかし、その一方の交換相手が倹約をしたならば、他者も倹約を行うために、倹約が倹約を惹起する。そこで、仁が必要となる。交換活動に仁の心があれば、その仁が他者にも伝播し、経済の循環が良好となる。その結果、領民は皆、裕福となり、貧富の格差がなくなると考えたのである。

　そして、徳川宗春は、自ら思いがけず、御三家の筆頭の重職に就いた事、慈悲の気持ちを大切にして藩政に当たる事等を述べ、藩主としての心構えを広く家臣に知らせ、自らこれを実行する誓約書として、本書を著した事をはっきりと記述している。『温知政要』の本文は、21条に分かれているが、特に、目安となる条項の題は存在しない。しかし、内容を吟味し、要約すると以下のようになる。すなわち、

一、慈忍の二字を掛物二幅にこしらえし理由。
一、慈忍の心なくば、巧業終に成就せざる事。
一、国政のあやまりは忽ちあらため直すべき事、但、刑罰は改むることあたはざれば、吟味の上に念を入、大事にかくべき事。
一、能終有事すくなければ、最初の存念工夫をくじけざる様心得るべき事。
一、学問するといえど、本心をうしなわず、正理に違わぬを工夫すべき事。
一、よく人をみて用うべき事。
一、好嫌は万人すべてことなるもの故、おのが主観にて強いざるべき事。
一、法度の繁はよろしからざる事。
一、省略、倹約は治家の根本なれば、尤相つとむべき事。
一、上、中、下共、和熟一致になくしては、善行もなし遂げがたき事。
一、当今のものの心の持ちようあしければ手じかき工夫あるべき事。
一、目のつけ方に心がけ、角をためんとして牛を殺すの愚を学ばざる事。

一、万事に心を用いてうかうかと暮さざる事。
一、自慢、批評等をさしひかえるべき事。
一、人を諫めんとならば、諫めらるる人の身の上となりて諫めるべき事。
一、改むれば只今までのあやまりも学問となるべき事。
一、不意の事に出合うてもうろたえぬ様、常々よりの覚悟肝要なる事。
一、人の上たるものはよく下情に通じ、慈忍の本心を失わざる事。
一、熟慮して事を行うべきも、事によりては期を逸せざる様心得べき事。
一、改め直すのみにてはなし。理非問答のよき輔左こそあらまほしき事。
一、捨私天理にかのう様工夫すべき事 12)。

以上の21カ条の中で、特に、徳川宗春の主張として、注目に値するのは第8条及び第9条といってよいであろう。

第8条は、換言するならば、「法令（規制）が多いのは良くない事である」と解釈できる。詳細な原文は次の通りである。すなわち、「万の法度号令年々に多くなるに随ひ、おのづから背く者も又多く出来て弥法令繁煩はしき事に成たり。かくの様子にて数十年を経るならば、後には高声に咄しする事も遠慮あるやうに成まじきものにてなし。其外一切の作法、諸役所の取扱までも、右の通りなれば、上げ句には、夜寝る間もなきやうに成行んか。第一法令多く過れば、人のこゝろいさみなく、せばくいじけ、道をあるくにも跡先を見るやうに成り、常住述懐のみにてくらし、自然と忠義のこゝろもうすく成間敷ものにてなし。さあれば、其品其品をとくと考へ、人の難義指支にもなるべき事、瑣細なる類は除き止るやうに仕たきもの也。万の取あつかひすくなければ勤る事も守る事を仕やすく、法度の数減ずれば背く者も稀にして、心も優に、諸芸もはげみたしなむやうに成べきか。和漢ともに、事の多く成り法度の繁はよろしからぬ事とこれ有よし」13) と。

解釈を容易にするため、現代語訳を加えておく。すなわち、「さまざまな法令や規制が、年々多くなるに従い、自然とこれに背く者も多く出て、ますます法令が多くなり、わずらわしいことになる。このまま数十年を経るならば、後には高声で話すことも遠慮するようになるとも限らない。そのほか、

一切の作法や諸役所の取り扱いも、このままいくと、結局は夜寝る間も無くなってしまうのではないか。第一、法令が多すぎると、人の心の積極性が失われ、狭くなりいじけ、いつも愚痴ばかり言い、自然と忠義の心も薄くならないともいえない。したがって、法令の内容をよく考え、人の難儀や差し障りになることや瑣細（瑣末）な種類の法令は取り止めるようにしたいものである。さまざまな規制を少なくすれば、勤めることも守ることも楽になり、法令の数を減らせば、背く者も稀となり、心も優しくなり、諸芸に励むことになるであろう。日本・中国ともに取り締まりが厳しく、法令が繁雑になるのはよくないといっている」[14]と。

　徳川吉宗の緊縮政策は、筆者にとって、『蜂の寓話』（The Fables of the Bees）[15]を連想させる。為政者である吉宗自身が倹約を強制しているのであるから、これでは社会の経済は低迷し、不況が世の中を覆うのは必至の事であった[16]。

　徳川宗春は、法令が多過ぎると庶民を萎縮させると考え、法令の数を減らす事、換言するならば、規制緩和を強く主張したのである。1732（享保17）年、宗春が発布した法度において、「国に法令多は恥辱之其也。古は三章の法を以四民を撫育せられしと聞及ぶ。すべて我勤むべき事をつとめ、大道の筋目さへたがはざれば銘々の好所は不及議論事」[17]と述べている。すなわち、国に法令が多いのは恥辱のもととしているのである。また、同年、徳川吉宗に詰問された際にも、国に法度が少なければ罪人もなく、盗人の心配がなくなれば平和となると反論している。一方、この時期、将軍吉宗は徹底して法を重視する姿勢を示していた。彼は法制度と官僚機構の整備に力を注ぎ、規制強化策を展開していたのである。それに対して、宗春の規制緩和の論調は、吉宗の改革政治に真っ向から異を唱えるものであったといえよう。

　徳川吉宗と徳川宗春の諸政策の中で、庶民の多くが支持したのは、規制緩和や個性尊重を中心とした宗春の統治であった。ただし、宗春が名古屋の経済発展のために、特に、産業を育成する等の施策を採用したという記録は残されていない。彼は、積極的に経済復興策を採ったというよりも、むしろ、経済発展を妨げていた禁令規制を廃止し、束縛を取り払って自由化した事に

よって、経済発展をもたらしたと考えるべきであろう。それゆえ、芝居等の興行を自由化し、武士の芝居見物を許し、従来禁じられていた遊廓の開設を認め、また、他国の商人の名古屋進出をも拒否しなかった。これは、当時進行していた商品経済の発展を押し留めようとするのではなく、自然の流れに任せようとする試みであったとも理解できるであろう[18]。

　また、第9条の原文の詳細は、以下の通りである。すなわち、「省略倹約の儀は、家を治るの根本なれば、尤相つとむべき事也。第一、国の用脚（銭の異称）不足しては、万事さしつかゆるのみにて、困窮の至極となる。さりながら、正理にたがひてめつたに省略するばかりにては、慈悲のこゝろうすく成りて、覚えずしらずむごく不仁なる仕方出来して、諸人甚痛みくるしみ、省略かへつて無益費と成事あり。山海に自然と生じ、田畑に蒔植、其外諸職人の手にてこしらへる類、限りなき万物、其程々のあたひあり。余りにきびしく棹を入れ[19]、ぎんみ過れば、其品々うすく麁相に成て、一度こしらへ二年三年も用ひられるべきもの、壱ケ年の中に幾度も仕替候はねばならぬ様に成り、積り積りては大きなる費に成る事、毎度有事也。さあればとて、吟味すべき程は随分かんがへ申付べし。たゞ過不及なきやうに心を用ひ、人の益にもならぬ奢をはぶき、一つ二つにて済候物を数多くこしらへ、いまだ用ひらるゝ物をむざとあらため申付る類、常住平生の事に勘弁工夫有度事也。不斗心得違ひては、諸人の痛みなげきに成事顕然たり。それゆへに、聖人の詞にも、『用を節して人を愛す』[20]とありて、何事もふまへ所のなくては叶はぬと見えたり」[21]と。

　第8条と同様に、現代語訳を加えておく。すなわち、「省いたり倹約することは、家を治める基本であるから、これに努めるべきである。第一、国の用脚（費用）が不足しては、万事に差し支えるばかりで、困窮の極みとなる。しかしながら、道理をわきまえず、やたらと省くばかりでは、慈悲の心は薄くなり、知らないうちにむごく不仁な政治となり、人々がたいへん痛み苦しみ、省略がかえって無益の出費を招くことがある。山海に自然と生じたり、田畑に蒔き植えたり、そのほか諸職人の手でこしらえた物は、さまざまな物があり、それぞれの価値がある。それをあまりにきびしく干渉し、吟味す

ぎるとそれらの品々は少なくなり、粗悪となる。一度こしらえれば二年三年も使える物が、一年の間に何度も作り替えねばならず、積もり積もって大きな出費となることは、たびたびあることである。したがって、吟味の際には随分と気を使い申し付けるようにするべきである。すなわち、過不足がないように心を用い、人の利益にならない奢りは省き、一つ二つで済む物を数多くこしらえ、現在使っている物を惜しげもなく代えるよう指示するようなことは、普段からわきまえ工夫したいものである。意図しなくても、心得違いなどあっては、諸人の痛みやなげきになることは明らかである。このために、聖人の言葉にも『倹約して人を愛す』とあり、何事も思慮分別がなくてはならないとされている」[22]と。

　現代語に換言するならば、「倹約ばかりではかえって大きな出費となる」と解釈が可能である。すなわち、幕府にとって、倹約主義や財政削減を試みても問題ないが、諸藩にそれを強要すれば、知らず知らずのうちに社会全体の消費が抑えられて、景気は悪化し、庶民の暮らしは困窮する。また、様々な生産物に規制を加えると、かえって粗悪になり、これも出費が増える要因となると述べている。この事を徳川宗春は熟知していたと思われる。しかし、徳川吉宗には、それが「必要悪」という感覚でしかなかった。吉宗の採用した財政政策は、本当の「仁慈」ではないと宗春が強く否定した条文といえよう。彼はこの見解を更に進めて、華美はかえって手下の助けとなると、すなわち、君主の消費が民間の経済を刺激して、庶民生活を活性化させると、消費の有効性を主張するに至るのである。

　このように、徳川宗春は、徳川吉宗が些細な事を理由にして、庶民の楽しみを奪った事を具体的に批判している。そして、宗春の尾張藩統治は、積極的な景気刺激策であり、消費奨励策ともいえるものであった。

　徳川宗春は、人の上に立つ者は、自分の考えを他人に押しつけるべきではない、それに、極端な倹約は、かえって庶民を苦しめる事になって無益である。改革も同じで、急に変えようとすれば、庶民は従わず、大きな禍根を残す事となると考えていた。

　また、徳川宗春は、領民への租税の扱いにも配慮を忘れなかった。当時の

江戸幕府は、宿老松平乗邑(のりさと)が主導して、租税を五公五民としていた。しかし、宗春は、尾張藩に関しては四公六民を貫いたのである。つまり、収穫量における年貢の割合を5割ではなく、4割としたのである。また、尾張藩には、領地を持つ藩士が多数いた。そうした藩士達に臨時で割り当てる年貢を禁止している。これらは、一時的な財政収入の増加よりも、人望を失う事を恐れ、未来を見据えた禁令であったといえよう。宗春の諸政策は、名古屋以外の尾張藩領にも及び、梁川藩時代と同じように、各地に六斎市及び馬市が設けられ、人や物の流通が増加していった。

先代藩主であった徳川継友の懸命の努力で、徳川宗春が藩主となった時には、僅かながらであるが、財政状況に余裕があった。しかし、その後の年貢米の徴収減と宗春の私生活面での奢侈が重なり、華やかな名古屋城下の繁栄とは裏腹に、尾張藩の財政状況は急速に悪化の一途を辿った。

註
1) ただし、就任当時は、未だ徳川通春と名乗っており、宗春と改名するのは翌1731（享保16）年の正月の事である。
2) 井門寛『江戸の財政再建——恩田木工・上杉鷹山ほか20人の改革者たち——』中央公論新社、2000年、56頁参照。
3) 恐らく、「温知」という用語は、『論語』にある「温故知新」の略であり、「政要」とは、政治について必要な記述という意味であろう。原本は、縦28.4cm、横21.4cmの大きさで、1冊本、紙数は43枚である。仮名混じりの文章で、序文、本文、跋文（あとがき）の3部からなり、全部で7000字程である。木版印刷され、後に手書きで写されたものである（大石学訳・解説『徳川宗春　温知政要』海越出版社、1996年、6頁参照）。
4) ちなみに、江戸時代の藩主の著作が公刊されたのは、『温知政要』が初めてである。
5) 中野明『財政改革に挑んだサムライ達』I Books、2014年、位置No.155参照（電子書籍Kindle版）。
6) 『温知政要』がどの程度までの武士に配付されていたかという事については、確証がない。しかし、少なくとも150石当たりの奉行程度までと、推測される（多比左志「温知政要瞥見［徳川宗春］」『郷土文化』第6巻第3号、名古屋郷土文化会、1951年、12頁参照）。
7) 儒学の四書五経の一つ『大学』の冒頭に「大学之道、在明明徳、在親民、在止於至善」とある。書き下し文は、「大学の道は、明徳を明らかにするに在り、民を親しましむるに在り、至善に止まるにあり」であり、現代語訳は、「大学で学問の総

しあげとして学ぶべきことは、輝かしい徳を身につけてそれを（世界にむけてさらに）輝かせることであり、（そうした実践を通して）民衆が親しみ睦みあうようにすることであり、こうしていつも最高善の境地にふみ止まることである」とされる。すなわち、「止まる」とは、善の極致に止まって他に移らないという意味である（金谷治訳注『大学・中庸』岩波書店、2014年、31〜33頁参照）。

8）衆子とは、長子以外の子供、あるいは側室の子を意味する。徳川宗春は3代尾張藩主徳川綱誠の側室の子であった。

9）四書の筆頭に挙げられる『論語』の学而第一に「子曰、三年無改於父之道、可謂孝矣」とある。書き下し文は、「子曰わく、三年、父の道を改むること無きを、孝と謂ふべし」であり、現代語訳は、「先生がいわれた、（死んでから）三年の間、父のやり方を改めないのは、孝行といえる」とされる。すなわち、前任者の法をそのまま引き継ぐのが孝の意味とされた（金谷治訳注『論語』岩波書店、2014年、28頁参照）。

10）大石学、前掲書、16頁。

11）同上、17頁。

12）多比左志、前掲論文、15〜16頁。

13）大石学、前掲書、36〜37頁。

14）同上。

15）1714年、イギリスの思想家バーナード・デ・マンデヴィル（Bernard de Mandevill）によって著述された作品であり、個々では成り立つが、社会全体では成り立たない事を、現在の経済学では「合成の誤謬」と呼ぶ。蜂の寓話は、まさにこの点を指摘しているといってよいであろう。

16）徳川幕府の場合、故意に不況を惹起し、世間の景気を押し下げて武士の生活水準に合致させようとしたとも考えられよう。

17）奈良本辰也校注「温知政要（徳川宗春）」『日本思想大系38 近世政道論』岩波書店、1976年、160頁。

18）非常に興味深い研究として、徳川宗春の政策と老子の無為思想との関連性を論じた文献さえ存在する（林由紀子「徳川宗春の法律観と政策——とくに老子とのかかわりを中心に——」林董一編『近世名古屋享元絵巻の世界』清文堂出版、2007年、345〜400頁参照）。

19）本来は、検地の際に測量用の棹を用いる事を意味するが、ここでは、庶民の生産活動の検査をする事をいう（奈良本辰也、前掲論文、161頁参照）。

20）『論語』の学而第一にある「子曰、道千乗之國、敬事而信、節用而愛人、使民以時」、書き下し文「子曰わく、千乗の国を道びくに、事を敬して信、用を節して人を愛し、民を使うに時を以てす」、現代語訳「先生がいわれた、諸侯の国を治めるには、事業を慎重にして信義を守り、費用を節約して人々をいつくしみ、人民を使役するにも適当な時節にすることだ」に依拠している（金谷治、前掲書『論語』、23頁）。

21) 大石学、前掲書、38〜40 頁。
22) 同上。

第 5 節　むすびにかえて

　享保期（1716〜1735 年）に、徳川吉宗が約 30 年間に渡って展開した「享保の改革」は、江戸前期の高度経済成長時代から低成長への移行期であった。経済が停滞する中で、3000 万人の武士及び庶民達の生活をいかに維持し、安定させていくかという問題に対する回答であったといえよう。その回答とは、徳川幕府の権力を強化し、それを基盤として、国家機能と公共機能を拡充するという、現在でいう「大きな政府」による支配体制の再編であった。吉宗は、法制度や官僚機構を整備し、幕府主導により、福祉、教育、防災及び医薬等の分野で、諸政策を展開した。仲間組合の結成による価格統制や倹約主義と緊縮主義を基本とする規制強化も押し進めた。そして、これらの諸政策の財源を確保するために、徹底した増税を行ったのである。
　こうした徳川吉宗の諸政策に、真っ向から立ち向かったのが、尾張藩主の徳川宗春であった。宗春は、『温知政要』の中で、吉宗の政策を批判し、法は少ない程よい、倹約主義はかえって経済を萎縮させる、年貢や諸役は軽く、多様な個性を重視すべきであるという、「小さな政府」を主張したのである。宗春には、幕藩体制の矛盾、換言すれば、米経済の失敗を質し、抜本的な改革を模索していた雰囲気があった。勿論、彼自身は、近代経済の仕組みを詳細に知る由もなかったであろう。しかし、宗春は、人が多数集まり、消費を行えば、そこに多額の遊休貨幣が落ちる事を熟知していたのであろう。宗春の尾張藩統治は、現在でいうならば、経済を刺激して内需拡大を図るというケインジアン（Keynesian）の積極策であったといえるかも知れない。尾張領内を開放し、芝居小屋をはじめ娯楽施設も増やして諸国の人々を取り込む。その結果、そこに落とされる財貨をもって尾張藩の財政安定と、更なる投資に充当しようとする政策であった。事実、尾張藩は莫大な税収を挙げている[1]。

残念ながら、徳川宗春の財政改革は成功したとはいい難い。しかし、徳川吉宗の倹約令を批判して施策をしたのが原因ではない。宗春の統治した尾張藩の財政収入は、その大部分が年貢、すなわち、農家の生産物である米であった。他の藩のように特産物を保有しない尾張藩は、収入を米に依存するより方策がなかったのである。そして、米は吉宗の大増産策により価格が安くなっていた。しかし、財政収入を増加させるために、年貢率を上げる訳にはいかなかった。財政収入が望めないどころか、逆に減少しているにも拘わらず、宗春は消費支出を優先させたのである。その結果、尾張藩の財政破綻という事態を招いてしまった。

　徳川宗春は、尾張藩の経済が空前の賑わいを見せた時期に、もう一つの財政改革を採用すべきであった。つまり、尾張藩外から流入する資金を用いて、殖産興業等に投資し、実態の伴う経済につなげる必要があった。ケインズも主張したように、大量の失業者が発生し、経済が悪化している場合は、穴を掘って埋める方式の政策も効果があった。経済が回復後、今度は実体経済に基づいた財政政策が必要となる。この点を見落としたのが、宗春の最大の失敗であろう。

　徳川宗春の諸政策は、現在ならば有効に機能していたかも知れないであろう。なぜならば、経済状況がよくなれば、政府の財政収入も増えるからである。それを政府が再び景気対策に投入すれば、経済は、更によくなり税収はますます増加する。こうした景気変動の周期が、現在には存在する。しかし、近世には存在していなかった。なぜならば、現在、存在する法人税も消費税もなかったからである。商人がいかに豊かになったとしても、近世の徴税制度では、課税対象となっていなかった。

　徳川吉宗の享保の改革は、あくまでも「重農主義（physiocratie）」に立脚し、勤倹節約を徹底して、緊縮政策によって財政再建を目指すという、伝統的財政政策であった。一方、徳川宗春は、開放政策によって商業を奨励し、経済活動を活性化する事で、新たな道を模索したものであり、いわば「重商主義（mercantilism）」の採用といえたのではなかろうか。

　徳川宗春の諸政策により、名古屋城下は大いに繁栄し、全国から役者、芸

者及び商人達が集まり、その賑わいは、徳川吉宗の規制を甘受していた江戸、大坂及び京都を凌ぐ程になり、この時期、名古屋は三都に継ぐ地位を確立したのである。宗春は、将軍吉宗と諸政策で競い合ったばかりではなく、尾張名古屋発展の基礎を築いた明君でもあった。享保の改革の締めつけで、全国が不況のどん底にあえいでいる時に、名古屋だけが宗春の開放政策により、繁栄を謳歌し、あたかも独立王国のような状態を呈していたのである。

筆者は、政治の良し悪しを、民衆に何を強いたかではなく、民衆へいかに尽くしたかで計るならば、確かに徳川宗春は、明君であったと思惟する。

註
1) 加来耕三、前掲論文、84頁参照。

徳川宗春関係略年表

1696（元禄9）年　尾張藩3代藩主徳川綱誠の20男として、名古屋に生まれる。幼名は萬五郎、母は宣揚院梅津（三浦太次兵衛の娘）であった。
1699（元禄12）年　父である3代徳川綱誠、逝去する。綱誠の10男徳川吉通、尾張徳川家4代を継承する。
1700（元禄13）年　祖父2代徳川光友、逝去する。
1707（宝永4）年　富士山が大噴火する。
1708（宝永5）年　4代徳川吉通より諱を賜り、「徳川通春」と名乗る。
1709（宝永6）年　筑後国久留米有馬家6代有馬則維の養子に望まれるが、実現せず。
1713（正徳3）年　初めて江戸に出府する。兄尾張藩4代藩主徳川吉通、長男徳川五郎太に尾張徳川家5代を継承するが、3歳で夭折する。3代徳川綱誠の12男徳川継友、尾張徳川家6代を継承する。通春、御前髪執の儀を執り行い、「松平求馬通春」と改名する。
1716（正徳6）年　7代将軍徳川家継に初めてお目見えする。譜代衆に列せられる。紀州徳川家5代徳川吉宗、将軍後見人となる。7代将軍徳川家継泉下の人となる。8代将軍に紀州藩主徳川吉宗が就任する。吉宗、享保の改革に着手する。徳川通春、従五位下主計頭に叙任される。
1718（享保3）年　従四位下に叙任される。
1728（享保13）年　尾張藩の財政、米2万7815石余り、金1万372両の黒字を計上する。
1729（享保14）年　陸奥国梁川藩3万石を賜る。侍従に叙任される。

第 1 章　徳川宗春の財政改革（尾張藩）

1730（享保15）年	尾張藩 6 代藩主徳川継友が病没する。徳川通春、7 代藩主に就任する。陸奥国梁川 3 万石は収公される。江戸屋敷内での遊芸、音曲及び鳴物を自由とし、藩士の門限を撤廃する。
1731（享保16）年	8 代将軍徳川吉宗より諱を賜り、「徳川宗春」と改称する。正四位下左近衛権少将に叙任の後、従三位左近衛中将に昇進する。『温知政要』を著す。宗春、家督継承後、尾張徳川家当主として、初めて名古屋城へ入城する。藩祖以来の国禁を破り、遊里の設置を許可する。藩財政、2 万 7000 両余りの赤字を計上する。
1732（享保17）年	『温知政要』が出版差し止めとなる。幕府、尾張藩主徳川宗春を倹約令違反で責任を問う。権中納言に叙任される。
1736（元文元）年	藩士の遊所への出入りを禁止する。遊女屋の遊女を在所に戻す。
1737（元文 2 ）年	6 月財政再建のため、領民に 4000 両の借上金、8 月にも 4000 両の借上金を課す。更に、12 月領民に年貢米を担保として 1 万両の借上金（員数金）を課す。
1738（元文 3 ）年	徳川宗春不在時に、尾張藩家老、緊縮を断行する。領民に 1 万 5000 両、名古屋、熱田及び岐阜に 3 万 5000 両の借上金を課す。藩財政、米 3 万 6489 石余り、金 7 万 4607 両余りの赤字を計上する。
1739（元文 4 ）年	老中松平乗邑より、尾張藩重臣 5 人に対し、徳川宗春の蟄居及び謹慎が申し渡される。以後、名古屋城三之丸屋敷に幽閉される。高須松平家 3 代松平義淳、尾張徳川家 8 代を継承する。
1743（寛保 3 ）年	宗春の生母である宣揚院梅津逝去し、建中寺に葬られる。
1745（延享 2 ）年	8 代将軍徳川吉宗、隠居する。嫡男徳川家重、9 代将軍となる。
1746（延享 3 ）年	この頃までに徳川宗春の事蹟録『夢の跡』が書写される。
1747（延享 4 ）年	8 代将軍徳川吉宗、逝去する。
1761（宝暦11）年	8 代藩主徳川宗勝、逝去する。次男の徳川宗睦、尾張徳川家 9 代を継承する。
1764（明和元）年	10 月、徳川宗春、鬼籍の人となり、建中寺に葬られる。享年 69 歳。
1839（天保10）年	謹慎を赦免され、従二位権大納言を追贈される。

（出所：尾崎久弥『徳川宗春年譜』名古屋市経済局貿易観光課、1957 年、10～23 頁及び原史彦『戦後 250 年記念　徳川宗春』徳川美術館、2014 年、2～3 頁より作成）

第2章

細川重賢の財政改革（肥後藩）
──宝暦の改革を主導した肥後の鳳凰──

第1節　はじめに

　細川重賢(ほそかわしげかた)という人物は、不思議な存在といえよう。高等学校の教科書を見ても、出羽米沢藩の上杉鷹山(ようざん)[1]とともに、江戸後期の財政改革を主導した藩主であり、肥後藩において、「中興の祖」とされている。しかし、重賢がどのように財政改革を主導したのか、どのような指導力を発揮したのかは、史料的にほとんど確認する事ができない。勿論、重賢関係の史料は決して少なくない。しかし、残されているのは、学問、文学、趣味及び遊興関係のものが中心であり、経済的、財政的な資料は極めて少ないといえよう。中興の祖が出現するという事は、その藩を構成する組織がすでに疲弊しており、怠惰に溺れ、衰亡に向かっているという前提を有しているといってよいであろう。不思議な事に、財政の危急存亡の時に現れる中興の祖には、いくつかの共通点が存在する。一つが、決して既成の本流から現れないという事である。嫡子家からは出ず、分家から現れる事が多い。またもう一つは、財政改革を成功させるために、想定外の人物を登用したという事である。

　著名な歴史学者であるアーノルド・ジョゼフ・トインビー（Arnold Joseph Toynbee）は、物事を遂行するに当たって、「総花的に目標を掲げるのではなく、限定した目標に絞り、あくまでもそれをやり遂げる強い意志がなによりも必要である」[2]と『歴史の研究』（*A Study of History*）の中で記述している。筆者も全く同意見である。指導者に必要な資質は、理想、勇気、決断力、使命観、あくまでもそれをやり抜く強い意志、闘争心等いろいろある。そうした資質はいずれも指導者にとって不可欠なものであるが、強いて挙げるなら

ば、一番大切なものは「無私の精神」[3]であろう。近世後期の明君とされる細川重賢もその無私の精神を保有した人物の一人といってよい。

細川重賢は、いわゆる「宝暦の改革」を主導してなし遂げた肥後藩主である。重賢の明君としての名声は全国的にも高く、善政で知られた紀州藩の徳川吉宗が「紀州の麒麟」と称せられたのに対し、「肥後の鳳凰」と呼ばれた程であった。当時の財政状況に関して、「大名家の財政難は軒並みだ。その中でも、肥後熊本の細川家と出羽上杉家が群を抜いていた。借金王の両横綱といっていい」[4]といわれていた。特に、肥後藩は藩財政が悪化し、窮乏の極みの状態といえた。その窮状は300諸侯中最悪であったともいえる。米沢藩主であった上杉鷹山の行った財政改革は、1人の人員削減もなく、倹約と士気を高める教育によって、一応の成果を挙げた。しかし、彼の在任期間中に米沢藩の財政赤字が、完全に解消したとはいえないであろう。その鷹山が手本とした重賢は、より独創的で極めて特異な手法を用い、肥後藩の財政改革を成功に導いた。

本章の目的は、肥後藩の財政状況が極端に悪化、窮迫していた時点において、細川重賢を中心にして実行された財政改革とその後世への貢献に関して、若干の考察を試みる事にある。

註
1) 筆者は、すでに上杉鷹山の財政改革に関して、論文を発表している（拙稿「上杉鷹山の財政改革に関する若干の考察」『国際文化表現研究』第11号、国際文化表現学会、2015年）。
2) Toynbee, A. J., *A Study of History*, Volume I, Oxford University Press, 1946, Preface. トインビー，アーノルド・J. 著、長谷川松治訳『歴史の研究I（サマヴェル縮冊版）』社会思想社、1975年、序。
3) 無私の精神の現代的解釈に関しては、小林秀雄『無私の精神』文藝春秋、1985年が稀有な著作といえよう。
4) 童門冬二『名君肥後の銀台　細川重賢』実業之日本社、1999年、15頁。

第2節　細川家の系譜と細川重賢

　まず、細川家の系譜と、財政改革の中心人物である細川重賢に関して、簡単に記述しておこう。細川氏は元を辿れば、足利氏の支族であった。室町時代には権勢を誇っていたが、次第に衰退していく。しかし、その後、細川幽斎が再興し、織田信長に仕え、幽斎の子の細川忠興が丹後宮津城を与えられ、12万石を拝領した。1587（天正15）年、九州統一を果たした豊臣秀吉は、肥後を佐々成政に与えた。しかし、彼は秀吉から禁じられていた検地を強行したため、領民の反発を招き、百姓一揆を惹起した。その結果、成政は切腹を秀吉から命じられる。その後、肥後の北部は加藤清正に与えられ、南部は小西行長のものとなった。

　1600（慶長5）年の関ヶ原の戦いで、加藤清正は東軍に、小西行長は西軍に味方して戦った。戦いは東軍の勝利に終わり、清正は行長の領地も与えられ、54万石の大大名に登りつめた。そして、細川忠利も東軍に与し、論功行賞の結果、徳川家康から豊前小倉で35万9000石を与えられた。1632（寛永9）年に加藤忠広が改易されると、その跡を継ぎ、肥後54万石の太守にまで駆け上がっていった。ここに肥後藩細川家が誕生したのである。肥後藩は九州の諸大名の要の場所にあり、また、薩摩藩の島津氏に対する抑えの役割も担った。細川家は外様大名であったにも拘わらず、幕府からの信任も厚かった。実際、その意識はむしろ譜代大名に近かったといえよう[1]。

　1637（寛永14）年の島原の乱では、初代藩主細川忠利は、その面目を遺憾なく発揮している。彼は、原城攻めに2万8000人余りの兵を率いて参加した。この兵力は、攻軍12万人のほぼ4分の1でしかなかった。この戦いは激戦で、肥後藩の死傷者は2200人に上ったが、肥後藩の存在と立場を世間に強烈に印象づける事となった[2]。元来、細川家は、細川幽斎が織田、豊臣、徳川の3代の変転を、巧みに切り抜けてきた事でも理解できるように、政治的適応力を身上とする家柄であったといえよう。その意味では、津藩の藤堂家と双璧といえる。情勢を冷静に見極め、主流に追随しながらも、己の大を

計り、しかも無節操や卑屈にならないというのが、幽斎以来の伝統的な政治技術であり真骨頂でもあった。また、藩政においても、その統治下の230年間に本格的な百姓一揆はほとんど発生していない。それだけ領民の統制の仕方も巧妙であったといえる。

　3代藩主細川綱利の時代となると、財政状況は逼迫し始めた。彼が贅沢三昧の生活に耽ったのがその主たる理由である。綱利は隠居するまで63年間も藩主の座にあり、財政赤字は肥大化していった。綱利の後は養子の細川宣紀が藩主となった。宣紀は父の訃音に接した際、国元にあって、急ぎ出立しようとしたが、その旅費も充分にない程、肥後藩の財政赤字は膨脹していたのである。その後、細川宗孝が肥後藩を継承したが、1747（延享4）年8月、諸大名総登場の日に、寄合衆の板倉修理に他人と間違われ、背後より斬りつけられて不慮の最期を遂げた。これは完全なる修理の乱心であった。修理は駿州相良の城主で、後に老中になった板倉佐渡守勝清の分家で7000石の旗本であった。修理は日頃から精神的に不安定であったが、子のない事を心配した板倉佐渡守が自分の庶子を修理家に入れようとしている事に怒り、恨みを抱いて凶行に及んだ。彼は本家の相良2万石の佐渡守を斬ったつもりであった。過ちのもとは、その家紋にあった。細川家は九曜丸星で、板倉本家は九曜巴であり、非常に似ていたのである3)。殿中での変死は御家断絶が原則であったが、幸いな事に、大御所として実権を握っていた徳川吉宗の配慮により、断絶を免れる事ができた。

　その後、肥後藩を継いだのが、本章の主人公である細川重賢である。1720（享保5）年12月26日、彼は細川宣紀の13番目の子（5男）として江戸邸で誕生した。幼名六之助、のち民部、主馬と称す。諱は紀雄である。兄3人は早世し、兄細川宗孝が5代藩主を嗣いでいたが、宗孝は32歳で亡くなり世継ぎがないために、宣紀の次男だった細川紀雄が養子となり、新藩主となったのである。前述のような変事がなければ、紀雄は単なる部屋住みで一生を終えていたであろう。当時、彼は長い間、冷や飯食いの生活を余儀なくされていた。肥後藩の財政赤字は極致に達しており、自身も困窮生活に甘んじていたのである。そうした状況下にあった紀雄は、兄の宗孝の突然の死去によ

第 2 章　細川重賢の財政改革（肥後藩）　　　　　　　　　　31

り、突如注目され、藩主に選ばれたのであった。彼は、当時の将軍であった徳川家重の一字をもらって、「重賢」と名乗るようになった。彼が弱冠 28 歳の時の事である。亡くなった兄宗孝は未だ 30 歳であった。重賢は、捨て扶持の部屋住みの身から、一躍 54 万石の大大名となったのである。もし兄が健在であれば、重賢は死ぬまで飼い殺しの状態で、ろくな結婚もできず、家臣達から軽視されたままであったと推考される。

　細川重賢は藩主となった後、他の明君がそうであるように、率先して倹約を励行し、家臣及び領民に規範を示した。彼は、年少の頃から倹約には慣れていた。1748（寛延元）年、重賢は新藩主として初めて肥後に入国する事になった。家老達は前例に従って玄関脇で新藩主を出迎えたが、彼はそれをやり直させた。これは、重賢が従来の仕来りには固執しないと同時に、藩主の権力を顕示しようとしたためである。

　そして、細川重賢は財政改革をなし遂げるために、自分を補佐する人物を選んだ。当時 36 歳で江戸藩邸で小納戸役[4]を務めていた堀平太左衛門勝名である。堀家は、細川家に古くから仕えた家ではなく、1633（寛永 10）年に越前浪人の平太左衛門が、2 代目藩主細川光尚（みつなお）に召し出されて、家臣に加わったもので、勝名は平太左衛門の 4 代目であった。彼は、法制の改革に当たって、笞刑（ちけい）を定めるのに自らの体を鞭打って量刑を決めた他、年貢の一定額納入に際しては、自分で田を耕して平均収穫量を算出した[5]。

　細川重賢は家臣に多くの反対意見がある中で、用人（側近）の竹原勘十郎玄路（はるみち）に相談し、玄路の推挙によって、平太左衛門を大奉行に抜擢したのである。大奉行は、家老及び中老より下の地位であるが、各奉行を統括して藩の実権を掌握する重い役割を担っていた。重賢は肥後藩の財政改革のため、当時、異端者とされていた人々であった玄路、長瀬宇平、中津佐助、蒲地正定（かまちまさただ）、清水清冬、清田征恒（まさつね）及び稲津頼勝等の中級家臣を藩主の特命を受けた家臣団、換言するならば、現在でいうタスク・フォース（task force）を編成する。すなわち、財政改革を家老達に任せる事をよしとしなかったのである。堀家は 500 石の中級家臣でしかなかったが、肥後藩の財政改革は勝名が中核となり、機密間（きみつのま）に集まり、彼ら家臣団の合議によって進められた。こうして、肥後

藩の財政改革が本格的に始動していく。

　細川重賢は、肥後藩の財政改革の他にも、博物学に興味を示し、藩主としての職務のかたわら、好きな動物や植物の研究に勤しんだ。例えば、昆虫の飼育観察記録や植物の押葉本は、日本における最古のものとされている[6]。

　そして、1785（天明5）年、細川重賢は、肥後藩の財政改革を成功させ、点鬼簿の人となる。藩主就任から39年目であり、享年66歳であった。そして、重賢の逝去の8年後に堀平太左衛門勝名も泉下の人となっている。

註
1) 平池久義「熊本藩における細川重賢の藩政改革――組織論の視点から――」『下関市立大学論集』第54巻第2号、下関市立大学学会、2010年、4頁参照。
2) 井門寛『江戸の財政再建――恩田木工・上杉鷹山ほか20人の改革者たち――』中央公論新社、2000年、67頁参照。
3) 山本敦司編『江戸の財政再建20人の知恵』扶桑社、1998年、122頁参照。
4) 小納戸役とは、藩邸で必要な調度品の購入や、庭、あるいは畳、調度品等に損傷が生じた時の修理、すなわち、営繕の仕事を取り扱う職務である。
5) 山本敦司、前掲書、125頁。堀平太左衛門勝名に関しては、童門冬二『江戸の財政改革』小学館、2002年、254～300頁が詳細である。
6) 『科学朝日』編『殿様生物学の系譜』朝日新聞社、1991年、7～18頁参照。

第3節　細川重賢以前の肥後藩の財政状況

　1632（寛永9）年、前述の如く、小倉城主であった細川忠利が肥後への転封を命じられ、39万石から、断絶改易された前領主の加藤忠広（加藤清正の嗣子）から引き継いだ54万石の大名になった。その表高は54万石であったが、実高は74万640石もあった。この中で藩の蔵入地高（直接収入）は33万2110余石であり、家臣への知行地高は40万8520余石であった。当時の年貢の割合は5割2分8厘である。したがって、藩庫に入る石高は蔵入地高の53％であった。すなわち、17万5300余石である[1]。

　これが、細川忠利が入封した当時の実質収入である。この中から藩庁や江

戸藩邸の運営費、参勤交代の経費、身分の低い家臣の俸禄、藩主一門の生活費を支出した。更に、幕府の手伝普請や軍役に備える費用も賄わなければならなかった。いかに肥後藩が大藩であろうとも、決して余裕のある財政状況にはなかったといえよう。特に、江戸藩邸に掛かる諸経費と参勤交代の諸費用は、細川家の格式を維持する限り、常に財政赤字を増やす結果にしかならなかった。年貢を主たる収入源としていた肥後藩にとって、貨幣経済の成長著しい江戸に、藩士やその家族を大勢滞在させて消費生活を営ませる事は、それ自体が収支不均衡の原因を作っているようなものであり、これでは財政赤字に陥らない方が不思議であったと思われる。

　併せて、参勤交代であるが、これは藩の石高格式により、大名行列の規模が決定されていた。肥後藩54万石の細川家ともなれば、一度の参勤交代だけで、総勢1000人を超え、その費用は銀300貫は必要であった。更に、石高（米作）は当然の事ながら天候により作柄が大きく左右された。年貢による収入は、作柄によって異なっていたから、不作や凶作になるとその財政的影響は顕著であった[2]。ただし、初代細川忠利、2代目の細川光尚の時までは、未だ戦国大名の気風が色濃く残っており、倹約を旨としていたので、肥後藩の財政状況も比較的安定していたと思量される。1661（寛文元）年、8歳で襲封した3代目の細川綱利の時、次第に放漫経営が行われるようになった。彼はある種豪快な人物で、万事に積極的政策を採った。しかし、嗣子を失ってからは、54万石も我が一代限りと考え、贅沢三昧をした。更に、幕府の容赦ない手伝普請も加わった。こうした出費が増加する一方で、当時は風水害が頻発して、年貢収入は減るばかりであった。その結果、「お天守銀」[3]まで使い果たしてしまう。肥後藩の財政困窮は綱利の時代に始まったといってよいであろう。加えて、この頃、忠臣蔵の討ち入り事件が発生し、その事後処理として、赤穂浪士17人を預かった。これに出費も掛かったが、何より大きな出費は、文教政策によるものであった。例えば、綱利は、相撲の神様といわれる吉田司家を召し抱えたり、現在も残る水前寺公園、すなわち成趣園を造園したり、書籍の出版等を行ったりした。

　1713（正徳3）年、細川綱利が隠居して養子の細川宣紀が藩主となった時に、

肥後藩は相当な財政赤字に陥っていた。江戸の借金だけでも、37万両を超えていたとされる。この額は、米に換算して45万石、江戸藩邸の借金が54万石の年貢の約2年分にも膨らんでいたのである[4]。宣紀は、藩札の発行を行わざるを得なかった。換言すれば、肥後藩による商人及び領民に対する借金である。商人達は、藩札を正貨に交換したくとも藩によって断られた。その結果、江戸奉行に訴え出るという前代未聞の事態となる。宣紀は、6年間猶予してくれるように老中に頼み込んだが、前例がないとの理由で認められなかった。困った肥後藩は、ついに禁断の藩士の俸禄切下げを断行するに至っている。役付高100石につき15石、無役は22石、切米高10石に8石5斗を手取りとされて、家臣達は一層困窮していく。宣紀は他に財政赤字から脱却する方策を探ったが、良策を見い出す事はできなかった。実行者の彼自身、これらの方策に将来がない事を知りつつ、一時凌ぎを余儀なくされていたのである。宣紀の晩年、1729（享保14）年には、100石につき15石、切米高10石に2石の手取りといった状態にまで、細川家の家臣の生活は追い込まれていった[5]。3年後、宣紀は藩の財政難に頭を痛めながら、江戸藩邸において生涯を閉じた。

　5代目の細川宗孝（細川重賢の兄）の時、肥後藩の財政危機は最悪の状況となっていた。彼の父細川宣紀の訃報に接し、急遽、出府しようとしたが、その旅費すらない有り様であった。強引に、「冥加金」を新たに取り立て、漸く出立する事ができたのである。藩主となった年には、西日本一帯の天候不順によって、肥後藩は大凶作に見舞われた。藩内の餓死者は、6100人と幕府に報告されている。慌てた藩庁は、幕府から20万両を借用したものの、この未曾有の凶作には、焼け石に水であった[6]。頭を悩ませた宗孝は、禁断の策を採用する。すなわち、「寸志御家人制」である。この他藩に類を見ない制度は、裕福な商人や豪農から寸志を得て、醵金した商人達を武士の身分に取り立てるというものであった。その目的は2つあった。一つは領内に蓄積されている財貨を、藩に吸い上げるという純粋に財政的側面によるものであり、もう一つは農村の流通経済化の進展を抑止しようという政治的側面によるものであった。また、1733（享保18）年から25年間発行しては中止を繰

第 2 章 細川重賢の財政改革（肥後藩）

り返していた、「銀札」[7] も再度発行させた。勿論、銀札は信用の裏づけがない藩札である。藩の権力によって強制通用力を付与したが、発行後、僅か 2 年で一時廃止となった。しかし、他に財政赤字を縮小させる良策を有しない宗孝は、強制的に、銀札の再度の発行を家臣に命じる。まさに、愚策の極みといえよう。その結果、1736（元文元）年 5 月、ついに騒動が勃発した。価値を保有しない銀札を押しつけられた領民の不満が、城下の打ち壊し事件を惹起したのである。肥後藩は仕方なく銀札の発行を中止したが、10 年後の 1746（延享 3）年には三度、準備銀のない銀札の発行を余儀なくされた。

しかし、これらの努力も莫大な出費を賄うには、到底及ばなかった。その理由は、父細川宣紀の残した兄弟達の生活費であった。父には 6 人の妻妾がおり、21 人の子供が生まれ、多くは早世したが男子 3 人と女子 7 人が成長した。男子を他家に養子に出すにも持参金が必要であり、女子を嫁がせるためには、多額の婚礼費用が掛かったからである。いってみれば、全ては肥後藩の格式を維持するためであった。また、更なる手伝普請も幕府から命じられている。利根川の改修工事が主たるものであった。そして、天災からくる凶作も続いた。何と細川宗孝の治世 14 年間のうち 12 年間が凶作であった[8]。勘定頭国武弾助は、家士は 100 石につき 13 石、切米は 10 石で、手取り 2 石という俸禄の削減や銀札の発行等で、この財政難を切り抜けるために懸命の努力を続けた[9]。しかし、家士や領民達の苦しみを増加させ、領内の騒動に悩まされただけで、財政面では何ら好転が見られなかった。ただ、弾助が「毒耳」と罵倒され、その非難を一身に浴びただけであった。

その結果、藩の経済は恐慌状態と化した。その年、銀札では 9 合しか買えない米が、銭であれば 1 枡 1 合を購入でき、塩 1 枡は銀 1 匁のところが、銀札では 1 匁で 5 合しか買えなかった。更に、米や塩の他は銀札では購入できないといった異常事態となったのである[10]。そんな時、藩主細川宗孝は、江戸城内で惨殺されてしまう。

その後、6 代目藩主となったのが、細川重賢である。当時の武士達は自分の仕事に対する意欲を全く失っていた。その原因は、知行の借上が激しく、生活を維持するためには内職に精を出すしかなかったからである。農民達は

逃散する者が多く、藩内の人口減少により、年貢が減るという悪循環が生じていた。江戸の町人の間では、「新しい鍋釜に細川と書いておけば金気が出ない」と公然とささやかれていた。一方、国元の熊本の財政状況は、「家中知行高百石に拾三石の手取夫れすら差支え粟大豆などにて代用せられ、参勤交代の用度も続兼ね度々発駕延引となる」[11]という状態であった。更に、農村においては、「皆々御百姓を仕り兼ね候ひて、家を売り、屋敷を払ひ、高を上げ、父子兄弟夫婦奉公に出て、或は年季の質奉公にゆき、或は永代に身をはめ……或は乞食に出て、兄弟妻子思ひ思ひに離散仕候故、村々の御百姓、次第々々に少なく成申候……」[12]となっていた。

28歳という壮年で部屋住みの身からまさかの藩主になった細川重賢であったが、その教養の深さは並大抵の大名と比べものにならない程であった。とにかく儒教のみならず、書籍を幅広く読んでおり、その知識欲は博物学にまで及び、後に『原色博物図譜』や『毛介綺煥(もうかいきかん)』等の9冊もの動植物図鑑を刊行する事になる。この重賢の博覧強記は、結果としてではあるが、後述の肥後藩の財政改革における産業復興にも大きく貢献する。

註
1) 加来耕三『名君の条件──熊本藩六代藩主細川重賢の藩政改革──』グラフ社、2008年、21頁参照。
2) 同上、22頁参照。
3) 肥後藩では、初代細川忠利が万一に備えて、兵を10年間藩外に停め置くだけの額を蓄積していた。
4) 山本敦司、前掲書、121頁参照。
5) 加来耕三、前掲書、23頁参照。
6) 同上。
7) 銀札とは、本来、一定量の銀と兌換できる肥後藩領内だけで流通する藩札をいう。
8) 平池久義、前掲論文、3頁参照。
9) 童門冬二、前掲書、69頁参照。
10) 加来耕三、前掲書、25頁参照。
11) 井門寛、前掲書、70頁。
12) 同上。

第4節　細川重賢の財政改革

　細川重賢の財政改革は、前述の如く、宝暦の改革と呼ばれる。宝暦とは、1751年から1763年の年号である。本節では、諸改革を含む宝暦の改革の中で、財政に関するものを中心に分析考察する事にしたい。

　初めて熊本城に入った細川重賢が、家臣全員を大広間に集めて公布した5カ条からなる「申聞置条々」の第2条に、以下のように記されている。すなわち、「当時国内一統困窮のよし、その源由をたづぬるに、諸士は数年の上知、百姓は先納、課役、または在役人共の無益な物入りなど多く、町人は度々懸り物にて費えも有之故なるべし。何卒少しなりとも甘ぐやうに遣はし度く、役人共にも精々申し聞くと雖も、連々の差支出へにて手取米等ゆるめ申す儀叶いひがたく、小身の者別て困窮に及び申すべく之に依って軽き者よりも先づ救ひ立て申すべし」[1]と。

　重臣達の俸禄は暫く減額のままとする。彼らにはそれなりの収入があるからである。しかし、下級武士達が半分しか支給されないというのでは、暮らしは困窮する一方である。当時、肥後藩では「一律五割減」が実行されていた。制度的には、「半知借上」と呼んでいる。知というのは「知行」の事である。すなわち、本来、藩主が支給する知行を半分借り上げるという制度である。下級武士の俸禄から全額支給すると考えたのは、細川重賢が江戸にいた世子時代から、貧乏な暮らしを体験してきたためであろう。

　さて、枕が長くなり過ぎたが、1752（宝暦2）年7月、肥後藩の財政改革のため、細川重賢は用人の堀平太左衛門勝名を大奉行に抜擢した。勝名は、直ちに大坂へ赴き御用商人達と交渉を始めたが、話し合いは難航した。借金をしても返済能力が皆無である藩の信用は地に落ちており、藩の主たる蔵元[2]の鴻池にも見放される程、肥後藩の財政状態は困窮の極みにあったといえよう。そこで、勝名は、鴻池と対立していた新興勢力の加島屋作兵衛に財政改革への協力を依頼した。加島屋は、彼の人柄を見込んで蔵元になる事を承諾し、藩の年貢米を一手に取り扱う代償として、参勤交代の費用である

銀500貫と江戸藩邸で毎月必要とされた費用の銀3064貫を融通する事にした。更に、肥後藩の財政改革には、倹約が肝要という理由で、江戸藩邸の費用を米にして毎月3万石で打ち切る方針を徹底させた³⁾。

　財政再建の常道は、江戸時代においても現代においても、何ら変化はない。すなわち、経費支出面を抑制し、収入獲得面を増加するしかその方法は存在しない。まず、肥後藩の財政改革における経費支出面の抑制に関して考察する事にしよう。

　第一に、急務であったのは、肥後藩の組織を簡略化させていく事であった。家老達を単なる相談役にして、事実上、財政改革への発言権を収奪した。そして、全ての権限は、直属する大奉行に集中させ、大奉行の下に行政官である奉行を6人配置した。奉行の職務内容は明示され、人事、勘定、普請、城内、船、藩校、刑法、屋敷、郡、類族及び寺社等に限定した。こうして、無駄な人員は整理されていく。更に、細川重賢は監察機能を大監察に集約し、配下に目付8人と横目付10人を設置した。加えて、従来からある郡奉行は郡代と改称し、大奉行直属に変更したのである。家老重役と大奉行の間には、老中を置いて連絡係を担当させるが、当分の間は堀平太左衛門勝名に中老を兼務させた。そして、財政改革の権限は大奉行に完全に集中させる、という徹底したものであった。当然、仕事のない藩士の俸禄は削減される事となる。

　第二に、肥後藩の全藩における倹約が挙げられる。当時の武士は元禄文化の贅沢に慣れ、身の回りのものに金を惜しまない傾向が強かった。そこで、細川重賢は「際限ある金銀を以て際限なき事をなすは愚者の愚とも申すべし、大名のおおようは大方この愚者の部類に入ること多ければ、われはよきことに対することを深く戒むるなり。忘れたらば心をつけてくれよ」⁴⁾と述べ、倹約を率先垂範した。かつては、藩主の住む花畑館には金銀彫刻が施され、それなりの優美さと威厳が保たれていたが、重賢はそれらをことごとく廃止し、実用のみでよいとした。例えば、壁は渋引の紙を用いて張り、畳の縁も渋布を用い、欄間には篠竹を窓に打たせるのみであった。また、食事についても、朝食は茶漬飯、香の物、焼味噌、梅干しとして汁を用いず、昼飯は一汁一菜、夕食は吸物、軽い肴一種と酒、夜食は香の物、焼味噌とされた。狩

りの際の弁当も香の物、焼味噌で肴や煮しめ類は一切用いないという徹底ぶりであった。重賢は、その他の日常生活でも質素実用一点張りで通している⁵⁾。また部屋住み時代に質屋に通った程で、藩主になってから重臣に質札を見せて「昔、勝手元が苦しかったとき、しばしば衣類を質にいれたものだ。そのときの苦労を忘れぬためにこうやって質札を手元に置いている」⁶⁾ といったとされる。

　細川重賢は、自分自身が部屋住みの厳しい生活を経験していただけに、質素倹約を率先できたと思われる。更に、重賢だけでなく、倹約は藩主一族にも及んだ。1758（宝暦8）年正月からは、袷(あわせ)と木綿以外は着てはならないと命じた。同様に、堀平太左衛門勝名にも贅沢を禁止した。また、藩の財政逼迫を理由として、参勤交代の延期願いまで幕府に提出している⁷⁾。幕府は徳川吉宗の時代に参勤交代制度を緩和しており、この重賢の願いも聞き届けられた。重賢と勝名を中心とした努力により、漸進的ではあったが、倹約の風潮は家臣及び領民にも受け入れられ始めた。すなわち、「こうして5ヵ年間の格別な倹約は断行され、年間6万石の減少。5年間で都合、30万石程度の倹約が実現した」⁸⁾ と。更に、重賢は「肥後は54万石だが、平素は20万石と思って経費を見積もるよう」⁹⁾ と倹約を強調した。

　細川重賢の時代はひどい財政難であったが、彼は財政難の時こそ学校を興して、人材を育成すべきであるという信念を保有していた。これを堀平太左衛門勝名が実行し、1755（宝暦5）に「時習館」¹⁰⁾ を設立した。総裁は名門出身の長岡忠英とし、実際の教育は有名な朱子学者である秋山玉山を登用した。重賢は時習館の設立に当たり、学校の予算に関しては、査定なしで要望通り全額認める旨を家臣に命じている。「諸事入用次第」として、その運営費に特に制限を設けず、帳簿の提出も求めなかった。未曾有の財政赤字に頭を悩ませている中で、彼が、どれ程教育に強い意志を持っていたかが理解できるであろう。時習館は基本的に儒教教育中心の藩校であった。しかし、単なる儒教教育の藩校は、多くの藩でも設立されていた。時習館の特筆すべき点は、授業科目に算術及び天文測量等があり、理系重視の姿勢が窺(うかが)われる事である。そして、門閥家柄重視ではなく、能力本位を基本とした。具体的

には、試験制度や、奨学金制度であり、更には、藩士の身分だけではなく、優秀と認められれば誰でも入学できるように配慮がなされた。加えて、藩校にも拘わらず、他国の者にも門戸が開かれており、開校直後から遊学者が学んでいる。領民や他藩にも開かれた藩校は、時習館が我が国で初めてであった。時習館の名声は全国に知れ渡り、諸藩からの視察、諸藩からの入学生が続出した[11]。

　次に、肥後藩の収入獲得面に関して考察する事にしよう。細川重賢は、藩の人件費や諸経費の倹約には限界があり、これ以上削減する事は困難であると考えた。それゆえ、彼は専ら領内からの増収に力を注いだ。

　第一に、新しい検地の採用を挙げる事ができよう。肥後藩では、凶作で減少した収穫を補ったり、苛烈な年貢取立から逃れるために、一部の農民が隠し田畑を作る事が横行していた。それにより、領地内に実際、どれくらいの田畑があり、本来であれば肥後藩としてどれだけの年貢の徴収が可能であったかが、全く把握できていなかった。これも、藩の財政赤字の大きな理由の一つだったのである。細川重賢は、この問題の根本的な要因は、そもそも150年近く前の寛政期に作られた地検帳が、実態に合わないものになっているからであると考えた。不正確な地検帳に基づいて徴税を行っている限り、適切な年貢収入は確保できない。そこで、重賢は藩内の農地の棚卸しともいうべき大改革に着手した。それが1757（宝暦7）年から実に13年をかけて行われた「地引合検地」である。すなわち、藩内の個別の田畑に番号をつけ、そこから実際にどれだけ農作物の収穫が見込めるかを精査して、地検帳を改訂していった。これにより、700近い隠し田畑が摘発されるとともに、藩の田畑の全容を把握して、年貢を確実に徴収する事が可能となったのである。また、重賢は、役人と農民の談合による贈収賄にも、頭を悩ませていた。そこで、彼は役人が秋の収穫を検分して徴税を行う「徳懸」や、不作の場合に年貢を減ずる「損引」といった制度を廃止した[12]。

　第二に、年貢の徴収制度を改革した事が挙げられる。細川重賢は、年貢徴収の方法を「検見法」から「定免法」に変更した。検見法は従来の一般的な年貢の徴収方法であり、毎年の農産物の収穫量を調査して、年貢を決定する

ものであった。これに対して定免法は、過去の一定期間の平均収穫量から年貢を決定する方法である[13]。ただし、大凶作の年には、年貢の大幅減である「破免」が認められる事もあった。確かに、検見法の方が公平性の観点からは望ましいものであるが、肥後藩にとっては、財政収入を確実に予測する事ができないという欠点があった。また、農民達にとっては、調査する役人の匙加減で年貢の量が決められたり、あるいは、農民が努力して農産物の生産性を高めても、年貢が思ったより多かったりした。その結果、農民の生産意欲が低下し、かえって徴収高が減ってしまうという現象も生じた。一方、定免法は豊作と凶作に関係なく、毎年、同じ量の年貢を納めさせるので、藩の財政収入は安定する。過去を逆上れば、定免法は平安時代から存在していた。しかし、その原因は不明であるが、余り普及しなかった。だが、8代将軍である徳川吉宗が、1722（享保7）年に採用してから、広く普及するようになった。重賢も検見法よりも定免法の方が合理的であると判断した。また、農民達にとっても、定免法が喜ばれたようである。例えば、宝暦期の美濃の郡上（ぐじょう）一揆は、定免法から検見法への変更が、その原因であったといわれている。

　第三に、産業振興策が模索された。細川重賢は検地を実施し、年貢の増加を試みたが、米に頼っていては改革に限界があると考えていた。そこで、堀平太左衛門勝名に命じて積極的な産業振興を図った。重賢は、財政赤字の要因の一つが、産業不振にあると見なしたのである。物を作り出す段階から、それを集荷し、販売するまでの流れを根本的に変えようと試みた。動植物に詳しかった重賢は、勝名に櫨（はぜ）、蠟、楮（こうぞ）及び蚕糸（さんし）等の売買を藩の統制下に置かせた。すなわち、専売制の採用である。櫨の実を強制的に買い上げ、藩の工場で蠟を製造し、大坂で売却した。1763（宝暦13）年には、藩営の製蠟施設を拡充して生産量を増加し、財政収入は飛躍的に増大した。楮からは和紙を生産し、蔵元の加島屋を通じて同様に売却している。養蚕は生糸生産のために必要不可欠なものであり、強力に推進した。以上の事柄は、肥後藩の保有する資源の活用と考えてよいであろう。重賢と勝名の財政改革は、地場産業が軌道に乗り出した1763年頃を境に成果を上げ始めた。特に、以上の資

源の中で中心となったのは、櫨の活用であった。肥後藩において、櫨の木の栽培が始まり、その実を原料として製蠟事業が盛んになったのは、延享期からである。櫨の実を小物成の対象としたのは、1640（寛永17）年頃にもあったが、正式な通達として記録に残っているのは、寛文期の事である[14]。本格的な櫨の植えつけが始まったのは、1723（享保8）年である。この年の冬、薩摩藩より櫨樹の種子1石9斗を買い入れ、これを苗木に仕立て、手始めに城下南郊の春日村に植林したとされる。その後、領内各地に植栽が命じられ、次第に広がっていった。1744（延享元）年には、「櫨方」と称する役所を設け、櫨樹の植栽と製蠟の事業を管理させた。更に、「櫨方請込役人」が任命され、翌年3月、村高10石につき櫨苗を3本ずつ植えつける事を通達し、苗は櫨方が交付し、実を櫨方と地主または村とで折半し、採取賃及び駄賃は櫨方の負担とする事を決めている。その後も櫨の実の他藩への販売を禁止し、藩の独占買い占めとした。すなわち、民営の蠟の締め出し、蠟の生産と流通統制等、いわゆる専売化を図ったのである。藩営蠟締所は、その生産性の低さにも拘わらず、高い利潤を得ている。その利潤の源泉は、櫨樹の強制栽培及び櫨の実の専売制によって、原料を安価で入手できた事に起因して、蠟生産の独占と農民支配により、労働力を安価で確保できた事によっていた。櫨蠟は、肥後藩の最重要生産物の一つで、他藩に積極的に輸出された[15]。その収益も多く、櫨による収益は藩の財政赤字の縮小に大きく貢献したと考えられる。

　第四に、細川重賢の理系的合理精神は、硫黄開発でも発揮された。彼は、阿蘇山の硫黄を採取して藩の財源確保を試みたのである。しかし、熊本においては阿蘇山は神の山であり、反対意見も多かったとされる。重賢はそれを迷信とし、硫黄の採取を強行した。ところが、藩内に洪水が多発し、神の天罰が下ったと領民より硫黄採取は非難された。それに対して、重賢は、神様は民の幸福を願っているので、民を困らせる事はしないと説明した。そして、洪水は邪悪な魔物の仕業であると断言し、洪水発生の池に砲撃を決行した。すると、魔物や怪獣のような得体の知れない死骸が浮いてきたという。その後、神の天罰や祟りと領民が恐れた事柄は発生しなくなった。これは、重賢の一種の手品のようなものであろうが、これにより硫黄の採取は継続が可能

となった。

註

1) 現代語訳は「いま誰もかれもが貧乏している。その理由を尋ねると、武士は数年に亘る給与の一部未払い、農民は年貢の先納、あるいはいろいろな労役の他に、地方役人に対する贈り物が多い。城下町に住む町人達もいろいろと負担が多い。これをなんとかして少しでも軽くしたいと思うが、すぐにはできない。そこでまず城の下級武士達から、給与を100％支給するようにしていきたい」（童門冬二、前掲書、231頁）。
2) 江戸時代、諸藩や旗本達が大坂等の諸都市に置いた年貢米や特産品の販売担当者をいう。初期においては、藩士が常駐して販売に当たったが、寛永期以降は町人がその役目をするようになった。大坂の蔵元有力商人には、鴻池、平野屋及び天王寺屋等がある。
3) 山本敦司、前掲書、122～123頁参照。
4) 井門寛、前掲書、71頁。
5) 同上参照。
6) 山本敦司、前掲書、121頁。
7) 『歴史読本』編集部編『江戸三百藩藩主列伝』新人物往来社、2012年、136頁参照。
8) 童門冬二『戦国武将に学ぶ生活術』産能大学出版部、2001年、77頁。
9) 山本敦司、前掲書、123頁。
10) この名称は、『論語』の学而第一「子曰、學而時習之、不亦説乎」に由来している。ちなみに現代語訳は「先生がいわれた、学んでは適当な時期におさらいをする、いかにも心嬉しいことだ」（金谷治訳注『論語』岩波書店、2014年、19頁）。
11) 細川重賢は、時習館設立と同じ頃、「再春館」をも設立している。再春館は日本初の公立医学校であった。
12) http://special.nikkeibp.co.jp/article 参照（2018年3月21日現在）。
13) 過去30年の平均から割り出して一定の年貢高を算出したとされる。
14) 櫨栽培の発祥に関しては、赤穂浪士より伝授されたという説が存在する。1702（元禄15）年、吉良邸討ち入りの後、大石内蔵助達が、一時預けられていた肥後藩での厚遇を謝し、櫨の栽培を教えたというものである。しかし、これはよくできた話であるが、誤りであろう。すでに、1671（寛文11）年には、藩が櫨苗を仕立て、在々の野山に植えつけるように命じている（宇城市古文書講座Ⅱ、第21回、2014年3月1日資料参照）。
15) 同上。

第5節　むすびにかえて

　細川重賢の財政改革は、成功したと考えてよいであろう。すなわち、「1772（安永元）年2月29日、江戸は目黒の行人坂下・大円寺より出た失火は西風にあおられて大火と化し、白銀・麻布・赤羽方面を焼き、西久保・霞ケ関・桜田門外へと広がって、江戸の大半を焼き尽くした。瀧口にあった肥後藩邸も類焼をまぬがれなかったが、この時、藩では焼け出された江戸詰め藩士に、見舞いと立てかえとの名目で6613両余りを支出している。藩邸再建には6万5928両余りを、江戸と大坂より集め得た。金欠の代名詞のように、江戸っ子から侮蔑された細川家は、いまや完全に立ち直りをみせていたといえる」[1] と。また、「ともあれ熊本藩（肥後藩——筆者）の財政は収支35万石の線で一応の均衡を保つ事となった。ちなみに、細川宗孝の代には貢租34～35万石、支出42～43万石で、赤字が7～8万石という状態であった。『宝暦の改革』が成功したと評される所以である」[2] と。そして、後世において「明君」、「鑑」と謳われた上杉鷹山や、白河藩主で老中筆頭にまでなる松平定信も、肥後藩の重賢の財政改革を規範としたといわれている。

　それでは、細川重賢の財政改革が成功した要因は何であろうか。主として、以下の事柄を挙げる事ができるであろう。

　第一に、細川重賢の指導者としての資質である。彼は、何事にも屈しない意志の持ち主であった。重賢は、若い時に長い間、部屋住みの苦労を経験している。それが、重臣達の反対意見をものともせず、藩の財政改革における経費支出面の倹約に役立つ事になったのであろう。

　第二に、優秀な補佐役である堀平太左衛門勝名の存在である。彼は毀誉褒貶の多い人物であった。確かに、異端児的人材であったかも知れない。しかし、細川重賢と似た資質を保有していた。重賢は、この勝名を肥後藩の財政改革の実質的責任者に任命した。更に、彼は、財政改革のために、世間では変わり者、厄介者、奇人といわれていた人物を積極的に登用した。まさに「非常の人あり、非常の事あり」[3] である。すなわち、平時では役に立たな

いが、非常事態になれば力を発揮する「非常の才」を大胆不敵に抜擢、登用したところにこそ、財政改革の成功の秘訣があったのである。実は、この人々こそ、藩の財政改革に不可欠な優れた人達なのであった。

最後に、肥後藩の財政改革が長期的計画であった、という点が挙げられよう。細川重賢と堀平太左衛門勝名は、必ずしも急進的ではなく漸進的な改革を志向したという事である。焦らずに時間をかけて財政改革を実行していった。例えば、新興商人からの支援を得る時に、借金の返済の努力はするが、年次計画を立案する事、経費の倹約、藩の組織の簡略化、帰農する武士には土地を貸し与える事、藩内の産業振興及び櫨方役所の新設等も詳細に説明し、協力を得る努力をしたのである。

細川重賢が藩主になる以前は、肥後藩は莫大な借金を抱え、かつ、毎年財政赤字が累積するという絶望的な状況であった。重賢が、その治世下において黒字に転換させた功績は、極めて大きいといわざるを得ない。彼の財政改革は、着手してから33年後の1782（天明2）年に驚く程の効果を発揮する事となった。この年から「天明の大飢饉」が生じた。更に、翌年には浅間山が大噴火し、死者2万人を出す惨事となった。同時に、奥羽地方の大飢饉が伝播した。飢饉は本土に留まらず、九州地方へも波及したのである。しかし、肥後藩内では、重賢が備蓄しておいた穀物を大量に放出すると同時に、藩の財政を上げて領民救済に当たったのである。その結果、肥後藩では、飢え死にする領民はなかったという。重賢の改革が功を奏したのは、いうまでもない事であろう。

細川重賢の藩主としての一生は、藩の財政改革に費やされた感があるが、彼が鬼籍の人となった1785（天明5）年以後も歴代藩主によって受け継がれ、幕末には肥後藩を実質百万石もの豊かな藩に大変身させたのであった。財政改革と地方活性化をなし遂げた重賢は、江戸後期において極めて重要な財政改革者であった、と思惟される。

註
1) 加来耕三『非常の才――肥後熊本藩六代藩主細川重賢藩政再建の知略――』講談

社、2000 年、340〜341 頁。
2) 井門寛、前掲書、78 頁。
3) 加来耕三、前掲書、3 頁。

細川重賢関係略年表

1632（寛永 9）年	加藤忠広が改易され、細川氏が肥後藩 54 万石の藩主となる。
1716（享保元）年	堀平太左衛門勝名生まれる。
1720（享保 5）年	細川重賢、江戸の藩邸において、細川宣紀の 5 男として生まれる。細川六之助と称する。
1730（享保15）年	細川紀雄と名乗る。
1732（享保17）年	細川民部と改称する。
1733（享保18）年	肥後藩内だけに通用する「銀札」を発行する（25 年間通用）。堀平太左衛門勝名は父の隠居に伴い、跡を継ぐ。
1736（元文元）年	肥後藩内に騒動が勃発する。打ち壊しが起こる。
1744（延享元）年	櫨方役所を設ける。
1745（延享 2）年	兄細川宗孝の仮養子になる。9 代将軍徳川家重の一字を賜り、「重賢」と名乗る。細川主馬と改称する。
1746（延享 3）年	3 度に渡り準備銀のない銀札を発行する。藩政改革始まる。
1747（延享 4）年	兄細川宗孝が人違いで殿中に殺され、細川重賢が藩主となる。
1748（寛延元）年	細川重賢、熊本に新入部する。5 カ条からなる「申聞置条々」（訓諭書）を草稿し、財政改革の決意を示す。
1750（寛延 3）年	細川重賢、江戸藩邸で結婚する。正室は久我右大臣通兄女、名山姉である。
1752（宝暦 2）年	堀平太左衛門勝名を「大奉行」に抜擢する。宝暦の改革を開始する。
1754（宝暦 4）年	藩校を城内二之丸に設置し、講武所を東樹西樹とする。
1755（宝暦 5）年	大奉行勝名の新体制が、肥後藩の財政改革に着手する。時習館を設立する。大水害が肥後藩に大きな被害を与える。球磨川が決壊する。
1756（宝暦 6）年	細川重賢、食禄の制度を改める旨を宣言する。知行世減の法が制定、発布される。医学校を設立し、再春館と名づける。竹部に薬草園（蕃滋園）も設立する。
1757（宝暦 7）年	細川重賢、地引合検地を行う。
1768（明和 5）年	5 年間、格別の倹約令が発布される。
1769（明和 6）年	細川重賢、左近衛権少将に任じられる。
1785（天明 5）年	細川重賢、鬼籍の人となる。享年 66 歳。領民から「肥後の鳳凰」と

呼ばれる。
1793（寛政5）年　堀平太左衛門勝名、泉下の人となる。

（出所：永青文庫編『季刊永青文庫』第39号、永青文庫、1991年、26頁及び平池久義「熊本藩における細川重賢の藩政改革——組織論の視点から——」『下関市立大学論集』第54巻第2号、下関市立大学学会、2010年、12頁より作成）

第3章

恩田杢の財政改革（松代藩）
　——虚言申すまじく候の賢臣——

第1節　はじめに

　信州松代藩には、二大偉人が存在する。一人は6代藩主真田幸弘(ゆきひろ)に仕えた恩田杢(おんだもく)であり、もう一人は8代藩主真田幸貫(ゆきつら)が抜擢した蘭学者の佐久間象山である。前者の杢こそが、本章の主人公である。恩田「木工」との表記の仕方もあるが、本章では、引用部を除き「杢」で統一表記する。杢の名の由来は、木を用いて家等を造る者、すなわち、温もりがあり、人を優しく包み、安心して生活できる木の家のような世の中を作る人物とされている[1]。筆者が杢の名を初めて知ったのは、イザヤ・ベンダサン（Isaiah Ben-Dasan, 本名は山本七平）の著書『日本人とユダヤ人』[2]によってである。この著作には、杢に関して「信州真田藩は洪水、地震その他のため財政困難となり、幕府から1万両借金したが、それでもどうにもならぬ、というところまで追いつめられた。百姓一揆は言うまでもなく、驚いたことに足軽のストライキまで起こっている。おそらくこれは、日本のストライキ史の第1ページであろう。この難局に直面した藩を13歳で相続した名君幸豊は、わずか16歳のとき、末席家老恩田木工の人物を見抜き、これを登用して一挙にすべてを改革した」[3]と記述されている。

　恩田杢は、その他の江戸後期の財政改革者と比較して、実に稀有な人物である。常に正直を心掛け、文武を奨励して風儀の改善を図り、神仏への信仰心を大切にするという道徳面での陶冶を重要視している。『日暮硯(ひぐらしすずり)』[4]では、杢の財政改革に関する言動が顕著に現れている。ただし、『日暮硯』を虚構とする説も多数存在する。例えば、「『日暮硯』は松代藩の実情をよく知

らないままに、恩田木工という人物に仮託して、理想の執政像、藩政再建を描いたというのが、真相に近いようだ」5)と述べられている。また、『日暮硯』には、多数のヴァリアント（variant）が存在する事も否定できない事実である。ただ、杢の財政改革を語るには、『日暮硯』を避けて通る事は不可能であろう。しかし、本章では紙幅の都合により、『日暮硯』の記述は最小限に留めておく。

　前述のイザヤ・ベンダサンは、「戦後の日本の、破産に瀕した会社を建て直した記録をみれば、すべて『木工流』であるし、日本自体の復興の基本も、煎じつめれば、恩田木工の行き方にほかならない」6)とまで述べている。

　本章の目的は、恩田杢の精神面を中心とした松代藩の財政改革のあり方を分析研究し、後世の財政改革及び財政再建への貢献を考察にする事にある7)。

註
1) 川村真二『恩田木工──真田藩を再建した誠心の指導者──』PHP研究所、1997年、226～227頁参照。
2) ベンダサン，イザヤ『日本人とユダヤ人』角川書店、1992年。
3) 同上、79～80頁。
4) 以後、『日暮硯』に関しては、笠谷和比古校注『新訂　日暮硯』岩波書店、2007年を主として使用する。尚、この本は信州松代在住であった色部義敦氏の旧蔵写本を底本としている。また、日暮硯という題名は、『徒然草』冒頭の「つれづれなるままに日暮し硯に向かひて心にうつりゆくよしなしごとをそこはかとなく書きつくればあやしうこそ物ぐるほしけれ」から採ったものと考えられる。
5) 加来耕三『日本再建者列伝』学陽書房、2003年、298頁。筆者もこれに同意する。
6) ベンダサン，イザヤ、前掲書、95頁。
7) 筆者は、恩田杢の財政改革及び杢と『日暮硯』の関係について、別稿を残している（拙稿「恩田杢の財政改革に関する若干の考察」『日本情報ディレクトリ学会誌』第14巻、日本情報ディレクトリ学会、2016年。拙稿「『日暮硯』に関する一研究」〔研究レポート〕『日本情報ディレクトリ学会誌』第14巻、日本情報ディレクトリ学会、2016年）。本章は、過去の論文及び研究レポートに加筆及び修正したものである。

第3章　恩田杢の財政改革（松代藩）　　　　　　　　　　　　　51

第2節　恩田杢の生涯

　まず最初に、恩田杢の財政改革を分析研究する前に、杢の生涯に関して、簡単に記述しておく事にしよう。

　1717（享保2）年、恩田杢民親は、代々杢の名で呼ばれる家老の家に生まれた[1]。恩田家は上州利根郡恩田村の家系で、真田幸村の父真田昌幸の時代から真田家に仕え、度々武功があった。しかしながら、関ヶ原の戦いの時、恩田家は、昌幸、幸村と別れて、昌幸の長男の真田信之に従い、東軍に属した結果、そのまま真田家に仕えるようになった。度重なる武功により、恩田家が家老職になったのは、杢の祖父である恩田民重の時からである。当時の藩主は真田幸道であった。この時、初めて家老職に抜擢されて以降、これが家格となり、子孫は全て家老職に就いた。それゆえ、恩田の家では民重を中興の祖とする[2]。民重に男子がいなかったため、同藩の海野九郎太夫の家から養子を迎えた。これが杢の父民清である。彼は民重の長女を妻とした。その長男が杢であり、松代（現在の長野県長野市松代町）に生まれた。次女は夭折し、3女は同藩の主席家老である望月治部左衛門知英の妻となった[3]。

　恩田杢は、通称ははじめ左吉、のち靱負、更に杢と改め、諱を民親といった。杢の妻みちは望月家から嫁いでいる。すなわち、姪との近親結婚であった。みちは怜悧な娘であったとされる。杢が松代藩の財政改革という大事業を成し得た背景には、主席家老の望月家との深いつながりがあった事も大きな影響を与えた。1735（享保20）年、杢は19歳で家督を継いで、松代藩に召し抱えられ、22歳で城代となり、1746（延享3）年、30歳で家老職に就任した。杢は、卓越した能力の保有者であった。現在でいうエリート（elite）、あるいはノブレス・オブリュージュ（noblesse oblige）の考え方を持った人物であったといってよいであろう。

　恩田杢の人柄について、以下の記述がある。すなわち、「恩田木工民親は、平常その居室に『百姓者大切者也』という自筆の扁額を掲げ、且つまた『可用常粗食粗茶粗服也』と書いて柱に掛けて置いたといふ。道に疲弊困憊の

極に陥り、将に破産に瀕する松代藩の財政を建直した程の大人物だけあって、その志の尋常でなかったことが窺知されるではないか」4)と。杢は藩主真田幸弘に仕え、家老勝手掛（財政担当重役）、つまり勘略奉行5)に任命される。この杢の登用は、真田繁信の推挙によっている。彼は杢の死を掛けての諫言により兄真田信安（のぶやす）を驚愕させ、やがて彼を死に至らしめた、と杢に拭い切れないわだかまりを持っていたにも拘わらず、あえて杢を推挙したのである。杢はその卓越した手腕を持って、松代藩の財政改革に着手する。

　真田幸弘は国家老、更には、39歳という若い杢を大抜擢して、松代藩の難局に当たらせた。これは、完全なる能力主義の採用である。当時は封建社会であり、何事につけ年功が優先する中において、極めて異例の人事であった。幸弘には、人を見る目があったといえよう。また、杢が松代藩の壊滅的財政状況を打破する機会を得たのは、彼がもともと松代藩の者ではなく、部外者であった事も大きいと思われる。すなわち、「恩田木工は、もともと松代藩の人間ではない。むかしは、上州（群馬県）の出身だが、……いわば中途採用者である」6)と。こうした杢の財政改革は、「宝暦の改革」とも呼ばれている。財政改革策は、恩田杢の慎重な性格及び、急進的なものを避けて対話と合意を尊重していくという態度によるものであった。この事によって、諸策はしっかりと根を下ろし、永続的な制度として確立された。杢の財政再建はかなり大きな制度改革が実施されているにも拘わらず、極めて平穏なうちに推移しているという点が、着目されねばならないであろう。杢は、人々の信頼を得て財政再建を導いていったが、1762（宝暦12）年正月6日、46歳で惜しまれつつ鬼籍の人となった。戒名は玄照院鐵翁道開居士、松代長国寺の恩田家歴代の墓城に葬られた。財政改革に本格的に携わってから、僅か5年後の事であった。

　恩田杢の財政改革はまだ道半ばで、藩主真田幸弘は深くその死を悼み、3日間領内の歌舞音曲を停止して弔意を表した。杢の死については、彼と恩田杢名で松代藩士である小松成章が、以下のように記している。すなわち、「恩田民親は近世の賢臣といふべし。上を敬ひ下を恵みて、仁徳深かかりければ、一人もこの人を悪（あし）ざまにいう者なし。……此人病篤しと聞きて、国民（くにたみ）

歎きわづらひ、我も我もとつどひ集まり、日待といふ事をして本復を祈りける。江都（江戸）にては、目黒の不動にまうでて、垢離(こり)して祈念しあへり。……誰が教ふるともなきに、松などとり入れ、うたひものの音も遏密(あつみつ)して、ひそまり居ける。ものの本にて見、むかし物語には聞きしが、かくばかり人の慕ひしを見たりしは、此時はじめなりけり」7)と。その後、1918（大正7）年11月18日に至り、杢は生前の功績により大正天皇から正五位下伊豆守に叙任せられた。

恩田杢が亡くなった後、彼の手足となって財政改革を推進した望月治部左衛門の次男望月行晁は、筆頭家老に就任し、江戸家老禰津(ねづ)三十郎の甥の禰津数馬とともに杢の財政改革策を継承した。数馬は杢の娘のまつと結婚する。そして、「木工の長男蔵丞(くらのじょう)は、木工の名跡を継ぎ、家老として幸弘、行晁を援けた。そして1766（明和3）年頃から勝手向きは好転した。この年、50石以下の『半知借上』は、撤廃された。この後もこの藩に水害が何度か襲ったが、木工が手がけた養鯉は、木工の死後3年で、この地に根づき、養蚕は、5年後多量の蚕が育ち、15年後には織物が出来、30年後には松代紬として花開いた。そのときまで、主君幸弘は、生きていた。木工の蒔いた種の一つ一つが発芽し、育ち、花をつけ、実を結ぶまでのすべての様を、この藩主は、幸運にもその眼で見られたのである。ついでながら、養蚕は、明治、大正期の松代の大きな産業として育っていった。幸弘は、1798（寛政10）年8月、致仕し、井伊家からの養子幸専(ゆきたか)に家督を譲った」8)となったのである。

註

1) 8代将軍徳川吉宗の時である。幕府において、盛んに享保の改革が行われた時期であった。享保の改革は、恩田杢の松代藩の財政改革にも大きな影響を与えたと思われる。
2) 大平喜間多『恩田木工民親傳』信濃毎日新聞社、1935年、106頁参照。
3) 奈良本辰也『日暮硯――信州松代藩奇跡の財政再建――』講談社、1987年、178〜179頁参照。
4) 大平喜間多、前掲書、はしがき。
5) 勘略とは、節約あるいは経済の意味であり、諸経費を切り詰め、財政を簡素化する仕事であり、恩田杢はその全権を依頼された人物である。現在の総理大臣と財務

大臣を兼任する役職といえる。杢の勘略奉行就任に関する詳細は、笠谷和比古校注、前掲書、21～26頁を参照されたい。
6) 童門冬二『名家老列伝』PHP研究所、2003年、29頁。
7) 笠谷和比古校注、前掲書、151頁。
8) 川村真二、前掲書、201～202頁。

第3節　真田家の系譜と松代藩の財政状況

　前置きが長くなり過ぎたが、本節では恩田杢を財政改革に登用した6代藩主真田幸弘までの系譜と松代藩の財政状況を記述しておこう。松代藩は、真田信之が藩祖である。父は真田昌幸、弟は真田幸村であった。この2人は信之よりも著名な有力戦国武将である。前述の如く、関ヶ原の戦いにおいて、昌幸と幸村は豊臣方につき、信之は徳川方に従った。この去就は、3者相談の上、決定されたものである。どちらが勝っても、真田家の安泰を図った深謀遠慮といえよう。信之は徳川方で手柄を立て、敗れた豊臣方の父弟の罪を、自分の勲功に代えてお許しあるように徳川家康に願い出て、家康はこれを承諾した[1]。

　初代真田信之は、上州沼田領の2万7000石から9万5000石に加増され、更に、信州松代に10万石で移封された。信之が、1622（元和8）年、上田から松代に移って来た頃には、藩の財政は非常に豊かであった。その資産額は35万両もあり、積んでおいた金の重みで石垣がめり込んだと伝えられる。そして、彼は2代真田信政（のぶまさ）に家督を譲った後も長命し、信政が63歳で死んだ8カ月後、93歳で天寿を全うした。信之が点鬼簿の人となった時の遺金は、23万9500両と黄金50枚であった[2]。そのため、沼田城主であった真田信利（のぶとし）がその遺金を目当てに相続問題を起こしたといわれている[3]。

　2代真田信政は、僅か2年間しか松代藩を統治しておらず、特筆すべき事蹟は残されていない。

　3代真田幸道は、頼るべき父と偉大な祖父を僅かな間に相継いで亡くし、2歳という若さで藩主となった。1727（享保12）年、71歳で他界するまで、

長期間藩主の座にあった。しかし、1657（明暦3）年の江戸大火によって、類焼した江戸城復旧の手伝及び御用金、1697（元禄10）年より6カ月を費やした信濃国絵図の作成、高田検地、日光普請の手伝、高遠検地、善光寺普請、東海道が宝永山の噴火で埋まったための砂灰の浚渫(しゅんせつ)工事、朝鮮人饗応、松本城主水野隼人改易についての城受取及び松代城の火災等の度重なる出費のため、真田信之の遺金も使い果たし、1717（享保2）年には、幕府より1万両の借財をする程になった[4]。松代藩は、他藩と比較して、幕府による公事の数がはるかに多かった。公事の裏の狙いは、松代藩から財力を召し上げる事にあり、いずれも1回の公事の費用は、松代藩の年間収入を上回った。松代藩の財政状況は、すでにその時逼迫していたのである。

　4代真田信弘(のぶひろ)の時代には、松代藩の財政状況は窮乏を極め、嫡子が俳諧の点料に事欠き、密かに家老より借金する程になっていた。信弘は家老職の塩野儀兵衛を起用して財政改革を試み、一応の成功を見た。しかし、この時、すでに松代藩は町人の力を借りなければならない状況にあった。

　5代真田信安の時代には、いわゆる、1742（寛保2）年の「戌年の大満水」のため、千曲川が決壊し、濁流が人家、田畑及び橋を押し流し、山は崩れた。松代藩の浸水被害地は、藩の過半に達している。藩内の死者1220人、流失家屋は2800余りに及んだ。また、田畑の損失も、本高10万石のうち6万2000石に上った。土砂が田畑を埋め、泥水が一帯を浸した。松代藩全体が、数日に渡って泥水の中に沈められたのである。そのため、松代藩は、更に、幕府から1万両を借りて大水害の復旧に当たった[5]。

　また、1751（宝暦元）年の松代地方の地震は、城本丸の石垣崩壊を始め多くの被害を与え、そのために幕府より3000両の借用金を得て、復旧工事に充てた程であった。松代藩では、近習役であった原八郎五郎[6]を起用し、真田信安は彼を150石から450石に栄進させ、家老勝手掛に昇進させた。当初、原の実績は顕著なものであったが、次第に傲慢となり、ついには藩政を攪乱させるに至った。

　その後、真田信安は浪人田村半右衛門を起用し、松代藩の財政改革に当たらせたが、田村は商人に多額の御用金を課し、農民には、目的のために手段

を選ばない年貢の引き上げを行った。余りに強硬な政策を打ち出したため、同年8月、10カ村の農民の一揆が松代に押し寄せ[7]、彼の暴言を非難し、身柄の引渡しを要求した。信安は田村の失政に対して激怒し、彼を推挙した小松一学を松代に派遣して田村を糾弾し、処罰しようとした。信安の激怒に家老達は寂として声なく黙していた。

その時、末席家老であった恩田杢は諫言に及んだ。まさに死を覚悟しての諫言であった。時の杢の家禄は僅か500石であった。ちなみに国元の筆頭家老望月治部左衛門は1800石、小山田又七は1200石、矢沢帯刀は1100石、鎌原兵庫及び禰津三十郎は1000石、大熊五郎左衛門は950石、小山田新八は800石を拝領していた。杢の家老職としての500石は、最も低いばかりではなく、格段に低かったのである[8]。絶対の支配者である藩主への諫言は、現代人には到底思いも及ばぬ戦慄の恐怖であった事は、想像に難くない。しかし、この諫言を真田信安は受け入れたのである。誠に英君であったといえよう。松代藩では、田村半右衛門への辞令を取り消し、江戸に逃亡していた彼は、その後投獄されて牢死した。そして、処刑されるべき運命にあった百姓の代表者2名は、杢の計らいによって1人もその罪を問われなかった。これを松代藩では、百姓一揆とは呼ばず「田村騒動」といった。

この田村半右衛門による財政改革で、賭博及び窃盗を公に認めたのは、単なる農民に対する口実に過ぎなく、100石につき1割5分の年貢の引き上げが農民達の反抗を惹起したのである。田村は、御用商人に対しても借財の返済と引き換えに、扶持を与えて懐柔し、松代藩の財政危機を切り抜けようとした。この時の松代藩の借財は、御用商人八田嘉助からだけでも金21万6600両、籾47万8418俵に達していた。これは、1741（寛保元）年の籾の収納15万2205俵と比較しても、いかんともし難いものである。また、現金収入でも、1736（元文元）年において、小役金1626両余りしかなく、松代藩の財政改革が、不可能な段階に達していた事は明白である。

このように、原八郎五郎及び田村半右衛門による松代藩の財政改革は、完全な失敗に終わった。

そこで、6代藩主真田幸弘により、松代藩の財政改革の主役として起用さ

れたのが、恩田杢その人である。幸弘は1740（元文5）年、松代に生まれ、幼名を豊松という。家督相続の後、1755（宝暦5）年に初めて9代将軍徳川家重に謁し、従五位下伊豆守に叙任せられた。同年6月に初めて松代藩に入部し、杢を抜擢して本格的な財政改革に着手した[9]。

註

1) 真田昌幸と真田幸村は一命を永らえ、九度山に蟄居を命じられるが、その後、昌幸は山中に没し、幸村は再度豊臣のために戦い、大坂夏の陣に散った。
2) 西沢武彦「松代藩における恩田杢の改革」『信濃』第8巻第11号、信濃史学会、1956年、681頁参照。
3) 詳細は、池波正太郎『真田騒動　恩田木工』新潮社、1995年を参照されたい。
4) 西沢武彦、前掲論文、681頁参照。
5) 川村真二、前掲書、22頁参照。
6) 原八郎五郎は真田信安の乳母子（めのとご）であった。乳母子とは、乳母の子を意味する。乳母とは、生母に代わってその子に乳を飲ませ育てる女をいう。しかし、原はその出自ゆえに執政官になれた訳ではない。彼は信安の近習として仕え、その才能により千曲川の大改修工事を成功させた。実力をもってその地位を築いた人物であった。
7) 首謀者は組頭浅之丞と百姓半兵衛であった。彼らの要求は、藩の財政難によって過酷さを増した年貢、小物成、課役等の減免、郡奉行添役の中村弥左衛門による圧政、検見役や庄屋の私利私欲による不正、特権承認の暴利的行為の糾弾、罷免等であった。松代藩内のほぼ全百姓が参加した。一揆の参加農民数は1万3000人に達したといわれている。いわゆる、惣百姓一揆を凌ぐ程にすさまじかったと推考される。
8) 宮坂寛美「『恩田木工民親』考」（研究ノート）『信濃』第51巻第5号、信濃史学会、1999年、333頁参照。
9) 笠谷和比古校注、前掲書、143～144頁参照。

第4節　恩田杢の財政改革

　本節では、恩田杢の財政改革の内容を詳細に分析考察する事にしよう。杢の松代藩の財政改革における基本的な精神は「先ず手前儀、第一、向後虚言を一切言わざるつもり故、申したる儀再び変替致さず候間、此の段左様相心

得居り申すべく候」[1] に尽きる。これは、杢の財政改革に当たって嘘は決してつかない、という聖なる誓いである。自分の任期を5年と定め、もし失政があればどんな処分でも甘んじて受けると誓詞を書き、全権委任を取りつけた。杢は責任を負っての割腹も辞さない覚悟であった。

　手始めに、藩士への半知借上をなくし、俸禄は全て支給する事を、恩田杢は固く約束した。一方で、「御奉公に粗略これあり候はば、必ず罰する」と信賞必罰を宣言している。次に、庄屋、長百姓、町方等に「よくもの言ふ者」[2] を連れてくるように触れを出した。そして、杢は切り出した。まず、難事は年貢の先納、先々納及び年貢未納の解決である。これは、松代藩の財政状況の困窮による「所詮なき御奉公なり」[3] と彼は説いた。杢の「理外の理」、すなわち、年貢の先納、先々納及び年貢未納を帳消しにして、これからは等しく年貢を出させるのは不合理、不公平であるというのは理屈であるとしながらも、それを否定して共通の思考を杢は求めているのである。これは、杢による「人間相互の信頼関係」の構築である [4]。

　恩田杢は、財政改革のため自ら抜擢した望月行晃及び禰津数馬達に、向こう10年間の藩の収入獲得行為と経費支出行為に関する予算案を提出させた。現在でいう予算制度の採用であり [5]、経費支出行為の具体的削減を意図したものであった。杢は、松代藩の財政改革のためには、こうした予算制度の確立が必要不可欠であると考えた。

　財政改革を考える場合、収入と支出の調整が肝要である。松代藩の収入獲得行為と経費支出行為の両面に関して、具体的に分析する事にしよう。

　まず第一に、収入獲得行為に関してであるが、これには、年貢の徴収、産業の振興及び荒田の復興や新田開発等が挙げられる。

(1) 年貢の徴収

　恩田杢は年貢の徴収行為を大きく改変した。従来、年貢を徴収する役人達が農民との間に介在し、年貢の一部を収奪していた。その結果、松代藩の年貢の総量が減る事が多かった。そこで、杢はこれまで徴収のために村々に派

第3章　恩田杢の財政改革（松代藩）

遣していた900人の足軽（同心）を廃止した[6]。当時、足軽は1000人存在し、100人は領内で各藩所の警戒に当たり、残りの900人が村々に出向き年貢を催促していた。そして、足軽への賄賂の匙加減で年貢が定められた。そのため、農民の接待の費用[7]が余りに大きかった。それゆえ、その軽減を試みたのである。更に、足軽の整理によって給与も節約でき、松代藩の管理費の節減が可能となった。こうした足軽の派遣中止に、農民達が歓喜の声を挙げた事は想像に難くないであろう。また、杢は月割上納及び金納制を採用する。彼は「当月より松代は御年貢月割にて上納してくれよ。この所が惣百姓への拠なき無心なり」[8]と述べる。

　年貢月割とはどういう制度であろうか。松代藩においては、諸小役及び運上の多くは従前より金銀納であったが、これに加えて本年貢のうち、現物納を必要とするもの以外の分を金納とし、これら金銀納分の年貢及び諸小役等を3月ないし4月から11月までの間で月ごとに分納する制度をいう。本年貢分に関しては、予め割付額に従って納入し、10月になって籾相場（御立直段）が決定した段階で清算した。そして、納入時期を3月から7月までの第一期、8月と9月の第二期、10月と11月の第三期に区分し、第一期及び第二期の納入分については、それぞれ割引値段（段相場）を適用するものであった。すなわち、段相場はその年によって異なるが、御立直段が、例えば金10両につき籾5俵であった時、第一期分は2俵安の57俵、第二期分は1俵安の56俵となる[9]。

　すなわち、以前は年に1回、稲を収穫調整した上で藩に収めるのが、通常であった。しかし、恩田杢はそれを分納する事に改変したのである。この制度の採用は、農民の年貢納入を容易にするために考えられたようである[10]。現在では当然の方法であるが、当時としては画期的な方法で、毎月の納入日は平野部の里方が5日と20日、山間部の山中が8日と25日の各2日ずつである。この新しい税制は、3カ年の時限立法の形で導入された。すなわち、一方的に決めて農民に押しつけるのではなく、暫定的な措置として試みられたのである。杢はこれを実施し、その3年後に見直しの機会を設けている。ここには、彼の対話的方法あるいは契約的方法が存在している。双方納得の

上で実施するという杢の姿勢であり、人間尊重主義が明確に示されている。こうした月割上納、金納制の利点としては、農民にとって一度に納入しなくてよいので、彼らの負担軽減になり、一方、藩にとっては毎月の年貢が確実に入るので、稲作収穫の端境期に大名貸し商人に借金をする必要がなくなり、農民も利子支払いによる悪循環から抜け出す事ができるという事である。

1758（宝暦8）年の月割制度実施初年度の実績は、納入日が大体守られている[11]。ほぼ各月に相当額の金納が行われているので、領主側としては、ほぼ目的が達成されている。しかし、農民にとっては、各月ごとに月割分納をする事は大変な仕事であったと推測される。尚、この月割上納については、恩田杢の財政改革に先立って、1741（寛保元）年に藩の家老勝手掛原八郎五郎の手で試みられたものである。しかし、杢は、その永続的採用を提唱したのである[12]。

(2) 産業の復興

恩田杢は、積極的に産業の振興（殖産興業）を試みた。松代藩には、「36興利」という、産業振興のための、36種類の産業が存在していたとされる。杢はこれらの産業を松代に興し、新しい農産物を作ったのである。この事が新たな松代藩の貴重な財源となった。36種類が何であったかは定かではないが、養蚕、生糸、織物、鯉の養殖及び果樹の栽培等と想像される[13]。年貢の徴収のために村々に派遣していた足軽900人をこれの働き手として振り向け、その生産的な役割をさせたのである。

例えば、養蚕に関してであるが、綿織物のために必要な生糸を諸国に売却するためである。蚕には良質の桑の葉が必要不可欠であるので、その苗木を育成するために、他藩から養蚕に熟達した者を招いている。当時、養蚕は京、博多、仙台及び桐生等で特に盛んであった。続いて鯉に関してであるが、これは領民が食するためのものであり、他藩等に役人を送り鯉の養殖方法を学んで来させた。例えば、杢は淀川系の鯉がよいと耳にし、藩士長井源太に養鯉の方法を学ばせるために、京に留学させた。長井は数百匹の鯉の稚魚を松代に持ち帰った[14]。また、果樹の栽培に関しては、林檎、葡萄及び花梨等

が挙げられる。以上の産業は、今も松代に名残りが見受けられる。すなわち、「そういえば、戦後(第二次大戦後)は衰微の一途を辿っているが、戦前、信州は全国一の養蚕と製糸の国であった。蚕を飼わぬ農家はないといってもよく、多くが座操りと称する方法で絹糸を作り、ツムギを作っていた。ことに、大規模の生産工場は諏訪地方に盛んで、農家の娘達の出稼ぎによって労働力を賄っていた。信州は平坦地が少なく、したがって畑が多い。その畑も野菜を栽培しても販路がまるで無いため、自家用に限られ、そんな時養蚕技術が拡がり、蚕の飼料である桑が畑地に栽培されるようになった。これはすべて、杢の三十六興利の賜物とみても不思議ではあるまい」15) と。

(3) 荒田の復興と新田開発

　最後に、荒田の復興や新田開発に関してであるが、これは財政改革の定石といえよう。荒田とは荒れ果てた田畑の事であり、当時、松代藩10万石の3割強が荒田であった。荒田の復興や新田開発は、農民達にとって極めて困難であり、恩田杢は足軽も加えて荒田の開墾や新田の開発を試みた。杢は荒田を回復した者や開墾した者にはその土地を与え、収穫後の3年間は免税とする約束をした。彼は、直ちに年貢を徴収する事をせず、農民が開墾に精励するように励ましたのである16)。また、農具や食糧、種子等が松代藩から貸し与えられた。農民達は自分で作った小屋に寝起きし、荒地、原野及び山林との戦いを強いられたのである。杢も巡視に出ては、農民達に気軽に声を掛けて労をねぎらい、しかもともに汗を流したという。

　第二に、経費支出行為はどうであったであろうか。これに関しては以下の如くである。

(1) 倹　　約

　財政改革を試みる場合、どの藩においても、まず採用されるのは倹約令である。しかし、これは経費支出行為に制限を設け、支出を削減し財政均衡を試みる消極的政策に過ぎない。だが、恩田杢は倹約を基本原則とした。食料

や衣服等を含む経費節約であり、一切の無駄をなくした。特に、農民を管理する足軽を整理しているが、これは支出の節約となる事が顕著であった。また、「諸奉行所の費用削減を宝暦5年を基準に、それ以下になるように求めた。各奉行所の許容費用は行晃らを中心にすでに計算済みであったが、木工は一方的に押しつけることを避けた。ごくわかりやすい基準年という指針を示し、計画書を提出させた。その上で検討を加え、削減の甘いところには、削減目標とその方途とを説き、計画書を提出させた」[17]と。前述の如く、杢は上から一方的に命令を押しつけるのではなく、自主的に経費節減させたのである。松代藩士及び農民の積極的な協力による倹約を志した。杢は、人間性を尊重する事によって、やる気を惹起させたのである。

また、恩田杢は、これまで松代藩が「半知借上」[18]や「歩引（ふびき）」[19]といって、本来の給与を大幅に割り引いて支給していたのであるが、このような給与削減をせずに額面通りに規定の全額を支給する事にした。多くの他藩の財政改革が、人件費の削減を常識としていたにも拘わらず、杢は給与の全額支給によって、藩士に希望や生き甲斐を与え、道徳的意識の向上を図った。この結果、彼は自発的な経費節減や生産性を高める事を試みたのである。杢は以下のように記述している。すなわち、「するべきことは完全に実施いたしますから、仕事は確実に手抜きせずにやってもらいたい」[20]と。禄高の割引を廃止し、給与を全額支給する代わりに、節約を呼び掛けたのである。

しかし、娯楽を楽しむ事も許可した。すなわち、「こうして、仕事をしっかり、藩への御奉公を大切に実行した上でのことなら、ゆとりのある暮らしを送ることは御自由です。人間はそれぞれある程度の楽しみを持っていないと、毎日の仕事もうまくいかないものです。道学者みたいに諦めるのはよくありません。分相応の娯楽は楽しんでいただいて結構です」[21]と。この記述には、恩田杢の娯楽への配慮がある。当時、武士の楽しみは、詩歌、俳句及び謡であった。これを許容し、更に浄瑠璃や三味線、慰み程度の賭博も構わないと認めた。この事は、武士のやる気につながるとしたのである。

そして、恩田杢の倹約は藩主の身辺にも及んだ。藩主真田幸弘に対して、贅沢品の購入の禁止、毎回の献立費用及び贈答品の削減等である。しかしな

がら、「殿様御入用の向きは、一切経費削減をしない」[22]という方針も記述されている。杢は無駄な出費を削減する一方、10万石の格式を維持しようと努力したのである。すなわち、「節約を旨とし、何もかも一律にカットするというようなことは考えておりません。御主人筋のお召し上がり物の費用はもちろん、殿の御公用に必要な支出は節約すべきではないと考えております。十万石の大名としてふさわしいようにできなくては、殿に申し訳ないことです。ほかのことについては、万事出費は倹約すべきでありますから、この点お間違えのないようにお願いします」[23]と述べている。

(2) 借金の棒引き

経費支出行為のもう一つは、借財に起因するものである。松代藩の累積赤字は、総額22万7500余両にもなっていた。これをいかにして返済するかが、大問題であった。恩田杢は、棒引きにしなければ、財政改革の成功はあり得ないと考えた。そこで、松代藩の豪商八田嘉助を呼び出した。八田は、3代藩主真田幸道から6代藩主真田幸弘まで御用商人として働き、諸国の商人と取引をしていた。杢は、八田が原八郎五郎に200両の賄賂を約束した書状を切り札に借財の帳消しを迫った。脇差を持参し、もし八田に断られたら相手を刺し、自分も自害する覚悟で借金棒引きを頼んだのである。八田はついに杢に心服し、藩に12万6800両を差し出した。また幸いな事に、杢の決死の姿勢が功を奏し、八田に起請文を書かせる事にも成功した。この起請文には、八田が武士として、御用商人として、松代藩の将来を案じ、藩の過去の貸付金、御用金を全て差し上げたい、藩はこれをお納めくださるようにという意味の事が書かれていた。

更に、恩田杢は、他の借財処理の方法も考慮した。13人の商人達と28カ村の肝煎達、そして幕府からの借財である。幕府からの借財は、当面返済不可能と判断した。13人の商人達の借財については、八田嘉助及び下田市兵衛を介して棒引きを依頼した。これが奇跡的に成功し、八田と同様の起請文を書いてくれた。また、肝煎達の借金も棒引きにできた[24]。こうした策にも拘わらず、実は杢による松代藩の財政改革はほとんど成功せず、逼迫した

藩の財政状況は改善されなかった。

それでは、恩田杢による松代藩の財政改革は失敗したのであろうか。『日暮硯』の記すところでは、「五ケ年立ぬ内に大分御金出来し、御領分へも利安にて御貸金も出候、自然と御領分も豊に相成、諸人歓楽に暮とかや、実に難有御正道也」[25]と。しかし、残念ながら、5年で松代藩の財政が好転した事を証明する史料は存在しない。各種の史料を詳細に検討するならば、全体としてはむしろ否定的にならざるを得ない[26]。

だが、恩田杢の松代藩の財政改革は、彼の死をもって決して終わった訳ではない。杢の財政改革策を引き継いだのは、その義弟の家老望月治部左衛門である。そして、望月が勝手掛に任命されるとともに、杢の両腕となって財政改革を推進していた勘定吟味役の成沢勘左衛門と禰津要左衛門の両名は、いずれも郡奉行に昇進し財政部門の最高職に就いた。彼らはいわば杢の分身であり、杢の遺志と財政改革策は後々の世代へと継承されていったのである。杢の死後4年経った1766（明和3）年頃から、松代藩の財政状況は徐々に改善していく。

そして、19世紀に入ると、松代藩は指折りの裕福な藩へと変身していく。開明藩主として名高い真田幸貫が佐久間象山を抜擢して、新しい時代への準備を進める事となる。藩主幸貫は、象山のために高額な洋書を多数購入し、彼はそれらを研究して大砲や元込銃を独自に製造する事に成功した。これは、松代藩の財政状況が安定していたからに他ならない。恩田杢によって試みられた財政改革の芽は、19世紀になって見事に花開いたといえよう。杢が長期的な視点から構築した諸財政改革策の中で、松代藩の幕末における目覚ましい活躍が実現されていったのである[27]。

註

1) 宮坂寛美、前掲論文、336頁
2) 「よくもの言ふ者」とは、「意見をきちんと述べることのできる者」という意味である。
3) 全文は非常に長いものであるから、ここでは割愛する。詳細は、ベンダサン，イザヤ，前掲書、81〜93頁を参照されたい。

4）宮坂寛美、前掲論文、342頁参照。
5）松代藩の予算制導入に関しては、西沢武彦、前掲論文、689頁参照されたい。
6）松代藩の足軽は農民及び町人の中から採用されていた。そのうち300人程が城下に居住し、残りは松代近辺の村々に在住し、自宅からの通勤制を採っていた（笠谷和比古校注、前掲書、81頁参照）。
7）具体的には、足軽の宿代や賄代を意味する。
8）笠谷和比古『『日暮硯』と改革の時代——恩田杢にみる名臣の条件——』PHP研究所、1999年、82頁。
9）笠谷和比古校注、前掲書、84頁参照。
10）12月から翌年の2月までは農民にとって行事や支出が多いために、この期間を外したのである。現在の財政学の租税原則でいうアダム・スミス（Adam Smith）及びアドルフ・ワグナー（Adolph Wagner）の「便宜の原則」（principle of convenience, bequemlichkeit derselben）、すなわち、「各租税は、納税者にとってそれを支払うに最も便利であると思われる時期または方法で課せられるべきである」の採用を意味する。
11）詳細は、西沢武彦、前掲論文、685～687頁参照。
12）笠谷和比古校注、前掲書、85頁参照。
13）小松茂朗『恩田木工』甲陽書房、1984年、148頁参照。
14）川村真二『誠心の指導者恩田木工——真田藩再建を可能にしたものは——』PHP研究所、1993年、156頁参照。
15）小松茂朗『成功する人間管理法——「恩田杢流」経営術——』国際情報社、1983年、130頁。
16）西沢武彦、前掲論文、688頁及び川村真二、前掲書、186頁参照。
17）川村真二『恩田木工——真田藩を再建した誠心の指導者——』PHP研究所、1997年、189頁。
18）半知借上は4代真田信弘の時代から行われていたが、高禄の家臣だけが対象であった。ところが、原八郎五郎（田村半右衛門により不正を追求され、失脚し、家禄没収、清野村に永代蟄居となった）の執政によって、この対象が全ての藩士に広げられた。これにより、前にも増して藩士の生活は窮乏を極めた。1749（寛延2）年秋、ついに最下級の足軽達は75人の代表をもって、半知借上の取り消しを訴えた。しかし、それは実行されず、1750（寛延3）年元日における藩士総登城による新年年賀の式に、足軽達は1人も登城しないという異常事態となった。
19）半知借上の上に、更に何割かを引く行為を意味する。
20）堤清二解説・訳『現代語で読む日暮硯』三笠書房、1983年、41頁。
21）同上、41～42頁。
22）小松茂朗、前掲書、97頁。
23）堤清二、前掲書、40～42頁。
24）川村真二『誠心の指導者恩田木工——真田藩再建を可能にしたものは——』PHP

研究所、1993 年、118〜139 頁参照。
25) 笠谷和比古校注、前掲書、135 頁。
26) 笠谷和比古、前掲書、1999 年、108 頁参照。
27) 同上、113 頁参照。

第 5 節　恩田杢と二宮尊徳の財政改革の比較

　恩田杢は、1717（享保2）年に生まれて松代藩の財政改革の基礎を構築し、1762（宝暦12）年に点鬼簿の人となっている。一方、二宮尊徳（金次郎）[1]は、1787（天明7）年に生まれて小田原藩で財政改革に成功し、1856（安政3）年に 70 歳で逝去している。杢が誕生して 70 年後に尊徳が生まれた。杢と尊徳の生涯は重なる事はなかったが、松代藩と小田原藩は距離的にも近く、しかも杢の財政改革について記述した『日暮硯』の写本が作成され、諸国で財政改革の手本として読まれていた。尊徳も恐らく写本を読む機会があったと思われる。彼は、少なくともその内容について、大雑把であるかも知れないが把握していたであろう。すなわち、杢の財政改革の手法が、尊徳の小田原藩の財政改革に、大きく影響を及ぼしたのは推測に難くない。

　恩田杢と二宮尊徳の関係については、以下のような多数の説話が残されている[2]。すなわち、「報徳教の元祖にして、勤倹力行を以て世に名高い、二宮尊徳先生に最も偉大な感化を与えた者は、わが信州松代藩士恩田木工民親であると云われて居ます」[3]と。「彼の事蹟は『日暮硯』という本に書かれているが、二宮尊徳は、この『日暮硯』を座右から離さなかったといわれる」[4]と。「彼の有名な二宮尊徳は、恩田木工民親の人となりと、経営的手腕に深く私淑し、その事蹟を記した『日暮硯』を座右の銘となし、常にこれを愛誦し、且つ人にも勧めて読ましめたという説が専ら行われている。果して然らば恩田木工民親は二宮尊徳の師であると云っても差支へなく、また尊徳は木工の衣鉢を承継したものと云っても、敢て不可はないであろう。だが私は寡聞にして、未これを立證すべき資料を得ない」[5]と。「この恩田木工の言行と、二宮尊徳とに一致する點があることに誰しも気付くに違ひな

い」6）と。

　二宮尊徳は一介の農民に過ぎなかったのであるが、小田原藩の藩主大久保忠真（ただざね）に請われて、藩の財政改革の全責任を負う事となった。彼は分度7）、勤労という経済面に限定せず、推譲という道徳面も重視した。いわゆる「経済と道徳の一元論」8）である。

　次に、恩田杢の財政改革と二宮尊徳の財政改革の手法を比較考察する事にしよう。そこには、多くの類似点が見い出せる。

　第一に、恩田杢は悪事をした役人でも、その人が性悪であるのではなく、上役が悪いと考える。悪事を行う者は才能があるからであり、その才能をうまく用いる事により、財政改革に貢献させる事ができると考えた。こうした考え方は、二宮尊徳の「一円融合」9）と相通じるものがある。

　第二に、恩田杢は、10年間の藩の長期財政計画を立案すべきであるとする。すなわち、長期予算の編成である。二宮尊徳も10年間の財政計画の必要性を認めている。

　第三に、恩田杢は、一汁一菜のような小さい倹約の必要性を指摘している。彼は小さい事から始めて、大きな藩の財政改革までをなし遂げようとしたのである。『二宮翁夜話』の中に「翁曰く、大事をなさんと欲せば、小さなる事を、勤むべし。小積りて大となればなり。凡そ小人の常、大なるを欲して、小さなる事を怠り、出来難き事を憂ひて、出来易き事を勤めず、それ故、終に大なる事をなす事あたはず。それ大は小の積んで大となる事を知らぬ故なり、譬へば百萬石の米と雖も、粒の大なるにあらず、萬町の田を耕すも其の業は一鋤づつの功にあり……」10）とある。すなわち、二宮尊徳も、「積小為大」の考え方を有していたといえよう。

　第四に、恩田杢は、人間尊重主義に立脚していた。これは愛の精神であり、自尊心や自主性の尊重である。彼は相手と対等の関係に立つ事を重視したのである。二宮尊徳も謙譲の美徳を強調している。具体的には、領民こそが国家の基本と考え、年貢の減免を行った。

　第五に、恩田杢の財政改革策には、人に対する慈悲深さがあり、愛の精神が根底に流れている。農民に給与全額を支給している。これは二宮尊徳では

「推譲」であり、道徳という事になる。経済と道徳の一元論である。

　以上、恩田杢と二宮尊徳の関係に関して、簡単ではあるが比較考察した。類似点がかなりの程度存在する、と考えてよいだろう。杢の財政改革が尊徳に大きな影響を与えたと推察できよう。尊徳は、杢の財政改革を手本にして、小田原藩桜町領の財政改革を成功させたに相違ないであろう。

　註
1) 二宮尊徳の財政改革の概要を把握するためには、井門寛『江戸の財政再建――恩田木工・上杉鷹山ほか20人の改革者たち――』中央公論新社、2000年、219～231頁が最適と思われる。
2) 以下の詳細は、平池久義「松代藩における恩田杢の藩政改革（2）組織論の視点から」『下関市立大学論集』第53巻第3号、下関市立大学学会、2010年を参照されたい。
3) 大平喜間多『信濃郷土叢書　第13編　真田幸弘公と恩田木工』信濃郷土文化普及会、1929年、1頁。
4) 小松茂朗、前掲書、まえがき。
5) 大平喜間多、前掲書、はしがき。
6) 福井昌雄編著『日暮硯　木工政談』今日の問題社、1938年、199頁。
7) 最初に終わりまでの計画を立案する事。分をわきまえ自己の欲を制する姿勢をいう。すなわち、収入に応じて支出に一定の限度を設け、その範囲内で生活する事を意味する。現在の財政学でいう「量入制出原則」の適用である。
8) 経済と道徳は相反するものではなく、2つで一つであるとする。この延長線上にあるのが、渋沢栄一の考え方と思われる。
9) 対立する者も一つの円の中にあり、お互いに生かし合い、皆が協力し合う事によってよりよきものが生まれるとする考え方をいう。
10) 福井昌雄、前掲書、203頁。

第6節　むすびにかえて

　筆者は、恩田杢の財政改革を詳細に分析研究してきたつもりであるが、最後に小括を記しておこう。杢の財政改革の特徴は、以下の如くである。

　第一に、恩田杢が10年間という長期の予算計画を策定してきた点が挙げられる。松代藩における予算制導入により収入獲得面の目標が明確となると

第3章　恩田杢の財政改革（松代藩）　　　　　69

同時に、経費支出面における目標も明確になった。
　第二に、収入獲得面では、年貢の徴収方法の改革が挙げられる。村々に足軽を派遣していたのを改め、月割上納及び金納制という新しい租税制度を確立した。この財政改革策は、恩田杢の多大な貢献として注目に値する。更に、「36興利」を利用した産業振興策を採用した点が挙げられる。加えて、荒田及び新田の開発を計画実行した。
　第三に、経費支出面では、藩士及び農民の節約を徹底している。これは、完全に自主的なものである。人件費削減といっても、本来の給与を減らすのではなく、もとに戻す事によって、道徳面の意識向上を試みた。これにより、生産費削減に努力したり、生産性向上を可能とした。
　第四に、恩田杢は娯楽の享受をも認めた。しかし、藩主については、特別に御用向きの削減を例外とした。あくまで10万石の格式の堅持を目的としたのである。また、杢は節約のために借財の棒引きを意図し、相手商人達に起請文を書かせた。
　恩田杢の財政改革は、生涯を通じて、彼の人間性尊重主義が基礎となっている。対話による合意形成の方法である。こうした杢の財政改革は、二宮尊徳にも大きな影響を与えたと思われる。杢は、原則的ではあるが、従来のような上からの一方的な権力主義的方法を否定した。杢は松代藩の財政改革の基盤構築に大きく貢献した傑物であった、と思量する。

恩田杢関係略年表

1622（元和8）年　真田信之、信州上田から松代に転封。石高10万石。他に上州沼田藩3万石を嫡子真田信吉に分与（沼田藩の起こり。後、1681〔天和元〕年に改易）。
1717（享保2）年　恩田杢、松代藩家老の長男として生まれる。
1727（享保12）年　真田信弘、藩主となる。
1729（享保14）年　半知借上の制の採用。家臣の知行、俸禄の半分を削減。
1735（享保20）年　恩田杢家督相続。知行1000石。
1737（元文2）年　真田信安藩主となる。側用人原八郎五郎（小隼人）を家老勝手掛に任用。半知借上の制度常用となる。

1742（寛保2）年	千曲川水害（戌年の大満水）。松代城、城下ともに被害甚大。領内田畑荒廃。
1746（延享3）年	恩田杢、家老職就任（30歳）。
1749（寛延2）年	足軽小頭75人、足軽切米、扶持米の支給遅延を訴える。
1750（寛延3）年	元日、足軽1人も出仕せず、原八郎五郎罷免。田村半右衛門、江戸で召し抱えられる。田村新法の実施。
1751（宝暦元）年	松代藩農民一揆。田村半右衛門失脚（田村騒動）。
1752（宝暦2）年	藩主真田信安没。真田幸弘（真田幸豊）藩主となる（13歳）。
1757（宝暦7）年	再び千曲川水害。領内の被害甚大。恩田杢「勝手方御用兼帯」を拝命。宝暦の改革の開始。勘定吟味役禰津要左衛門と成沢勘左衛門を「勝手向懸り合」に任命。財政問題全般を統括する権限授与。
1758（宝暦8）年	藩内全村の代表者を藩勘定所に招集。年貢月割上納、金納制の実施。
1760（宝暦10）年	藩の役務日記、記録の役所における引き継ぎの制度化。財政記録等の帳簿体系の整備。
1761（宝暦11）年	再び藩内全村の代表者を藩勘定所に招集。月割上納制度による年貢納入の良好を褒賞。更に3年の更新継続。
1762（宝暦12）年	恩田杢鬼籍の人となる。享年46歳。杢の義弟である家老望月治部左衛門を勝手掛に任命。更に禰津要左衛門と成沢勘左衛門の両名を郡奉行に任命。
1764（明和元）年	再々度藩内全村の代表者を藩勘定所に招集。月割上納制度による年貢納入の良好を褒賞。更に5年の更新継続。

（出所：笠谷和比古『「日暮硯」と改革の時代――恩田杢にみる名臣の条件――』PHP研究所、1999年、23頁より作成）

第4章

上杉鷹山の財政改革（米沢藩）
──ジョン・F・ケネディが最も敬愛した賢君──

第1節　はじめに

　アメリカ合衆国の35代大統領であったジョン・フィッツジェラルド・ケネディ（John Fitzgerald Kennedy）は、かつて日本人記者と歓談中、ある記者に「大統領は大の親日家として知られていますが、日本の現在の政治家以外に尊敬している人はいますか？」と問われた事があった。この問いに対して、彼は即座に「最も高く評価できる日本人はヨーザン・ウエスギ（上杉鷹山）」と答えたという[1]。思いがけない人物の名前が挙げられた事に、日本人記者達は驚きを隠せなかった。なぜならば、集まっていた記者達は、日本人であるにも拘わらず、上杉鷹山[2]の名を知らなかったからである[3]。

　しかしながら、過去、上杉鷹山の名前は、2冊の英文の書物によって、海外でもすでに紹介されていた。第一は、新渡戸稲造の『武士道』であり、第二は、内村鑑三の『代表的日本人』である。『武士道』においては、「フレデリック大帝が、『王は国家の第一の召使である』と言いし言をもって自由発達の一新時代が来たと、法律学者たちの評した事は正しい。不思議にもこれと同じくして、東北日本の僻地において、米沢の鷹山は正確に同一なる宣言をなし、封建制の決して暴虐圧政にあらざることを示した」[4]とあり、『代表的日本人』[5]においては、「あらゆる人間の中で、鷹山ほど、欠点も弱さを数え上げることの難しい人はありません。鷹山自身が、どの鷹山伝の作者にもまして自分の欠点と弱点を知っていたからであります」[6]と。ちなみに、ジョン・フィッツジェラルド・ケネディが鷹山を知ったのは、後者によるものであったと推考される。

上杉鷹山は、江戸後期の出羽国米沢藩の藩主として、窮乏にあえぎ事実上崩壊していた藩の財政を立て直し、奇跡的繁栄をもたらした賢君である。

　本章は、当時の米沢藩の財政状況を分析し、どのような政策を持って、上杉鷹山が財政改革をなし遂げたかに関して、若干の考察を試みる事を目的としている[7]。

註
1) また後年、日本人記者達の同様の問いに、42代大統領のウィリアム・ジェファーソン・ビル・クリントン（William Jefferson "Bill" Clinton）も上杉鷹山の名を挙げている。
2) 諱ははじめ勝興、後に上杉治憲（はるのり）と名乗るが、藩主隠居剃髪後の号である上杉鷹山の方が著名であるので、以後、本章では、原則として鷹山で統一表記する。ちなみに、この号は、米沢藩領北部にあった白鷹山から採ったといわれる。
3) 藤田公道『上杉鷹山の魅力』山下出版、1993年、19～21頁参照。
4) 新渡戸稲造著、矢内原忠雄訳『武士道』岩波書店、2018年、52頁。
5) この著作が刊行された1894（明治27）年には『日本及日本人』（*Japan and Japanese*）という書名であったが、1907（明治40）年に再刊された時、『代表的日本人』（*Representative Men of Japan*）と変更された。
6) 内村鑑三著、鈴木範久訳『代表的日本人』岩波書店、1999年、73頁。
7) 筆者は、上杉鷹山の財政改革に関して別稿を残している（拙稿「上杉鷹山の財政改革に関する若干の考察」『国際文化表現研究』第11号、国際文化表現学会、2015年）。本章は過去の論文に加筆修正したものである。

第2節　上杉鷹山の生涯

　1751（宝暦元）年7月20日、上杉鷹山は、日向高鍋藩主であった秋月種美（あきづきたねみつ）の次男として、江戸屋敷で生まれた。幼名は松三郎、10歳の時、男子のいなかった8代米沢藩主上杉重定（しげさだ）の養子となり、上杉家の桜田邸に移った。祖母は、上杉綱憲（つなのり）の娘で、鷹山は上杉家の血も引き継いでいる。

　上杉鷹山は、14歳から、細井平洲[1]（せいがしゃ）より藩主教育を受けている。鷹山の師に平洲を見出したのは、私塾「菁莪社」を開いて、若い藩士を育てていた儒医藁科松柏（わらしなしょうはく）であった。菁莪社の中核として活動していた江戸家老竹俣（たけのまた）

第4章　上杉鷹山の財政改革（米沢藩）

　当綱(まさつな)は、松柏が平洲に出会ってすぐの頃、平洲門下に入門する。当綱自身、「安民の徳は文学（学問）に始まり、富国のことは農民に起こる」[2]と述べており、藩士師弟の学問教育が急務であると考えていた。江戸において、少年鷹山の学友とされた神保綱忠（蘭室）も、鷹山が藩主となると同時に平洲の私塾「嚶鳴館(おうめいかん)」に入門し、27歳で塾長となって平洲と寝起きをともにしていた。

　1766（明和3）年、上杉鷹山は16歳で元服し、当時の将軍徳川家治(いえはる)に謁見し、その一字を賜り、上杉治憲と名乗った。そして、1767（明和4）年、米沢藩を継ぐ事になったのである。ちなみに、鷹山と改名したのは51歳の時である。藩主となった4カ月後、まだ江戸にあった鷹山は、米沢に使者を送り、林泉寺（上杉家の菩提寺）の境内にある春日神社[3]と米沢城の氏神（土地の守り神）である白子神社[4]に誓詞を奉納した[5]。鷹山の財政改革に当たり、江戸から米沢に使者を立て、1767年8月1日、春日神社と白子神社に強い意志表明をしたのであった。春日大社への誓詞は、以下の通りである。すなわち、

一、文学壁書の通り怠慢無く相務め申すべき候（学問の事）、
一、武術右同断（武家としての基本）、
一、民の父母の語、家督の砌歌にも詠み候へば、此の事第一思惟仕べき事（民の父母の事）、
一、居上驕らざれば、即ち危うからず（謙虚の事）、
　　又恵みて費さずとこれあり候語、日夜相忘るまじく候（倹約の事）、
一、言行ととのはず、賞罰正しからず、不順無礼これなき様慎み申すべく候、
　　右以来堅く相守り申すべく候。若し怠慢仕るに於いては忽神罰を蒙り永く家運尽くべきもの也[6]。

　一方、白子神社には、若干短いものであるが、以下の誓詞が残されている。すなわち、

連年、国家衰微し、
民人相泥み候あいだ、
大倹相行い、中興したく
願うところに仕り候。
決断若し相怠るに於いては、
忽神罰を蒙るべきもの也[7]。

　上述の春日大社への誓詞は藩主の心得を、白子神社への誓詞は大倹約令を実施するという財政改革の意志を神前に誓ったものである。上杉鷹山は、米沢藩の存亡の危機を認識し、藩主としての使命を自覚していたのだろう。領民を慈しむ政治、換言すれば、仁政を施す事が藩主の務めであるという明確な理念を保有していた、という事ができる。鷹山のその後55年間に渡る財政改革の強い意志は、誓詞内容からも明白である。
　上杉鷹山は、1765（明和2）年に米沢藩を襲封している。そして、1769（明和6）年、19歳で許婚の幸姫と結婚した。幸姫は生まれながらにして頭が弱く、背丈も10歳ばかりの子供のようであった。しかし、鷹山は何ら不満を漏らさなかったという。幸姫は30歳で逝去したが、その間10年以上、鷹山は江戸にあって終始孤独を守っている。養父の上杉重定は早くより国元に留まっており、この事に気がつかなかった。鷹山は、周囲の者に固く口止めして絶対に養父に知らせなかった。苦悩を自分個人の胸に秘めて、家庭全般の悲劇を救おうと考えたのである。鷹山は不幸のどん底にあったといえよう[8]。襲封早々より老臣の反対を受けて、心の安まる事もなく、またうちにあっては新婚の歓びを知る事もなく[9]、青春時代は無残なものであった。しかし、鷹山は自分の不運を顧みず、ひたすら米沢藩の家臣と領民の安寧した日々を念じていたのである。1769年10月26日、鷹山は初めて米沢に入部した。そして、次の年である1770（明和7）年、参勤交代で江戸に出向いた鷹山は、自ら師である細川平洲宅を訪れて、彼に米沢来訪を懇願した。その時、鷹山は銀子30枚、縮緬30巻、酒樽、肴及び菓子等合わせて1000両相当の進物をした。財政難の米沢藩ではあったが、いつかこのような時が来る

第4章 上杉鷹山の財政改革（米沢藩）

のを期待していた竹俣当綱が、これだけの蓄えを用意していたのであった。その贈り物の多さに驚いた平洲は、その責任の大きさを感じ、一度は辞退したが、鷹山の熱意に感激して、ついに米沢来訪が実現したのである。そして、鷹山は、米沢藩の改革への協力を平洲に要請したのである。その結果、平洲の思想的背景もあり、鷹山は第4節で詳述する米沢藩の財政改革に着手し、大成功に終わった。

　1821（文政4）年2月12日、上杉鷹山は病により床に就いた。上杉治広と上杉斉定（なりさだ）をはじめとして、米沢藩の執政諸役人達は、それを深く憂い、医療祈禱を尽くさない者はなかった。また、家中の諸士、遠村の農民に至るまで、あるいは神社仏閣に参籠し、あるいは他国の霊場に出向き、その平癒を祈ったという[10]。しかし、1822（文政5）年3月12日、多くの人々の願いも虚しく、鷹山は鬼籍の人となった。享年72歳であった。

註

1) 細井平洲は、1728（享保13）年、尾張の生まれで、中西淡淵（たんえん）に師事して折衷派の儒学を修めた学者である。折衷派とは、古学、朱子学、陽明学それぞれの長所を選択折衷して、穏当な学説を形成しようとしたものである（井門寛『江戸の財政再建――恩田木工・上杉鷹山ほか20人の改革者たち――』中央公論新社、2000年、125頁参照）。
2) 遠藤英『米沢学事始　上杉鷹山の訓え』川島印刷、2011年、60頁。
3) 春日神社は、藤原氏族である上杉氏の祖神をまつる神社である。
4) 白子神社は、米沢城下で最も歴史のある神社の一つであり、米沢城の鎮守であった。
5) 誓詞の実物が発見されたのは、1891（明治24）年であった。
6) 遠藤英、前掲書、40頁。
7) 同上、41頁。
8) ある意味で、上杉鷹山は、財政改革だけではなく、新たな人生の重荷を背負う事になったのである（内村鑑三、前掲書、126頁参照）。
9) ただし、上杉鷹山には、国元において於豊（おとよ）という側室がいた。鷹山より10歳も年長であったがよい配偶者であったとされている。
10) 安彦孝次郎『上杉鷹山の人間と生涯』サイエンティスト社、1994年、381頁参照。

第3節　上杉鷹山以前の米沢藩の財政状況

　周知の如く、米沢藩上杉家の初代藩主は上杉謙信である[1]。当初、上杉家は、越後地方で200万石を超える領地を保有していた。しかし、1598（慶長3）年、その養子である上杉景勝(かげかつ)の時、豊臣秀吉によって会津に移封され120万石となり、更に、関ヶ原の戦いで石田三成の西軍に加担したかどにより、1601（慶長6）年、徳川家康によって米沢に領地を移され、30万石に減封されてしまう。厳密にいうならば、この景勝の時代から米沢藩は始まったといってよいだろう。不幸は更に続く。藩主は2代目上杉定勝(さだかつ)、3代目上杉綱勝(つなかつ)と継承されたが、綱勝に子がなく、1664（寛文4）年に急逝し、跡継ぎがなくなった。そこで、定勝の娘婿であった忠臣蔵で知られる吉良上野介の長男上杉綱憲を養子として届け出、半分の15万石での存続が辛(かろ)うじて認められた[2]。

　江戸時代の後期以降、各藩の財政は逼迫していた。幕藩体制は、幕府が諸藩の政治に直接関与する事なく、各藩が一種の小国家であり、藩の運営は独自に行われ、藩主の資質と力量によって、藩政運営の成否は大きく左右された。しかしながら、藩の財政規模は小さく、自然災害が生じる度に出費は増加の一途を辿り、多くの藩が財政赤字に陥った。そうした状況を改善するため、多くの藩において大規模な財政改革が断行された。

　特に、米沢藩は、度重なる財政赤字により、多額の借財を抱える等、他藩と比較して一段と深刻なものであった。また、家臣達の知行取、扶助米等の俸禄である人件費は、米沢藩の総収入150万石の約9割を占めるに至っていた。更に、米沢藩の借入額は寛文期から年々増加の一途を辿っていた。1692（元禄5）年には、当年の返済額が985両だったのが、1720（享保5）年には、その10倍を超す1万1743両となっている[3]。ただし、江戸商人達からの借入額は、ここに含まれていない。上杉鷹山は藩主になって4年目の1771（明和8）年に、米沢藩において初めて『御領知御取箇元払帳』[4]を取りまとめている。これによると、当年返済すべき借金が3万9961両あり、このうち

1万1950両を返済したが、金納分の不足を含めて、2万8155余両の繰越赤字となっている5)。また、米沢藩は江戸、大坂、越後、酒田の他領地の商人からの借財が2万9675両余り、領内での借財が5888両になっており、領外商人との依存関係の深さとともに、年間の借金返済額が、金納分の全収入を上回っている事が理解できる6)。米沢藩の借財の詳細に関しては、1772（安永元）年の『御領知御取箇元払帳』によれば、江戸、大坂及び京都の三都商人達から16万1713両を借り入れていた。したがって、米沢藩が最も危機的状況にあった宝暦期には、これに加えて領地内における後述の御用商人からの借財、また以前から焦げついていた借財等を合わせると20万両を超えていたと推測される7)。

名門であった米沢藩が、以上のような財政窮乏に悩まされる事になった諸要因は次のようなものであった。

第一に、上杉謙信以来の矜持が問題であった。15万石の領地に減じられたとはいえ、当時の他の藩と比較すれば、尚、名門の名に値する石高である。すなわち、名門であるがゆえに、減封以後も上杉景勝時代の慣例等を維持しようとし8)、その支出が米沢藩の累積赤字を巨額なものとしたのである。1755（宝暦5）年には、年間収支の不足金は、2万5680両になり、更に累積赤字は増加の一途を辿った。18世紀中頃、米沢藩が極度の財政難に見舞われていた借上は恒常化し、越後下関村の渡辺家9)、更に、酒田の本間家10)、加えて、江戸の三谷三九郎11)等から多額の借財をしていた。それゆえ、1764（明和元）年、8代藩主上杉重定が領地返上による領民救済を公儀に委ねようと決意した程であった12)。

第二に、藩主は勿論の事、家臣、民衆も奢侈に慣れ切っていた事が挙げられる。当時はいわゆる元禄時代であった。元禄時代は、5代将軍徳川綱吉(つなよし)が統治した約30年間である。幕府は安定期に入り、初期の武断主義から法や道徳文化を尊ぶ文治主義に移行していったが、一方、家臣や民衆は、奢侈に傾いていった。米沢藩もその例に漏れず、世間の風潮に染まっていった。領地を減封されたにも拘わらず、藩主自ら奢侈に耽っていたのである。その奢侈は、4代上杉綱憲の時代、特に顕著であった。綱憲が当時幼少だったため、

実父の吉良上野介が後見人となり、裏で様々な干渉を加えたためである。領地の石高が減少しているのに、奢侈の風潮が改められる事はなかった。その多くは、前述の上杉家の面子を重視したためであった13)。更に、実家の吉良家にさえも生活費を援助していた14)。加えて、当時、家臣達には知行の半分しか支払わないという「半知借上」が実行され、領民には重税を課し、江戸や大坂の商人からは返済の見込みのない借財もしている15)。米沢藩は、外部商人からの借財の他、自藩の家臣からも借財を行っている。5代藩主上杉吉憲の末年に当たる1721（享保6）年には、ついに参勤交代の費用すら準備できなくなってしまった米沢藩は、初めて家臣の給与を払わない「借知」を行った。そしてこれ以後、借知はほぼ毎年行われ、米沢藩の重要な収入源として定着していった16)。これが8代目藩主の上杉重定まで続き、重定も奢侈の風潮を改める事なく、財政窮乏はますます深刻なものとなっていった。重定は財政再建には無策であり、政務は寵臣に任せて、自分は能に熱中していたのである。

　第三に、米沢藩の地理的条件の不利と凶作が挙げられる17)。米沢藩は、地理的に東北中央部の盆地に位置し、最上川下流は他藩に押さえられており、通行税を徴収されていた。また、自然的条件も厳しく、1755（宝暦5）年の大凶作による損耗高11万3600石余りは、総生産高15万石の7割に達し、洪水による被害面積は、水田総面積の5割にも及んだ18)。翌年には、疫病が流行ったりしている。更にその後も、飢饉や凶作が頻繁に生じた。

　第四に、幕府からの土木工事及び再建工事の命令が挙げられる。例えば、米沢藩は、幕府から上野東叡山寛永寺の根本中堂の修理や仁王門の「手伝普請」を命じられている。米沢藩の負担額は、5万7457両にも及ぶ巨額なものであった19)。この手伝普請は、幕府の目の届きにくい遠隔地の外様大名には、特に厳しく課せられており、米沢藩もその例外ではなかったのである。

　第五に、参勤交代の実施が挙げられる。これは1年おきに諸大名が江戸に参じる事であり、参勤交代に際しては、大名は多額の出費を負担しなければならなかった。特に、江戸より遠い米沢藩の出費は膨大なものであったといえよう。

第六に、側近政治の弊害が挙げられる。これには、上杉重定の寵臣森平右衛門の権力乱用や失政の影響が大きい。当初、森は身分が低かったが、大出世して権力を掌握し、一人栄華を極め、親戚一同が奢侈に走り、公金乱用や政治の専権を行った。借財を増やし、町民、農民に至るまで人別銭の徴収をしている[20]。

第七に、農村の荒廃が挙げられる。米沢藩の唯一の税源である農民は、重税を課せられ、税を絞るだけ絞り取られた。その結果、農民は米沢藩の土地を見捨て「逃散」し、他の土地に移る者が後を絶たなかった。更に、生まれたばかりの子供を殺す「間引」も増加し、人口は激減していく。1760（宝暦10）年には、14万人の人口が9万人にまで落ち込んだ。そして人口の減少は、当然、税収の減少をもたらしたのである。

註

1) 上杉家では、藩主を上杉謙信から数える伝統が守られており、上杉鷹山は10代藩主とされる。謙信は、織田信長や豊臣秀吉と比較されるが、必ずしも彼らが重視していた商工業の発展を否定していた訳ではない。謙信も直江津港を抱える春日山城を居城とし、港を利用して盛んに交易を行い、豊かな経済力を得ていた。したがって、商工業については積極的だったといってよい。謙信が否定的であったのは、信長や秀吉が経済面のみを重視し、神仏や伝統といった倫理面を否定した事であった（上杉謙信に関しては、加澤昌人『上杉謙信の信仰と信念』上杉家御廟所、1983年が詳細である）。

2) 上杉綱勝が逝去した時に相続者がいなかったため、普通なら上杉家は断絶させられるはずであったが、綱勝の先妻が将軍徳川家光の叔父の娘であったため、存続が認められた。尚、1863（文久3）年、旧領の3万石が加増され18万石となる（山岸治男「福祉政策から見た旧米沢藩の財政改革――上杉鷹山の藩政改革を中心に――」『大分大学教育福祉科学部研究紀要』第30巻第2号、大分大学教育福祉科学部、2008年、115頁参照）。

3) 横山昭男『上杉鷹山』吉川弘文館、2002年、21頁参照。

4) 『御領知御取箇元払帳』とは、いわば米沢藩の歳出と歳入元帳である（同上、51～52頁参照）。

5) 同上、52頁参照。

6) 同上、50頁参照。

7) 小野榮『シリーズ藩物語　米沢藩』現代書館、2006年、104頁参照。

8) 上杉景勝の米沢への移封に従った家臣は約6000人であり、解雇される事なく、そ

のほとんどが維持されたという。そのため、他藩と比較にならない程、人口に占める家臣の割合が高かった。実際、家臣団の人数は 46 万石の福岡藩にほぼ相当していた（小野榮、前掲書、101 頁参照）。

9) 1778（安永 7）年、竹俣当綱は、渡辺家の長年の用立てに感謝しながらも、米沢藩の苦しい事情を訴え、財政改革策を示し、更なる借金依頼を懇願して、協力を求めている。また、渡辺家が他より借りて用立ててくれた分は、直接先方に詫びに行きたい事、財政についてよい案を考えて欲しい事等も書き送っている。上杉鷹山の後半の財政改革を担った莅戸善政（のぞきよしまさ）も自ら渡辺家に赴き、誠意を尽くして協力を求めた（上杉鷹山博物館『上杉鷹山の財政改革――国と民のしあわせ――』川島印刷、2012 年、44 頁参照）。

10) 本間家は、北前船を利用した商いで多くの財をなし、庄内藩や米沢藩等への大名貸しや田地の集積により日本最大級の地主となった。本間家と米沢藩との関係は寛政の改革以後に深まっていき、蔵米等を引当てとした。本間家は、財政改革に腐心する上杉鷹山と莅戸善政の真摯な態度に対して、協力を惜しまなかった（同上、56 頁参照）。

11) 三谷三九郎は、西の鴻池と並び称せられる金融界の雄であった。また、米沢藩お蠟蔵元として御用商人の一人でもあった。米沢織の生産が始まると独占販売の権利を獲得している（同上、40 頁参照）。

12) 尾張藩主徳川宗勝（上杉重定の妻の実家）らによって説得され、何とか思い止まるが、藩主として財政改革をする気力を失った重定は、近臣らに諭され隠居する。

13) 例えば、将軍上覧の京都嵐山の能興行に 1000 両を費やしている（小野榮、前掲書、101～102 頁参照）。

14) 吉良家が火災に遭った時は、その再建費用として 8000 両を用立てている（同上、101～102 頁参照）。

15) 江戸では、「新品の金物の金気を抜くにはどうしたらよい。『上杉』と書いた紙を金物に貼ればよい。さすれば金気は上杉と書いた紙が勝手に吸い取ってくれる」とまでいわれていた程であった。

16) 遠藤英、前掲書、30 頁参照。

17) この時代の度重なる飢饉は、じわじわと米沢藩の体力を奪っていった。凶作とは、飢饉が悪化し、天候不順等の自然現象によって米、作物が取れない事を意味する、一種の自然災害である。1755（宝暦 5）年に米沢藩を襲った大凶作は、米沢藩に大飢饉を引き起こし、藩の財政に決定的損害を与えた（同上、31 頁参照）。

18) 小野榮、前掲書、105 頁参照。

19) 同上、103 頁参照。

20) この森平右衛門の横暴は、後日、改革派の江戸家老竹俣当綱により改められ、森は殺されている。

第4節　上杉鷹山の財政改革

　米沢藩が財政改革を実施した期間は、上杉鷹山が藩主に就いた1767（明和4）年から、鬼籍の人となる1822（文政5）年の55年間といわれている。この間に行われた改革は、「明和・安永の改革」と「寛政の改革」に大別する事ができる[1]。明和・安永の改革は、鷹山が現役の藩主として行った財政改革であり、寛政の改革は、隠居した身分でありながら、藩主の黒子としてなしたものである。以下、2つの改革を詳細に分析する事にしよう。

　まず、前者の明和・安永の改革について述べる事にしよう。上杉鷹山が米沢藩主となった17歳の頃から、この改革は始まった。そして、20歳前から徐々に米沢藩の財政改革を試みた。具体的な改革は、特に、奉行の竹俣当綱と莅戸善政によって行われた[2]。採用された財政改革策は、次の4つであった。

　第一に、藩邸、藩士の財政緊縮が挙げられる[3]。特筆すべきは、大倹約令を発布した事である。その内容は、長文の趣意書と、具体的な箇条書きの支出減指令からなっている。趣意書の前半は、なぜ米沢藩の財政が行き詰まったのかの分析であり、後半は、いかに強い意志を持って上杉鷹山が大倹約を決断したかが述べられている。すなわち、

　　我等小家より大家の譲り受奉り此儘家の亡びるをまち、国中の人民を苦しむる事、不幸是に過べからず。斯まで衰候家立べき見切無之故、其段筋へも深く相尋候処相立難き旨何茂同様に亡るを待つよりは、君臣心尽るまで成べき程の大倹約を執行候はば、若も立行候事もやと此事此と思立候。何程今日の上心安く暮し候共明日相立ざるには取替難く候へば、今日の難儀と当家の永く続くことを取替候心得を以て各心を一つにして、心力を尽すべく候尤我等身廻りより始め、諸行事省略可致候間心付の儀遠慮可申聞候申迄はなく候へば我一人可相立事に無之候。思へ諸士も百姓も大倹約を用ひ候はば今はさぞ難儀不自由共可存候へ共面々永く家

を保ち身を安し候事にいた致度者と重く倹約申出し候爰を考申さば、今の難儀は難儀とも不自由とも思ふ間鋪に候。必々此心得を以て、面々家々にても倹約取行ひ子孫を保ち親類長く当家を相立候心得肝要。此段頼入候。　　　　　　　　　　　　　　　　　　　　　　　　　　　以上[4]。

すでに上杉鷹山の米沢入部以前より、彼自身の大倹約がなされていた。例えば、1年間の大名仕切料1500両を、一挙に世子の時の209両に大幅減額したり、奥女中を50人程から9人にまで減らしている。これは抽象的なものではなく、可能な限り数値目標を示した具体的内容であった。更に、儀礼的行事の規模縮小や支出の減少、参勤交代の人数の縮小、普段着の絹衣から綿衣への変更、平時の膳での「一汁一菜」の勧め等である。鷹山も自らそれを率先して行った。武士等に旧来の形式や矜持を捨てさせ、支出を最低限度に抑えたのである。しかし、この政策は旧来の慣習を維持しようとする一部の重心の反感を買い、「七家騒動」を引き起こす。七家騒動とは、鷹山が改革案を提示した時、奉行職千坂高敦、色部照長、江戸家老須田満主、侍頭長尾景明、清野祐秀、芋川延親及び平林正在が先頭に立って抵抗した事件をいう。鷹山は、彼らを即座に断罪した。七家騒動の結果、首謀者の須田、芋川の両名は切腹、その他は隠居閉門の上、知行削減となった[5]。

第二に、産業開発が挙げられる。商品作物として、漆、桑、楮（こうぞ）の100万本植え立て計画を打ち出した。この漆、桑、楮の苗木購入等に、5000両という多額の費用を要し、江戸の御用商人である三谷三九郎からの借財でこれを賄った。更に、事業成功のために樹芸役場を設置して、計画の推進と元締めに当たらせた。しかし、この計画は、後に竹俣当綱が失脚した事で完成しなかった[6]。加えて、藍の栽培、縮織（ちぢみおり）も奨励している。しかも、これらは藩士やその妻達が庭に桑を植えたり、織物をして現金収入にさせ始めたのである。議論と記帳、取り締まりと命令下達を業とし、自分の体を使って生産に励む事のなかった家臣達にも、上杉鷹山は生産の意義と方法を知らしめたのである。これらの産業のいくつかは、現在でも地場産業として残っている。その一例が、米沢絹織物である。

第三に、農業政策が挙げられる。封建時代においては、農業は立国の基盤である。しかし、江戸後期には、商業資本主義の発達とともに、大規模自営農民の分解は甚だしく、農村は大きく変貌していた。米沢藩でも、禿百姓や欠落村落が続出している[7]。禿百姓とは破産した百姓をいい、欠落村落とは村落全体での領外への逃走をいう。米沢藩の農村部で、人口は減少し、荒廃していたのである。藩の財政改革の課題は、農政の確立にこそあった。そこで、上杉鷹山は、1772（安永元）年、中国の故事に倣い「籍田の礼」[8]を執り行い、農業の尊さを家臣達にも示したのである。この儀式以降、鷹山は郡奉行を復活させ、農村の掌握を強めていった。そして、農産物の収穫向上策として、用水池や灌漑水路の整備、深耕用鋤の開発、農師の派遣、新たな肥料製造方法の普及等の具体策を講じた。しかも、積極的に荒廃地の田畑開墾の推奨と実施に当たり、家臣を大量に動員した。地方農民と同様の開墾を武士にも強要したのである。鷹山も自ら開墾地を訪れ、武士達の労をねぎらっている。

　第四に、人口政策が挙げられる。上杉鷹山は、人口の減少を阻止するために、間引の風習をやめさせた。農村部の人口の減少は、農業生産物を減少させ、米沢藩の財政に悪影響を与えると考えたのである。

　以上の方策によってなされた明和・安永の改革は、一応の成果を挙げ、1785（天明5）年、上杉鷹山は35歳の若さで隠居し、上杉重定の息子上杉治広に家督を譲った。しかし、なぜ、この時期に突然隠居したのであろうか。当時、一応の成果を挙げたとはいえ、米沢藩の財政改革は道半ばでしかなかった。その理由はいくつか考えられるが、その最大のものは、鷹山が米沢藩の養子に決まってから、重定に男の実子が次々に生まれたにも拘わらず、約束を守って鷹山に家督を譲られた事と考えられる。それを思うと、鷹山は、重定が健在なうちに重定の息子治広に継承させ、重定に喜んでもらおうと考慮したようである[9]。そして、正式に藩主の座を譲った時、君主としての心得を以下の「伝国の辞」として残している。すなわち、

　一、国家は祖先より子孫へ伝候国家にして我私すべき物には無之候、

一、人民は国家に属したる人民にして我私すべき物には無之候、
一、国家人民の為に立たる君にして君の為に立たる国家人民には無之候、
右三条御遺念有間敷候事
天明御巳年弐月七日　　　　　　　　　　　　　治憲　花押
　治廣殿　机前 10)

このような心得を残した背景には、上杉鷹山の長期計画の思惑もあった。彼は、20年の長期計画を抱いていたと思われる 11)。この伝国の辞には、目先の利益に捉われないで、財政改革を目指すようにという願いが込められているとも理解する事ができよう。鷹山引退後、暫く竹俣当綱に代わり、志賀祐親(すけちか)が中心になって、財政改革を継続した。祐親は、15万石の半分の7万5000石で藩を賄う事、他藩から一切借金をしない事、藩内の歳入で歳出を支払うという消極的政策を採った。その結果、鷹山の採用した積極的政策はほとんど廃止されてしまった 12)。そして、4年も経過しないうちに、再び2万両の不足が発生し、負債は11万両にもなり、旧債務は莫大なものとなった。役人の数を減じ、仕事を減らした結果、家臣と領民達の物議誹謗の声が、祐親の一身に集まった 13)。家臣と領民達の間に、再び鷹山待望論が湧き起こり、藩主上杉治広は鷹山に財政改革の再指導を任せる事にした。これが、後期の寛政の改革である。

次に、積極的政策への再転換といってよい寛政の改革について分析する事にしよう。1791 (寛政3) 年、上杉鷹山は一度退隠した莅戸善政を再起用し、中老職に任命した。また、彼の協力者として、黒井忠寄と神保綱忠らも登用した。そして、財政改革についての自由な意見を広く求めて「上書箱(じょうしょ)」を設置した。その結果、多くの上申がなされた。この上申の中には、七家騒動の蔭の首謀者として斬首された、藁科立沢の息子藁科立遠のものもあった。鷹山は、彼の上申を高く評価し、再び仕籍を与え、医師であった彼に記録方を申しつけ、しばしば意見を求めている。

上杉鷹山は、まず最初に財政改革の基本計画の策定を莅戸善政に命じた。これは、「財政16カ年基本組立」と呼ばれる。すなわち、年貢と諸役銭の正

第4章　上杉鷹山の財政改革（米沢藩）　　　　　　　　　　85

常な収入によって、米沢藩の財政を全て賄う長期計画である。土台となったのは、「総紕(そうひ)」である。これは、善政が中老に就任以来、構想してきた政治と経済のあらゆる改革政策の47カ条に及ぶ大綱である。要約すると、米沢藩15万石の財政を半分の7万5000石で賄う。それは歳入の半分を歳出に充当し、後の半分を借財の返済に充てるというものであった。これにより、16年をもって借入金を完済しようという計画である。財政改革のために16年を要するため、後に「16年の組立」とも呼ばれた。内容は、明和・安永期の積極策と志賀祐親が中心となって行った天明期の消極策との折衷案であった。財政改革の資金は、商人達から広く集められた。主たる具体的内容は、以下の通りである。

　第一に、人材登用と組織改革が挙げられる。上杉鷹山は、怠慢な者、意志なき者を淘汰し、有能な人材を役人として登用した。抜擢された人物は全て当時の俊才と呼ばれた者ばかりである。また、組織を簡素化し、政令が遅延なく即座に、伝達されるように改革を実行した。

　第二に、節約と倹約が挙げられる。上杉鷹山は、米沢藩の財政支出を収入の半分に抑制する事とし、組織の簡素化、統合及び合併が推進された。参勤交代の江戸行列も簡素化し、人数も極端に減らした。また、軍備のためにも倹約を奨励している。鷹山は、明和・安永の改革に発布したものよりも、更に厳しく切迫した倹約令を出したのである。

　第三に、馬の繁殖が挙げられる。従来、米沢藩は馬に乏しかった。そのため、他国から馬を買い入れ、その中から良馬を選び、献上馬や御乗馬としていた。鷹山は、米沢藩産の良馬飼育に労力を惜しまず、馬の改良を行った。その結果、農村部にも良馬が繁殖するようになり、馬市場も盛んになった。これが、米沢藩の収入増加にもつながったのである。

　第四に、養蚕奨励と国産振興及び開墾の保護奨励が挙げられる。上杉鷹山は、以前あった樹芸役場が廃止となったため、御国産役場内に「蚕桑役局」を新たに設置した。米沢藩の士気回復のためには、殖産興業を盛んにする事が肝要であると考え、特に蚕桑の奨励に力を注いだのである。米沢藩では桑の苗木を多数買い入れ、希望者に分け与えようとしたが、その元手がなかっ

た。そのため、鷹山は自分の大名仕切料の中から50～60両を節約し、それに工面したという。更に、藩内に苗木園も作り、農民からその苗木を買い、植えて、栽培を図ったのである。その労働力は、家臣の次男や3男で賄われた。その結果として、米沢藩に養蚕業を興し、生糸や絹織物を産出する基礎となった。また、藩内で生産された品物を愛用する事を積極的に領民に訴えた。この品物を他国にも売り、米沢藩の収入が増加した。また、京都から織物の職人を招き、その製造方法を伝授してもらったりもしている。加えて、荒廃地を開墾した者は、3年間租税を免除した。女性達には織物の織り方を教え、絹織物を織らせた[14]。要するに、米沢藩のような地理的条件と自然的条件の悪い所には、米に変わってそれに見合うものを植える事が必要であった。

　第五に、「伍十組合」の創設が挙げられる。1801（享和元）年、上杉鷹山は町在伍十組合に関する布告を出した。これは、町人や農民に対する5人組や10人組の規則である。元来、こうした制度は存在していた[15]。しかし、鷹山は、古い5人組を新しく改組し、町在伍十組合としたのである。これにより、この組合は経済的、社会的相隣扶助とともに、道徳的修業の基盤となり、藩の方針でもある倹約にも協力するようになったのである。

　上述の明和・安永の改革と寛政の改革の成否は、いかなるものであったのだろうか。残念ながら、前者の明和・安永の改革は成功したとはいい難い。ちなみに、1790（寛政2）年から翌年9月までの1年間の財政収支の実態を見ると、米方及び金方全体の収支決算は、2万5000両余りの不足となり[16]、収支不足額は、改革以前とほとんど変わっていない。このように、米沢藩の財政収支は、改革以前の赤字状態に留まり、現状維持が精一杯であったといえる。しかし、後者の寛政の改革は、成功したといえるであろう。確かに、途中の1798（寛政10）年、幕府から近江国山門の修理普請経費が入用になった事もあり、順調には進まなかったが、財政16カ年基本組立の2倍の期間を要し、1824（文政7）年、ついに財政改革は成就したのである。

註

1) これに「天明の改革」を加えて3つに区分する説も若干存在する。例えば、今泉亭吉『上杉鷹山公小伝』米沢藩御堀端史蹟保存会、2014年、43頁等がある。
2) その他にも改革派と呼ばれた木村丈八、高津達恒及び倉崎恭右衛門達を、上杉鷹山は起用している。彼らは、米沢藩で異端児と見なされ江戸に左遷させられていた。
3) 常に財政改革の要諦は、「入るを量って出づるを制する」（現在の財政学でいうところの「量入制出原則」）である。
4) 遠藤英、前掲書、74～77頁。
5) 詳細は、内村鑑三、前掲書、128～130頁参照。
6) 竹俣当綱失脚の直接の原因は、小松宿で催された上杉謙信に関する饗宴の欠席であった。それ程、謙信は崇拝の対象となっていた。しかし、当綱は多年の勲功に免じて、刑罰は隠居の上、禁固に留まった（詳細は、安彦孝次郎、前掲書、168頁参照）。
7) 小野榮、前掲書、124頁参照。
8) 奉行以下諸役人全員が参列し、上杉鷹山自らが鍬を打ち、以下全員が鍬打ちを続け、最後に御神酒を頂戴するという儀式である（甘糟継成編『鷹山公偉蹟録』鷹山公偉蹟録刊行会、1934年、131～132頁参照）。
9) 今泉亭吉『米沢信用金庫叢書2 上杉鷹山公』しんきん企画、1993年、250～251頁参照。
10) 東海市編纂委員会『東海市史 資料編 第3巻』東海市、1979年、189頁。
11) 鈴村進『名指導者 上杉鷹山に学ぶ』三笠書房、2001年、141～142頁参照。
12) 前述註の三区分説によると「天明の改革」と呼ばれる。
13) 今泉亭吉、前掲書、275頁参照。
14) 今でいうところの第一次産業中心から第二次産業中心への移行である。ペティ＝クラークの法則（Petty=Clark's law）によれば、社会の産業構造は第一次産業中心から第二次産業中心に、そして第三次産業中心へと移行していく。
15) 徳川時代には、5人組帳という帳簿を作らせ、隣保互助の組織を制定し、連帯責任を取らせていた。
16) 横山昭男、前掲書、198頁参照。

第5節　むすびにかえて

隠居した上杉鷹山は、自らの体験をも踏まえて、実子上杉顕孝(あきたか)のために「14カ条の壁書」を残した。その最後にあるのが、以下の有名な文章である。すなわち、「なせばなる。なさねばならぬ何事も。ならぬは人のなさぬなり

けり」[1]である。

　上杉鷹山の財政改革の主たる特徴は、以下の通りである。

　まず第一に、率先垂範の姿勢が挙げられる。特に、後期の寛政の改革において、藩主の保有する最終的絶対権限を使用する事なく、財政改革を推進している。すなわち、家臣や領民が自ら従う方法を採用しようと努力している。それは、上杉鷹山が若い頃、細井平洲から学んだ行為であったといえよう。具体的には、周囲が驚く程、鷹山の質素倹約は徹底していたのである。

　第二に、応分の負担が挙げられる。巨額の借金の返済と圧縮財政の下で、財政改革を進めていく限り、家臣と領民はともにその能力に応じた負担を求められた。特に、資力のある家臣には負担増を、資力の少ない領民と農民には負担配分を少なくした[2]。これは、上杉鷹山の弱者救済の姿勢の現れといえよう。

　第三に、財政改革に対する評価の仕方が挙げられる。上杉鷹山は一般領民も含め、実質的努力に応じた褒賞を与えた。ただし、残念ながらその評価は客観的なものとはいえず、鷹山の目に止まった行為に対する主観的評価でしかなかった。しかしながら、こうした評価は、家臣や領民に財政改革に対する支持と意欲を与える効果があったと思惟される。

　最後に、上杉鷹山の財政改革の最大の特徴ともいえるが、彼は、直接的には巨額の借財の返済を目標としながら、その過程において、家臣と領民に米沢藩の財政改革への意識を惹起し、産業を活性化させて全藩民が潤う状況を創り出そうとした点にある。また、再び財政窮乏に陥らないように、藩の財政について、一時的な緊縮ではなく、長期的な展望に立脚した恒常的な状況の立て直しを目指したといえよう。

　ちなみに、米沢藩の「宝暦の飢饉」の一連の展開と同じような事が、後の江戸幕府においても生じた。特に、「天保の大飢饉」への幕府の対応の不充分さは、大塩平八郎の乱を惹起した。大塩は、幕府政権組織の身内である元大坂奉行所与力であった。動揺した幕府では、老中水野忠邦（みずのただくに）による「天保の改革」が開始されたが、水野の改革は、幕府権威の強化を目的とした強引な財政改革であった。そのため天保の改革は、米沢藩の財政改革と異なり、混

乱と反発を招いて失敗に終わっている。

註
1) この名言は、以下のように英訳され、世界の多くの人々によって使用されている。すなわち、"Where there is a will, there is a way. If anything that you have to do is yet to be done, it's simply because you do not have a will to do it."
2) 現在の財政学でいう応能原則の適用である。具体的には、累進課税制度の採用といえよう。

上杉鷹山関係略年表

1751（宝暦元）年　上杉鷹山日向（宮崎県）高鍋藩主秋月種美の次男として江戸で生まれる（幼名松三郎、のち直松、元服して治憲、隠居して鷹山）。

1753（宝暦3）年　藩主上杉重定、上野東叡山寛永寺根本中堂の修理を命じられる。

1755（宝暦5）年　大凶作。翌年にかけて餓死者数千人。1757年までの3年間連続の災害で26万6000石減収。

1759（宝暦9）年　上杉鷹山、米沢藩重定の養子に内定。

1760（宝暦10）年　世子に定まる（9歳）。秋月家から上杉家に移る。

1761（宝暦11）年　竹俣当綱、江戸家老就任。上杉重定、細井平洲を招く。

1762（宝暦12）年　藩士知行6割借上。郡代所設置、商人等からの借財16万両超。

1763（宝暦13）年　竹俣当綱ら郡代所取森平右衛門を誅殺。

1764（明和元）年　細井平洲を師範とする（初講義）。上杉鷹山、将軍徳川家治（徳川吉宗の孫）に拝謁。上杉重定、財政難のため領土を幕府に返上する事を決意し、尾張徳川宗勝（妻の父）に相談、諫められる。

1765（明和2）年　上杉鷹山、米沢藩襲封。竹俣当綱、奉行（執政）になる。

1766（明和3）年　元服。将軍徳川家治の一字をもらって上杉治憲と改名。上杉重定、大倹約令実施。

1767（明和4）年　上杉鷹山、藩主となる。江戸の藩士達に大倹約令を発布。大名仕切料1500両を209両に大幅削減。奥女中50人程を9人に減らす。

1769（明和6）年　江戸城の手伝普請を命じられる。上杉重定の娘幸姫と婚礼。上杉鷹山初入部、全藩士に大倹約令への協力依頼。

1770（明和7）年　4代上杉綱憲の孫娘於豊を側室にする。

1771（明和8）年　細井平洲第一次米沢下向。大旱魃、上杉鷹山、雨乞いの祈願。6万3500余石損耗。郷village対策、5人組等農村組織作り。

1772（安永元）年　江戸大火。上杉家の桜田及び麻布両邸類焼。籍田の礼実施。桑漆植え

	立て令。小野川温泉で塩製造。
1773（安永2）年	7重臣政治改革に反対して上杉鷹山に強訴（七家騒動）。鷹山厳罰で対処。旱魃虫害で8万2500余石損耗。
1774（安永3）年	北寺町へ御備籾蔵を新築して籾3万俵を蓄える。初めて藩の『御領知高並御続道一円御元払帳』を作らせる。
1775（安永4）年	竹俣当綱、漆、桑、楮各100万本を植えて10年間で16万両の歳入増加を建議する。樹芸役場を設置。
1779（安永8）年	家中に永年借上と5年間の節約を命ず。
1782（天明2）年	正室幸姫30歳で病死。竹俣当綱、不謹慎で隠居押込（奉行失脚）。
1783（天明3）年	大洪水。凶作を予想して粥の常食及び穀類の酒や菓子類の製造停止。前年借上のうち米方半分、銀方全部返済。諸士の3度の食は、粥を中心とすると通達。莅戸善政辞職。凶荒で11万余石消耗。
1784（天明4）年	前年の大凶作で備蓄米を払い出したために、新たに向こう20年間、毎年籾5000俵、麦2500俵を備蓄して総量15俵を達成する計画を策定する。諸種の事情を考慮して、藩主隠退の内意を示す。
1785（天明5）年	上杉鷹山35歳で隠居。旱魃長雨冷気重なり6万8000余石損耗。
1786（天明6）年	雨が続き天候不順。節米が命令される。竹俣当綱が財政改革につき上書。
1787（天明7）年	上杉治広初入部。志賀祐親の「経済立て直し」の評議。明和・天明の改革。諸組に3年間100石につき2両の借上命ず。70年来の大豊作。
1790（寛政2）年	家中難渋のため去年借上の銀方返済。藩財政2万5000金不足、諸士に財政改革の意見を求める布令（明和・天明の改革失敗）。
1791（寛政3）年	莅戸善政59歳で藩政復帰、中老職に就く。再建基本計画審議。志賀祐親追放。寛政の改革の開始。役所の統廃合を行う。
1792（寛政4）年	江戸大火で上杉家の藩邸類焼。絵蝋燭の売買禁止。御国産役場内に蚕桑役局を設置。苗木を買い上げ、桑畑開発等のために、大名仕切料209両の中から、毎年50銭50貫を下賜する事となる。郷村出役を再興する。御国産所を設け国産の利用を奨励する。
1793（寛政5）年	農民一人につき桑5本、柿1本を植える事を定める。竹俣当綱、65歳で逝去。
1794（寛政6）年	農民の土地売買禁止。家中に桑の植樹と養蚕、薬草栽培の奨励。江戸山門諸堂社の修復手伝いを命じられる。
1795（寛政7）年	新農民年貢3年間免除。
1800（寛政12）年	1797年の3年の大倹約令を更に継続。
1801（享和元）年	細井平洲、74歳で鬼籍の人となる。町在伍十組合創設。
1802（享和2）年	草木果実の食べ方教本『かてもの』配付。

第 4 章　上杉鷹山の財政改革（米沢藩）

1806（文化 3）年　『養蚕手引』を印刷配付する。向こう 10 年間の籾備蓄が命じられる。
1813（文化10）年　紅葉山御霊屋修復手伝い。このために 3 年間の大倹約令となる。
1818（文政元）年　寛政年間着工の飯豊山穴堰、20 年で完成。
1822（文政 5）年　上杉鷹山、鬼籍の人となる。久しぶりに貢租が皆済、蔵元に余裕が生じる。
1823（文政 6）年　借財のほとんど全てを償還し、更に軍用金 5000 両の備蓄ができる。
1824（文政 7）年　年貢完納される。寛政の改革成功する。
1868（明治元）年　戊辰戦争開始。
1908（明治41）年　永年の功績により、従三位を追贈される。

（出所：新谷博司「米沢藩歴代藩主とおもな財政関連事項（図表）」『誰も書かなかった上杉鷹山の秘密』経営効率研究所、2011 年、及び平池久義「米沢藩における上杉鷹山の藩政改革——組織論の視点から——」『下関市立大学論集』第 54 巻第 1 号、下関市立大学学会、2010 年、16 ～ 17 頁より作成）

第5章
朝日丹波の財政改革（松江藩）
――苛斂誅求で領民に君臨した摂政――

第1節　はじめに

　近世の松江藩の歴史研究は、従来、低調なものであった。昭和初期に刊行された『島根縣史』全9巻[1)]は名著とされるが、その中で近世の記述部分は、第8巻の後半と第9巻の前半、すなわち、約1巻分にしか過ぎない。また、1941（昭和16）年刊行の『松江市誌』[2)]においても、近世の部分は約4割でしかない。これらの事実が、雲州松江藩の近世史研究が不充分である事を物語っている。しかし、一般に、近世は我々が生きている近代及び現代の直前であり、あらゆる点で密接なつながりを保有する時代である。当然、最も力点をおいて叙述されるべきであろう。

　城下町の風情を色濃く残す松江が、世に最も輝きを放ち、隆盛を誇ったのは、松平治郷（まつだいらはるさと）（後の不昧（ふまい））の治世以降の時期であったといえよう。当時、松江は松江藩における政治及び経済の中心地としての繁栄に加えて、茶の湯と和菓子に代表される独特の文化の基礎を築いていた。松江藩18万6000石の7代藩主となった治郷は、その号により、茶道「不昧流」の開祖として位置づけられている。近世諸侯中、「明和の改革」を成功させ、松江藩中興の祖の明君として讃えられる一方、道楽藩主、風流藩主及び粋人ともいわれた。これらのどれも真実であったといえよう。

　藩主となった松平治郷が、最初に取り組まなければならなかった事は、諸藩同様、財政改革であった。父松平宗衍（むねのぶ）の代から松江藩の財政は、天災による飢饉等とそれに続く百姓一揆等で財政状況は逼迫していた。3歳で藩主となった先代宗衍は、19歳で出雲へ入国した。その前年には、藩士に向こう5

年間の給与半減を申し渡していた。宗衍は、財政改革を断行するという強い意志を保有していたといえよう。まず最初に、彼は「御直捌(おじきさばき)」という松江藩の第一期財政改革を実施した。これを補佐したのが、中老仕置添役の小田切備中である。しかし、残念ながら、この改革は失敗に終わった。

　小田切備中の無念を一番肝に銘じたのが、本章の主人公の朝日丹波郷保(あさひたんばさとやす)である。以後、本章において筆者は、特別な場合を除いて、朝日丹波と表記する。朝日家は代々家老の家柄であり、丹波は5代目である。彼は、前任者の備中の政敵ともいうべき存在であった。備中は、譜代の家臣ではなく、1662（寛文2）年に新規召抱えになった家に生まれ、その才能により次第に頭角を現し、やがて中老仕置添役に出世し、次いで松平宗衍が親政[3]を行った時に抜擢されて、老中に代わって藩政の実権を掌握した人物である。彼は、「寛延・宝暦の改革」を実行したが、失敗に終わり失脚し、引退を余儀なくされた。

　松平治郷の父で6代藩主松平宗衍の松江藩の治世においては、18世紀の幕藩体制下における諸藩と同様に、財政状況の逼迫は、急速に深刻化し、藩領半減を覚悟せざるを得ない程の財政的危機を迎えるに至った。この時、存亡の危機に瀕した、松江藩の財政状況を立て直す財政改革に辣腕を振るい、その後の繁栄の基盤を固めたのが、朝日丹波である。丹波は、松江藩の第二期財政改革、換言するならば、「御立派の改革(おたては)」[4]を行い、藩の財政状況を立て直し、松江藩を蘇らせた名家老中の名家老で、歴史上の偉人である。御立派の改革の恩賞により、俸禄も1000石から1600石の加増を得て2600石となり、代々家老の列座に加えられた。

　本章の目的は、朝日丹波と彼を財政改革の実行者として採用した松平治郷との関係を踏まえつつ、丹波の財政改革の中核をなす御立派の改革に関して分析研究し、後世の財政改革及び財政再建への貢献について、若干の考察を試みる事にある[5]。

註
1) 島根県学務部島根史編纂掛編『島根縣史』島根県、1930年。尚、複製限定版とし

て、島根県編『島根縣史』名著出版、1972年が存在する。
2) 上野富太郎・野津静一郎編『松江市誌』松江市廰、1941年。
3) 親政とは、家臣に藩政を任せず、藩主が直接政治を行う事を意味する。
4) 御立派とは、これまでの決まりや慣例にこだわらず、統治の基本に立ち返って藩政を刷新する事を意味している。
5) 筆者は、朝日丹波の財政改革に関して、別稿を残している（拙稿「朝日丹波の財政改革に関する若干の考察」『日本情報ディレクトリ学会誌』第16巻、日本情報ディレクトリ学会、2018年）。本章は過去の論文に加筆修正したものである。

第2節　朝日丹波の生涯

　朝日家は、雲州松平家の譜代の重臣である。代々、最高位の家老格を与えられ、藩主に代わり国政を担う仕置役（当職）、すなわち、執政に任じられる家柄であった。朝日家の始祖で初代朝日丹波の重政は、初代藩主松平直政の越前大野時代からの家臣であり、直政の信州松本、雲州松江への移封につき従ってきた人物である。重政から5代目の朝日丹波が郷保である。1705（宝永2）年2月17日、丹波は、父但見重春、母三谷半太夫正長の長女の子として、松江に誕生した。2人兄弟の長男であった。父の重春は、脇坂丹下の次男で、朝日家に嗣子がなく、養子として迎えられた。妻は柳多四郎兵衛の養女で、仙石城之助の妹である。朝日家は2代丹波重賢、3代外記重元、4代重春がいずれも養子であった。したがって、重春に待望の男児である郷保が生まれた時、一族は歓喜したという。

　しかし、喜びも束の間、父の但見重春は、1710（宝永7）年12月1日、出雲において死去した。翌年の1711（正徳元）年2月12日に、朝日丹波は僅か7歳で父の遺跡1000石を継いだが、与力は召し上げられ、500石を減禄をされる等、決して恵まれた待遇を受けていた訳ではなかった[1]。その後、浮与力5騎は返されたが、1725（享保10）年5月8日、不勝手につき9カ月の逼塞[2]を命じられる。だが、その後、31歳になる1735（享保20）年に、家老に次ぐ中老格を与えられ、35歳となる1739（元文4）年に、仕置役添役、40歳となった1744（延享元）年に、家老として仕置役を務める事となった。再

び不運に見舞われたのは、丹波が仕置役に就任した翌年、成人した藩主松平宗衍が、初めて雲州松江に入国した以降の事であった。

　それでは、なぜ、松江藩6代藩主の松平宗衍が、そのような境遇にあった朝日丹波を登用し、財政改革を託したのであろうか。この疑問に対する答えを詳細に記述した書物は残されていない。ただ、丹波の息子による「丹波恒重の手記」3) が残されているだけである。その手記には、以下の記述がある。すなわち、

　「明和三戌年、亡父への天隆院様から御直書をもって若殿・後に不昧と号された治郷様の後見役を仰せ付けられた。殿様は『本来は家臣に扶持を全額支給すべきだが、財政難のゆえに半知借上と申して半額しか支給できなかった事に対して、はなはだ心苦しく思っている。支給額を基に戻すべきであるが、自分の任期中は実現できなかった。一年でも全額支給できるよう頼む』との思召であった。領民全体が難渋しており、全額支給は難しい注文だが、いろいろ心を配り、半知を改めて一年間は丸知にし、免も戻すよう取り扱った。これらの思召しの他は『存じ寄り一杯につかるべし』と全権を委任する旨を亡父へお伝えになった」4) と。

　これを頼みの綱として推考するしかないのであるが、当初、朝日丹波は、前述の如く、不遇な時代を過ごしていた。丹波は全てに幻滅しており、21歳の時に藩主に願い出て、9年間の逼塞を仰せつかっている。この9年間、丹波は、どのようにして過ごしていたのであろうか。丹波は勉学に励み、一族もひたすら彼の成長を願っていたと思われる。落ちぶれた丹波が、財政改革を託されるまでの経緯は、次のようなものであった。

　1734（享保19）年、9年間の逼塞が明け、少しずつ奉公を再開した。時に、朝日丹波は30歳の青年期を迎えていた。6代藩主松平宗衍は、自ら江戸藩邸において、荻生徂徠門下の古学派儒学者である宇佐美恵助を招き、朱子学や経済学を学ぶと同時に、後継者である松平治郷にも伝授させた。更に、藩内においても、文教政策として、1758（宝暦8）年、母衣町に藩学文明館を創設した。この文明館で、直面する政治課題を論じた朱子学派の桃源蔵を登用し、藩士にも朱子学や経済学等を学ばせた。多くの若き藩士が育成され、丹

第 5 章　朝日丹波の財政改革（松江藩）

波もここで多くを学んだ。丹波は、文明館で桃から大きな影響を受けたと考えられる。

　元来、厳格な性格で有言実行を旨としていた朝日丹波は、1760（宝暦 10）年、難問であった出雲大社後方八雲山の杵築千家、北島両国造(くにのみやつこ)との論争の懸合御用を仰せつけられ、見事に裁決し、藩主松平宗衍より褒美として袴と裃を拝領した。更に 2 年後には、江洲山門御修復及び御手傳御用惣奉行を仰せつけられ、幕府との駆け引きも、特に宜しきをもって、恩賞として加増500 石を賜った。加えて、これらの実績を買われ、1766（明和 3）年、松平治郷の後見役と仕置役を仰せつけられる。丹波は、有言実行はもとより、特に相手との交渉能力に秀でていた。このように宗衍から高い評価を受け、八方塞がりの藩の財政状況を打開する切り札として、また、若き 7 代藩主治郷の後見役として、丹波は、歴史の表舞台に登場する事になったのである。

　財政改革により松江藩の財政を立て直した朝日丹波は、加増や下賜の他、藩主松平治郷の一字を与えられ、「郷保」と改名する。そして、高齢を理由に度々、辞職を願い出ても留意されてきたが、財政改革開始から 14 年後の1781（天明元）年に喜寿を迎えると、漸く隠居を許される事となった[5]。こうした晩年の厚遇は、激しい痛みを伴う財政改革への非難の矛先を一身に受けて、治郷を守った丹波に対する、主君の深い感謝の念によるものであろう。

　尚、仕置役からの隠居を許された朝日丹波は、その 2 年後の 1783（天明3）年に点鬼簿の人となった。享年 79 歳であった。丹波は、1711（正徳元）年から 1781（天明元）年に隠居するまでの永きに渡り、5 代藩主松平宣維(のぶずみ)に 20年間、6 代松平宗衍に 36 年間、7 代藩主松平治郷に 14 年間の 3 代に渡って仕えた。その 70 年間は、代々家老 6 家の家老職中、最も永い期間である。丹波が鬼籍の人となる前年には前藩主の宗衍が、4 年前には小田切備中が生涯を終えている。松江藩存亡の財政の危殆に瀕した中で、財政改革に腐心した藩主と賢臣の 3 人が、相次いで泉下の人となり、ここに松江藩の苦難の時代は、幕を閉じる事となったのである。そして、彼らが構築した財政的基礎をもとに、跡を継いだ治郷や千助（6 代朝日丹波保定、後に恒重）らの藩政運営により、松江藩は空前の繁栄を迎えたのである。

註
1) 玉木勲『松江藩を支えた代々家老六家』ハーベスト出版、2011 年、132 頁参照。
2) 逼塞とは、落ちぶれて世を去る事を意味する。
3) 乾隆明現代語訳「財政再建の証言を読む　朝日丹波恒重の手記」乾隆明編著『松江開府 400 年　続松江藩の時代』山陰中央新報社、2010 年。
4) 同上、238 頁。
5) 中国地方総合研究センター編『歴史に学ぶ地域再生』吉備人出版、2008 年、251 頁参照。

第 3 節　朝日丹波以前の松江藩の財政状況

　朝日丹波以前の財政状況を論ずる前に、まず、松江藩の藩主の変遷を簡単に述べておこう。松江藩の歴史は、関ヶ原の戦いにおける功績により、堀尾吉晴が出雲に領地を得た事を本源としている。現在の松江城は、吉晴の時代に建築されたものである。しかし、3 代目の堀尾忠晴の代に跡継ぎが生まれず、御家断絶となった。堀尾氏の後を受けて藩主となったのが、京極忠高である。しかしながら、忠高も松江に入って僅か 4 年で逝去し、京極氏は松江を去る事になる。その後を受けて、1638（寛永 15）年に信州松本から松江に入国したのが、松平直政であった。この直政が、松江藩における松平氏の祖といえるであろう。彼は、徳川家康の次男である結城秀康の 3 男である。したがって、直政は家康の孫に当たり、2 代将軍徳川秀忠とは叔父の間柄といえる。

　さて、松江藩の財政状況は、松平直政の時代から決して裕福とはいえなかった。現在もそうであるが、松江藩の領地の多くは中国山地に接していて平野が少なく、加えて、雨や雪が多いという山陰地方に特有な自然条件の地である。その結果、当然の事ではあるが、農業の発展には限界があった。江戸前期までの年貢の収納状況は、ほとんど横ばいか、微増で推移していたが、後期以降は、逆に減少している年が顕著となってくる。これは、当時の参勤交代という制度の存在から、物価の騰貴の中で、江戸と松江の二重生活を維持する困難性に依拠していると推考される。更に、5 代藩主の松平宣維の時

第 5 章　朝日丹波の財政改革（松江藩）　　99

代になると、冷害、旱魃（かんばつ）及び水害等が相次いで惹起される。その結果、松江藩の農業収穫高は不安定となり、飢饉の度に百姓一揆が起こり、藩も支出ばかりが増加し、財政改革が行き詰まるという大変な時代が到来する事となったのである[1]。そして、息子である松平宗衍が、松江藩 6 代藩主を継ぐ頃には、藩の財政状況は最悪のものとなっていたのである。

　1731（享保16）年、松平宗衍は、僅か 3 歳で松江藩藩主の座に就いた。彼の在任中は、松江藩の財政状況が、過去に例を見ない程、窮迫した時代であった。宗衍が藩主になった翌年には、有名な「享保の大飢饉」が発生している。その後も、長期間に渡って不作の年が続いた。1745（延享2）年、初めて江戸から松江城に入った 17 歳の宗衍は、藩主による親政を決断した。しかし、藩主の親政とは名ばかりで、実質は用使役に就任した小田切備中による財政改革が行われた。この改革で新しく設けられた用使役とは、「少しでも下の益になる事を見聞して申しつける」[2]という方針の下に、藩に財や富をもたらす新しい施策を工夫する才能のある者であり、「趣向方」を作り、殖産興業を通じて、財政改革を主導する役職である。

　この松江藩の第一期財政改革は、前述の如く、「御直捌」、あるいは「延享の改革」、「御趣向の改革」と呼ばれている。筆者は、今後、松江藩の第一期財政改革を「御直捌」で統一する事とする。それまでの松江藩では、藩主は責任を持たず、家老が持ち回りで政策を実行していた。藩主松平宗衍はこれを撤回した。そして、1747（延享4）年、宗衍は自ら藩政を行うため、他の当職を免じ、理財に優れた中老仕置添役小田切備中に補佐させ[3]、御直捌を行った。宗衍は、備中を筆頭とした財政改革の着想、立案、及び新規政策を持った中級藩士と下級藩士を次々と登用し、彼らの提案による大胆な財政改革を実施した。そして、この時、朝日丹波を仕置役から解任したのである。当時、丹波は 43 歳の壮年期にあり、その後 20 年間の長きに渡って、無職家老の地位に甘んじ、藩政の実権から遠ざかる事となった[4]。

　小田切備中は、1726（享保11）年 5 月から、1770（明和7）年 6 月に隠居するまでの 44 年間の永きにわたり、5 代藩主松平宣維に 5 年間、6 代藩主松平宗衍に 36 年間、7 代藩主松平治郷に 3 年間仕えた。備中が家督相続をした

享保から明和の初頭にかけて、松江藩は財政破綻の状態であり、江戸では「出羽様御滅亡」の噂が流れ、1両の貨幣すら貸す商人もなかった。特に、6代藩主宗衍の時代は、宗衍が家督を継いだ翌年から、前述の享保の大飢饉の他にも、蝗害（こうがい）5)、大津波、大暴風及び江戸赤坂上屋敷の火災と災害が絶え間なく続いた。更に、幕府からの公役も重なり、松江藩の窮状は増すばかりであった。この時期は、松江藩で一番の冬の時代といってよいであろう。松江藩の財政改革を任された備中は、それまでの考え方を一新し、発想の転換を図り、40にも及ぶ改革を実施している。備中の行った諸改革は、以下の4つに大別する事が可能である。

第一に、手元不如意による当面の資金繰りの改善であった。まず、資金を調達して、滞っていた借財の返済を行った。この返済において中心となったのが、村上喜一郎の泉府方（せんぷかた）であった。領内の豪農豪商から集めた10万貫を元本として、15％の利子で貸しつけ、利潤は藩と出資した銀主とで折半とした6)。この泉府方は、開設当時は利潤を得る事ができたが、3年目の1752（宝暦2）年の秋になると、借主の返済状況がよくないという悪評を立てられ、翌年には閉鎖を余儀なくされた。更に、備中は義田方と新田方という制度を導入した。義田方とは、長期の年貢を一括して先納すれば、一定期間、年貢を免除するという制度である。また、新田方とは、新田開発を予定する場所から、数年分の年貢を先納すれば、新田の年貢は免除するという制度である。この両制度は、当座の資金を得るとともに、積極的な農地の拡大を目的としていたのである。

第二に、小田切備中は、集めた余剰資金で農政一本の藩政から殖産興業を目指した。殖産興業では、木実方（きのみかた）、釜甑方（ふそうかた）、山林方等を藩営の専売事業として設置した。木実方は、当初の計画では、領内に蠟油の原料となる櫨（はぜ）の木を70万本植えつけ、その実を7000貫収穫するというものであったが、それ以上に大きな利益を上げる事ができた。しかし、農民にとっては、増産のために植えつけを強制され、収穫した櫨の実は安値で買い上げられ、木実方で製造した蠟燭や鬢付油（びんつけ）等の製品を高値で買わされる等、よい事は一つもなかった。その結果、不満がつのって天明一揆の要因となったのである7)。また、

釜飯方では、山間部で生産された和鉄を原料にした鋳物を作る工場を城下のはずれに設置し、鍋、釜、火鉢及び釣鐘等を製造した。元来、鉄は松江を代表する特産品であったが、原料鉄としての出荷に加えて鉄鋳物を作り始めたのである。

第三に、小田切備中は、藩主及び藩士の生活の救済と寺社の救済を行った。藩財政の困窮により、藩士の給録は半減し、藩主も家臣も借入により、賄い金は増大する一方であったが、備中は資金を集め、これらを救済した。

第四に、不正の横行を糺した。小田切備中は、貧しいがゆえに不正が横行すると考えたのである。事実、当時においては、時代劇「水戸黄門漫遊記」にあるような悪代官が多数存在していた。

上述の4つの改革策は、現代の資本主義を先取りしたような、非常に先進的改革ともいえよう。しかし、余りに拙速過ぎて、この改革は挫折してしまった。新しい産業を興すには、莫大な資金が必要とされる。また、それまで累積した財政赤字も返済していかなければならなかった。当時の松江藩は、いわゆる債務超過の状態に陥ったのである。この頃、「宝暦の飢饉」が生じ、松江藩の財源不足がより深刻になっていった。藩の財政状態は、これまでにない程、厳しいものとなったのである。藩士の士気は衰えており、全てにやる気を失っていた。その結果、不正が蔓延し、役所においても未処理の文書や裁判も滞っていった。小田切備中は、藩士の生活救済を実施し、藩士のやる気を引き起こして、当面の難問を全て解決したのである。これらの改善は、当然、多額の資金を必要とした。備中は、それを泉府方という現在でいう銀行のような仕組みを活用する事で、巧みに資金を集めた。しかし、彼の諸政策にも限界があり、藩士からの支持を得られず、藩内からは不安の声が上がり、1747（延享4）年8月20日から始まった彼の改革は、6年余りで挫折した。ここに至り、松江藩の第一期財政改革を推進した備中は、責任を取って辞任する事になったのである。

趣向方による財政改革策は、全てが失敗とはいえないが、余りに経費がかかり過ぎた。1763（宝暦13）年の借財は銀510貫目、翌1764（明和元）年も銀100貫目、1765（明和2）年には銀59貫目の借財が重なり、累積赤字は増大

の一途を辿った[8]。明らかに、小田切備中の松江藩の第一期財政改革は、失敗に終わったといえよう。

　小田切備中の改革が頓挫した後、負債の増大等により、藩の財政状況はますます困窮の度合いを深めた。特に、1760（宝暦10）年に幕府から命じられた比叡山山門手伝普請が、藩政逼迫を悪化させた。再び、松江藩の財政状況は、窮乏と混乱を極め、万策尽きるに至った。この事態を打開するため、松平宗衍は、隠退と世嗣松平治郷への襲封を決意し、松江藩の第二期財政改革を朝日丹波に託したのである。壮年の丹波を解任したのは宗衍であるが、松江藩の財政状況が極まり、1766（明和3）年、還暦を過ぎ62歳に達していた丹波を治郷の後見人に任じ、更に、仕置役への復帰を命じたのも宗衍であった。苦節20年にして、藩政の実権を掌握する仕置役に復帰した丹波は、翌年の藩主交代と同時に、財政改革を中心とした藩政刷新を断行した。これが成功し、松江藩は、諸藩の中でも、特に裕福な藩へと変貌し、治郷の治世における文化の開花を実現する事ができたのである。

　註
1) この頃、松平宣維は、8代将軍徳川吉宗から、伏見宮邦良親王の姫様と結婚するように勧められたが、凶作続きで婚姻費用が捻出できず、結婚式を延期した。
2) 江戸時代人づくり風土記編纂室「松江藩の藩政改革と天明の大一揆」『江戸時代人づくり風土記32　ふるさとの人と知恵　島根』農山漁村文化協会、1994年、41頁。
3) なぜ、中老仕置添役である小田切備中が登用されたのかについては、玉木勲、前掲書、127～128頁が詳細である。
4) 中国地方総合研究センター、前掲書、228頁参照。
5) 蝗害とは、浮塵子（うんか）や蝗（いなご）による田畑の災害をいう。
6) 江戸時代人づくり風土記編纂室、前掲論文、43頁参照。
7) 同上。
8) 同上、44頁参照。

第4節　朝日丹波の財政改革

　徳川家康による天下統一が終わると、やがて武力による戦いのない時代が

第5章　朝日丹波の財政改革（松江藩）

到来した。その結果、剛直な武士から頭脳明晰な学者等の人材が必要となった。家康が登用したのは、孔子、孟子の教えを論じた「儒教」、中でも「朱子学」であった。朱子学は、中国宋の時代に、朱子によって大成された儒教の学説である。この学説は、松江藩でも取り入れられ、藩の第二期財政改革でも、朝日丹波が座右の銘とした考え方である。

　朝日丹波が、御立派の改革を断行するに当たって採用した「経世済民」[1]の理念と信念に関しては、『治国大本』[2]によって知る事が可能である。執政である仕置役が国を治めるための基本については、「金銀や米穀で金庫や倉庫を充たして、財源不足がないようにすることである」とし、「その方策にも邪道と正道の相違がある」と彼は述べている。具体的には、「邪道は、作欺的な謀りごとにより、農民や町人を苦しめて取り立て、他国から金銀を借り出すことを主として、出費を節約することができず、これにより武士と農民・町人は共に苦しくなり、国は滅亡の危機に必ず至る」と背信的な借金依存の財政運営を否定した。一方、「正道は、上下の身分を厳しく定めて、上は威力・権力を握ったのち、水田の面積を把握し、正しい道理により、年税額がどれだけになるかを知った上で、これを踏まえて裁きを定め、一定の規範を設ける。これより、金銀や米穀は必ず余り、金庫や倉庫は十分に充たされる。農民や町人を苦しめて取り立てることはないから、衣食住に困らず、武士と農民・町人は共に豊かになり、思わぬ大きな出費があっても凌げる」とも述べている。更に、「礼記の王制に、入るを量りて出ずるを為すと言うのは、国を治める普遍の妙策である」、加えて、「孔子が、大きな国を治めるには出費を節約（節用）して人を愛する（愛人）と述べた言葉で、節用と愛人の前後関係に意味のあることを知ることが、経世済民には極めて大切である」として、国を治めるに当たってはまず節用があって、その後に愛人が実現できる事から、「すべての支出に厳しく限度を設けることが、思いやりのある正しい政治の基本である」と述べている。丹波による財政改革は、封建支配体制を堅持し、何事にも分相応を貫くという保守的なものであるといえよう。特に、為政者たる者が国を治めるに当たっては、その重責を自覚し、費用を賄うために年貢を取り立てるのではなく、年貢収入に応じて、支出に

制限を加える事、換言するならば、「入るを量りて出ずるを為す」[3] という事を基本に置くべきであると丹波は考えた。そして、その結果、最も重要な事柄は、領国の年貢額を熟知する事であるとした[4]。

朝日丹波に再び活躍の機会が訪れたのは、皮肉にも彼が危惧した如く、松江藩の財政状態が抜き差しならない状況に至った時であった。幕府は、諸藩の経済力を弱めるとともに、幕府の支配力を維持するため、参勤交代の他に、大規模な土木建築工事を命じる手伝普請を実施していた。諸藩における財政困窮が深刻化していた当時、幕府の手伝普請の命令は、各藩にとって大きな負担となった。この窮地において、藩主松平宗衍が頼みとしたのが丹波であり、幕命後、程なくして、この手伝普請の現場責任者に丹波を任命した。また、これに先立って、1760（宝暦10）年8月には、職を退いていた理財の専門家の小田切備中を帰任させ、莫大な臨時資金の調達に当たらせている。この時、丹波は56歳、備中は64歳であった。ここに、松江藩再興の功臣である両雄が、揃って手伝普請の一大事に当たって、その能力を発揮した事により、松江藩はこの事業を滞りなく成功させ、当面の危機を乗り越える事ができたのである。

1766（明和3）年、藩主松平宗衍は、朝日丹波を仕置役に任命した。皮肉な事に、丹波が最初に実行した事は、1767（明和4）年、38歳の藩主宗衍に隠居を迫り[5]、17歳の松平治郷を7代松江藩主にした事であった。すなわち、丹波は、「御隠居遊ばされ、若殿様へ御代お譲りなされ候はば、江戸表御勤金をも減ぜられ、諸事御取縮の手段も出来申すべき候哉、左候はば急度御格相等も立直り……」[6]と。これは、責任を取ったというよりは、藩主交代により、江戸での交際費の大幅削減を目的としたものであった。

小田切備中に代わって、藩政に復帰した朝日丹波は、新しい藩主の松平治郷に対面した時、次のように述べている。すなわち、「わたくしがご先代から命ぜられました仕置きは、たいへん申し憎いことですが、ご先代がなさったことをかなり否定しなければやれない改革でございます。新しい殿が、わたくしとご一緒にご政道におかかりを持ちますと、いろいろとお苦しまれたり、お悩みになったりすることがたくさん出てまいります。どうか、その苦

第 5 章　朝日丹波の財政改革（松江藩）

痛はわたくしひとりにお任せください」7)と。更に、「不易流行という古いことばがございます。不易というのは、どんなに世の中が変わろうとも、変えてはならないもの、流行というのは、そのときの世の中の様変に応じて、的確に対応していくことのようでございます。殿さまにお願い致しますことは、この不易をお守りいただくことでございます。流行のほうはわたくしが担当致します。たとえてみれば、わたくしは目の前の一本の木をどう育てるかに心をそそぎ、殿さまは遠くに森をおつくりになることをお願いしとうございます。森をつくるには、5年、10年という年月がかかります。植えた苗木はすぐに育ちません。どうかそのおつもりで、ご風流の道にもしっかりとお立ち向かいいただきとうございます」8)と告げたのである。まだ若年であったが、幼年時から治郷は、賢い若殿と評価されていた。それゆえ、当時、すでに63歳になっていた丹波に、松江藩の財政改革を任す事を決断したのである。この対面以後、丹波は、17歳の新しい藩主治郷を補佐して、数々の施策を断行していく。

　1775（安永4）年、朝日丹波は、腹心で郡奉行の森文四郎とともに、前述の『治国大本』と『治国譜』9)を著した。『治国大本』の冒頭において、財政危機の原因に関し、「太平の世ニ國家の危難ニ及ト云ハ、過半借用ヨリ起ル也、以前ハ通用手形ト云モノ有テ、ソレヲ元ニタテ、郷中ヨリ米附ケ来ルヲ飯料トシ、其餘ヲ賣テ諸用ノ手合ニ及ケルニ、何時カ役所ヨリ米無キ手形ヲ仕出シテ、國用ノ不足ヲ補ヒシ故ニ、代官ノ勘定大ニ滞リ、竟ニハ手形廢リ成リタリ、……終ニ借用ノ術盡キ、御家ノ危難實ニ朝不謀タニ至ル」10)と記述している。すなわち、藩に必要な費用は年々増加するので、種々の詐欺的な謀り事により金銀米銭を貸し出し、これにより負債額は膨大になり、ついには、借財の術は尽き、主君の御家に存亡の危機が差し至るという事である。丹波は、借金で潰れた大名は存在しないとの見解に反論したのである。すなわち、丹波は松江藩の健全財政を説き、その財政改革の方針を「入るを量って出づるを制する」とした。更に、丹波と森の記した『治国譜考証』11)の序文には、旧例等に拘わらず、要を押さえた政治及び経済を目指す理想が書かれている。丹波が中心となって実行した財政改革は、御立派の改革と呼ば

れている。

　朝日丹波が行った財政改革の内容については、前述の『治国譜』及び『治国譜考証』が大変参考となる。これらの著作の中において、丹波は26カ条の政策を挙げているが、その中核をなすのが、財政改革策である。以下、丹波の財政改革策の概要を記述する事にしよう。

　第一に、借財の返済と人員整理が挙げられる。朝日丹波の御立派の改革の発端となったのは、江戸藩邸の膨大な経費の削減であり、彼はまずその処理から着手した。1767（明和4）年7月、丹波は、蔵元の債権者達に、これまでの返済違約を陳謝した上で、今後の方針を談判した。それまでに累積した借金は『松江藩出入捷覧』の分析によると、約50万両であった[12]。談判の結果は、「借金の利子等を除き、元本だけを70年間の分割払いとする。その代わり、年貢米取り扱いについては、特権を与える」[13] というものであった。松江藩は、その後、74年間に渡って返済し続け、1840（天保11）年に完済している。人員に関しては、番頭及び者頭を減らし、冗員を淘汰し、諸奉行に兼職を命じ、諸役所を縮小し、徒以下の減員は968人に及んでいる。その理由として、「長く続いた泰平の奢侈は、国用（藩の財政——筆者）の不足を招いた。悪賢い者が現れ、民の財産を取り立て自分の功とした。為政者もこのような人物を採用し、取立の法に巧みな者を重用し、百姓でありながら俸禄を得る者が多く、徒以下の擬作高の増加となり、国政の基礎崩壊にいたった。郷保は、この弊害を見抜き、役に立たない者をやめさせ、あるいは不必要な役を省いて、一代限りに養料を支給した」[14] と記述されている。

　第二に、朝日丹波は、銀札通用を禁止している。事実上、1767（明和4）年4月には、松江藩の銀札通用不振で、放置できない状態になっていた。庶民は、銀札が便利であったので、銅銭を出して銀札に交換していたが、奸商はこれを見て、藩の支配向きが難渋しているのに乗じ、実際には価値のない空札を発行し、銀札に私的な価をつけ、1文目を50、30、20文として、空札で物の売買をし、私腹を肥やしていた。丹波はこの弊害を取り除くため、同年9月、札座を廃止し、銀札の通用を禁止した。

　第三に、大庄屋の更迭が挙げられよう。松江藩の財政状態が逼迫していた

ため、諸役人はなす術がなく、10郡の下郡[15)]に目録を渡して支配を任せた。その結果、下郡達は威を振るい始め、役人を侮って、上を畏れぬようになっていった。また、百姓もこれに倣い、上下逆転の悪風となった。朝日丹波は、この悪風を一掃しようと、まず下郡役を取り上げ、次にそれぞれの分限（給料）を見て、ぎりぎりの出米を課し、拒む者の田畑家財を没収した。更に、各村の庄屋を罷免し、各一輪（組）に一人のみを留任させた。このようにして、新たに10郡の下郡及び与頭を命じ、その職に就く者の生活と行動等は潔白である事を旨とし、古法の趣旨に添って務めよと令達した。百姓のうち、先祖の功績で御免地を賜り、これを世襲する者、あるいは、国用不足の際に調達金献納の功により与えられた、小算用格以下御目見格、帯刀御免及び苗字御免等の格式をことごとく取り上げ、小算用格の者に給されていた、若干の扶持米をも取り上げて、一代限りの格式に改めた。加えて、丹波は、年貢米の増徴を打ち出し、収入の増加を図った。当時の年貢率は一般に「五公五民」、あるいは「六公四民」であった。換言するならば、収穫量の5割から6割を年貢として徴収していたのである。ところが、丹波が打ち出した年貢率は、「七公三民」という他藩でも例の少ない苛酷なものであった[16)]。しかも、彼は検地を実施し、石高の増加を図り、隠し田畑をも厳しく摘発した。

　第四に、朝日丹波は、藩内において借金の棒引きを実施した。松江藩内からの借金もかなりの金額になっていたが、「闕年（けつねん）」という方法でこれを解消した。闕年は、中世の徳政令、後の棄捐令（きえんれい）に当たり、金銭や物資の契約、権利及び義務または貸借関係のある者に対して、全ての帳消しを命じたものである。『治国譜考証』には、「禁民間負金之債」とある。松江藩の負債の債権者である百姓と町民に対して、各種債務の棒引きを実行したのである。更に、藩と百姓と町人の間のみならず、個人間の債権と債務関係を無効にするという強引な荒技であった。この法令により、正式な証文を保有しているにも拘わらず、債権者は取立する事ができなくなった。加えて、闕年のための賠償を訴え出た者は、厳罰に処された。松平定信の実施した「寛政の改革」の棄捐令は、旗本が札差から借りた金を対象としたもので、適用範囲が限定されており、比較的緩やかな借金棒引き策であった。しかし、松江藩の闕年は、

極めて厳しいものといわざるを得ない。施行の翌月には、藩内10郡の新下郡等が、藩に代償を求めたが、藩はそれを黙殺した。このように、債権者にとっては、甚大な被害を被るものであったが、庶民による暴動や一揆は惹起されなかった。その理由は、丹波の財政改革の意図が、富裕層に偏在した富の再分配だったからと推考される。結果として、松江藩の債務を解消し、財政の破綻を回避する事ができた。そして数年後には、余剰を生み出すに至った。加えて、「平糴(へいてき)」と称して、米価調整を行い公定価格を定める事で、商人の利権を剥奪した。また、常平倉を設けて日用物価を調整し、義倉を設けて凶作に備え、廻船を建造し登せ米や他の貨物の輸送費をも節約している。この他にも、地方の法を改正し、各郡に郡奉行を置いて治めさせ、地方役人を派遣して農事の監督と年貢の徴収に当たらせた。また、比叡山山門手伝普請の教訓を生かし、毎年の年貢に余剰を出して、これを蓄えるとともに、臨時の寸志米を徴収してその経費に充てている。

　第五に、朝日丹波の改革策は農業本位で、商業の勢力を封じ込めようとした。『松平不昧傳』には、「百姓は力耕して米を得るが、凶年には米ができない。米価が騰貴する時は利を得るが、下落する時は利を失う。しかし、商人は物を交易し、価の低い時は買い、高い時は売り、米穀や他の物が乏しくなるのを待ってこれを売り、人の困窮に乗じて価を上げて暴利を得るため、豊年にも凶年にも儲けている」[17)]と記述されている。1748（寛延元）年の頃、農業を棄て商業に就く事を禁止していたが、改まらなかった。1769（明和6）年にも同様の禁止令が出されたが、農村沿道に茶店を出す等して、守られる事がなかった。禁止令では、百姓の子供が多数であれば、田地を分ける事は不可能であるから、商人にする事と定めてあったが、他方では、商人の数を少なくして、帰農を促す方針を取っていたのである。

　最後に、産業振興策の採用を挙げる事ができるであろう。徹底的な引き締め政策の効果が現れると、朝日丹波は、大規模な公共事業の実施、また過去の御直捌と呼ばれる改革において、種を蒔いた産業の保護育成に着手した。まず、佐陀川の開削である。当時の斐伊川は、頻繁に洪水を引き起こしていた。そのため、大橋川及び天神川の他に、北流して直接日本海に注ぐ新たな

排水路として、佐陀川の開削が行われた。これは、水害を防止するだけでなく、城下から日本海へ至る運河としての役割をも担うものであった。更に、過去の改革で生まれた有望な産業を保護し、より一層の育成を試みたのである。このうち、櫨を使った蠟燭の製造は、ますます発展していった。この他、薬用人参も、苦心の末に栽培に成功し、後に松江藩を代表する特産品へとなっていった。また以前から有名であった出雲牛の生産が松江藩の保護により発展し、製糸業は、生産物を領外に売却して、大きな利益を生み出した。加えて、鉄山経営の徹底的な合理化を行い、経営の安定化を促進した。後に、これも松江藩に膨大な利益を享受させる事となっていく。

　朝日丹波が実施した御立派の改革の特徴は、過去の御直捌における新政策を全面的に否定し、封建支配の原点に立ち返って、松江藩政を立て直そうとしたところにある。前節で詳細に考察した趣向方の新政策が、商品経済の流れに即して進められたのに対して、農民からの年貢収奪を強化して臨んだのである。丹波の推進した御立派の改革は、一言で表現すれば、前代藩主の松平宗衍と小田切備中の財政改革を清算して、「勧農抑商」を徹底させようとしたものといえよう。丹波の改革は、進むに従って、家臣や領民達に多大な痛みを与えた。丹波の息子に朝日保定という人物が存在するが、彼は余りに厳しい父の財政改革を次のように伝えている。すなわち、「御国（松江藩——筆者）の農民は宝である。この大事な時でも、必要な財源は国外でまかなうことはできない。ただひとつ、御国の農民からしぼり取る以外ない。金貸しの借金には手を揉んで頼み、その上利子をつけて返さなければならない。ところが、御国の農民の金銀は、とりあげてしまえば没収も同様で、格別な挨拶をする必要もなく、酒を振る舞ったとしても、一人に一滴の割合に過ぎない」[18]と。この記述によると、朝日丹波が、領民に対して、いかに非情な考え方を保有していたかが理解できるであろう。人がいう「農民は種油のようなもので、絞れば絞る程よく取れる」という思考の持ち主であったのかも知れない。まさに、本章の副題である「苛斂誅求で領民に君臨した摂政」といえよう。

註

1) 「経世済民」という熟語は、中国において、隋・唐の頃に書かれた『抱朴子』に記述されており、我が国における「経済」という用語の源になっているというのが、通説である。
2) 『治国大本』は、朝日丹波が「御立派の改革」についての治国理念及び主旨を記述した著作である。朝日丹波「治國大本」瀧本誠一編『日本経済大典　第26巻』明治文献、1969年、547～554頁。
3) 「入るを量りて出ずるを為す」とは、現在の財政学における「量入制出原則」を意味するものと考えられる。換言するならば、収入を量った後に、その範囲内に支出を制限するという意味である。
4) 中国地方総合研究センター、前掲書、246～248頁参照。
5) 松平宗衍は隠居後、1777（安永6）年、剃髪して、松平南海と号した（石井悠『松江藩』現代書館、2012年、117頁参照）。
6) 井門寛『江戸の財政再建――恩田木工・上杉鷹山ほか20人の改革者たち――』中央公論新社、2000年、113～114頁。
7) 童門冬二「日本人のこころ（14）目前の木と遠くの森――松平不昧と朝日丹波（2）――」『農業協同組合経営実務』第55巻第2号、全国協同出版、2000年、64頁。
8) 同上、67頁。
9) 朝日丹波「治國譜及治國譜考證」瀧本誠一編『日本経済大典　第26巻』明治文献、1969年、557～565頁。
10) 朝日丹波「治國大本」瀧本誠一編『日本経済大典　第26巻』明治文献、1969年、547頁。
11) 『治国譜考証』は、『治国譜』をもとにして実行した顛末を略述した著作である（朝日丹波「治國譜及治國譜考證」瀧本誠一編『日本経済大典　第26巻』明治文献、1969年、557～598頁）。
12) この文献は、1767（明和4）年から1840（天保11）年にかけて、74年間の各年の出納を記した、松江藩の複雑な財政収支書である。尚、約50万両に及ぶ債務の完済をなし遂げた功績への財務担当部局の顕彰行為として、歴史的及び記念碑的意味を保有している。安澤秀一編『松江藩・出入捷覧〈松平不昧傳・別冊〉』原書房、1999年。
13) 石井悠、前掲書、120頁。
14) 同上、120～121頁。
15) 下郡は、領内支配のために設けられた郡役人であり、郡奉行と村役人の中間にあって、富農から選ばれ、世襲される事が多かった。
16) 加来耕三『名家老たちの危機の戦略戦術』さくら舎、2014年、238頁参照。
17) 石井悠、前掲書、123頁。
18) 童門冬二「日本人のこころ（16）朝日丹波のすさまじい改革――松平不昧と朝日丹波（4）――」『農業協同組合経営実務』第55巻第4号、全国協同出版、2000年、

66頁。

第5節　むすびにかえて

　朝日丹波の財政改革の結果、松江藩の財政状況は見事に立ち直ったと考えられる。すなわち、松江藩は、松平治郷の治世には、富裕藩へと変貌し、当時に蓄積された文化的財産は、現在の松江にも極めて大きな恩恵をもたらしている。丹波の財政改革の成果について、前節で挙げた『松江藩出入捷覧』によると、毎年の収支の黒字が蓄積され、積立金ともいうべき御金蔵残両は、着実に増加しており、松江藩の財政状況の改善が顕著なものである事が確認できる。1832（天保3）年には、江戸三大飢饉の一つである天保の大飢饉が生じ、全国の諸藩が大変な被害に見舞われる中、松江藩は、この積立金のお蔭で、最小限度の被害で済んだのである。

　松平宗衍の治世は災難続きで、松江藩の苦難の時代であり、したがってその治績に見るものは少ないが、唯一の功績は、隠居する間際の朝日丹波を登用して、松江藩の財政改革を担当させた事である。ところで、年少の松平治郷のもとで、経世家としての丹波が存分に腕を振るった財政改革は、「御立派は同名が取計らひ候厳しく取扱ひの御用政の名にて候」[1]といわれるように、徹底した財政改革であった。

　松平治郷の治世については、「四十年の間治績隆々として一世を照らす者がある、乃ち困窮した財政を整理し、治水、植林、産業、工業等各種の生業の発展と共に国庫漸く充実し」[2]とあるように、朝日丹波による財政改革の後の財政再建に、堅固な財政基盤が確立された。1781（天明元）年、丹波は77歳になって隠居を許され、1783（天明3）年に鬼籍の人となっている。彼の御立派の改革により、松江藩の財政状況は好転し、毎年のように余剰金を藩庫に蓄積させる事に成功した。丹波が財政改革に着手した1767（明和4）年、藩庫には僅か690両しかなかったが、1年後には7237両と、10倍以上に増えていたというから[3]、丹波の辣腕ぶりが理解できるであろう。

朝日丹波が泉下の人となった後の1798（寛政10）年、藩主松平治郷は、御直捌を実施した。治郷自ら松江藩の藩政に当たるというものだが、彼はそれに先立って、藩主が率先して倹約の模範となり、武を尊び、身分相応の楽しみも倹約第一と心得るように布告している。治郷の御直捌は、1806（文化3）年に隠居するまで続いたが、名物茶器の収集はやめず、以前にも増して熱心なものとなった。丹波によって蓄積された資金をもとに、江戸屋敷にいた藩主治郷の茶道具収集が始まったのである。治郷は「釜一つもてば茶の湯はなるものを、よろずの道具好むはかなさ」4)と道具をもて遊ぶ茶道を厳しく批判していたにも拘わらず、24歳の時、500両で伯庵茶碗を入手して以来、茶道具の収集にのめり込み、天明の大飢饉が起こった1782（天明2）年にも、1500両もの油屋肩衝（茶入れ）を購入している。治郷は、隠居後も茶人として生きたが、再建した松江藩の財政状況は、その道楽によって再び悪化していく。丹波の苦労は水泡に帰したといってよいであろう。丹波の財政改革による松江藩の財政状況の好転は一時的なものに過ぎず、彼が点鬼簿の人となると、再び財政悪化の泥沼に落ち込んでいったのである。

註
1) 井門寛、前掲書、114頁。
2) 中国地方総合研究センター、前掲書、252頁。
3) 中江克己『"御家"立て直し』青春出版社、2004年、118頁参照。
4) 江戸時代人づくり風土記編纂室、前掲論文、46頁。

朝日丹波関係略年表

1705（宝永2）年	2月17日、2人兄弟の長男として朝日丹波生まれる。父は但見重春、母は三谷半太夫正長の長女である。
1730（享保15）年	15年限りの銀札発行に踏み切る。
1731（享保16）年	松平宗衍、3歳で6代藩主となる。札騒動が起きる。
1745（延享2）年	松平宗衍、17歳で松江に入国する。藩士の俸禄を5カ年に限り半知とする。
1747（延享4）年	松平宗衍、小田切備中尚足を起用し、松江藩の第一期財政改革（御直

第 5 章　朝日丹波の財政改革（松江藩）　　　　　　　　　　　113

	捌）に着手する。殖産興業を促進する。
1748（寛延元）年	貢租徴収権を年貢前納で売り渡して、農民所有地を認める。木実方を創設する。
1751（宝暦元）年	松平治郷が生まれる。禄制度を改定し、新井3斗俵とする。
1753（宝暦3）年	小田切備中尚足が失脚、松江藩第一期財政改革は失敗に終わる。備中、『報国』を著す。
1755（宝暦5）年	松平宗衍が上洛する。
1758（宝暦8）年	松平宗衍、藩学文明館を創設。朝日丹波もここで学ぶ。
1760（宝暦10）年	朝日丹波、小田切備中尚足、杵築千家、北島両国造と和解し、八雲山論争を裁決する。比叡山山門修理手伝奉行に、丹波と備中が任命され、協力して完遂する。
1767（明和4）年	朝日丹波による松江藩第二期財政改革（御立派の改革）が始まる。松平宗衍、隠退する。7代目藩主を松平治郷が襲封する。
1769（明和6）年	西御丸大奥修理を命じられる。
1770（明和7）年	松平治郷が『むだごと』を著し、茶道改革を提唱。
1772（安永元）年	上野火の御番を命じられる。
1775（安永4）年	朝日丹波が『治国大本』、『治国譜』、『治国譜考証』をまとめ、御立派の改革の方針を記述する。財政改革が軌道に乗る。
1778（安永7）年	浅草御蔵火の御番及び日光御廟修理を命じられる。
1781（天明元）年	朝日丹波隠居。
1782（天明2）年	天候不順により、天明の大飢饉（1782〜1787年）が生じる。
1783（天明3）年	4月10日、朝日丹波が鬼籍の人となる。大飢饉による百姓一揆が勃発。
1784（天明4）年	大洪水が発生する。
1806（文化3）年	松平治郷が引退し、松平不昧と号して江戸大崎屋敷で晩年を送る。
1818（文政元）年	松平治郷、68歳で薨去する。

（出所：上野富太郎・野津静一郎編『松江市誌』松江市廳、1941年、252〜253頁、安澤秀一編『松江藩・出入捷覧〈松平不昧傳・別冊〉』原書房、1999年、Ⅷ〜Ⅸ頁及び玉木勲「松江藩関連の歴史文化年表」『松江藩を支えた代々家老六家』ハーベスト出版、2011年より作成）

第6章

山片蟠桃の財政改革（仙台藩）
——日本のアダム・スミスと呼ばれた商人学者——

第1節　はじめに

　大坂の両替商升屋の大番頭であった山片蟠桃[1]（やまがたばんとう）は、江戸後期、財政困窮にあえいでいた仙台藩の財政改革に敏腕を振るった、特筆すべき商人学者である。蟠桃が、仙台藩から財政改革の依頼を受けたのは、1782（天明2）年、35歳の時であったといわれている。

　山片蟠桃にいくら商才があり、財政改革に関する知識が豊富であったとしても、所詮、彼は一商人に過ぎなかった。それにも拘わらず、仙台藩が蟠桃に自藩の財政改革を委ねたのは、当時、時代の潮流が米経済から貨幣経済へと大きく変化し、経済の主体は商人によって担われていたからであった。仙台藩の重臣達の保有する従来の経営感覚では、もはや藩の財政状況を立て直す事など、全く不可能であった。換言するならば、商人に財政改革を依頼するという事は、すでに、武士による藩の運営が時代遅れになっていた証左ともいえよう。

　両替商升屋は、米取引で財をなしたが、一方、大名貸しにまで商売を拡張していた。しかし、山片蟠桃が活躍し始める頃、升屋本家の経営は悪化しており、蟠桃はその打開に尽力して升屋の全盛期を築いた。大坂には、大商人が共同で設立した懐徳堂[2]があった。懐徳堂以前に、大坂平野郷に私塾の含翠堂（がんすいどう）が存在していたが、これに倣って、大坂の代表的豪商であった三星屋武右衛門、道明寺屋吉左右衛門、舟橋屋四郎右衛門、備前屋吉兵衛及び鴻池又四郎が主唱者となって、尼崎の道明寺屋の隠宅で開校したものである。懐徳堂は、1726（享保11）年には、異例の幕府官許の学問所となり、朱子学の

勉学を原則としたが、自由な学風で、町人に相応しい教育を重視した特殊学問所であった。主人の方針に従い、当然の事のように、蟠桃も懐徳堂に学ぶ事となった。蟠桃は、やがて頭角を現し、「中井竹山門下の諸葛孔明」と称されるようになる。

また、山片蟠桃は蘭学にも深い関心を示した。自分の興味がある和漢書だけではなく、蘭書さえも閲覧し、オランダ渡りの多数の器物を入手した。更に、江戸の大槻玄沢等の蘭学者とも交遊を持った。その結果、蟠桃の自然認識は、合理主義的で科学的なものとなったのである。蟠桃は、懐徳堂で身につけた合理的な考え方を商いに応用し、何よりも升屋山片家の忠実な番頭として、経済界に稀有な敏腕を発揮した。

山片蟠桃は、1820（文政3）年、畢生の大作である『夢之代』3) を著述している。その意味で、蟠桃は、辣腕事業家というよりも、むしろ博覧強記な知識を、あくまでも現実的な社会生活と結びつけて考えた、大坂屈指の商人学者として、その名を刻する事になったのである。

山片蟠桃は、『夢之代』の中で、自由市場主義の考え方を展開している。この事は、市場が「神の見えざる手」(invisible hand of God) によって、需要と供給が予定調和的に一致する、とした経済学の黎明者アダム・スミス (Adam Smith) の言葉を彷彿させる。「日本のアダム・スミス」と評論家の山本七平は評価したが4)、正鵠を射た表現という事ができよう。しかも、スミスが『諸国民の富の性質及び諸原因に関する一研究』(*An Inquiry into the Nature and Causes of the Wealth of Nations,* 略称『諸国民の富』) を世に問うたのは、1776（安永5）年の事である。蟠桃の著書は、それから約40年後の事であるから、驚嘆に値するといえよう。こうした進歩的経済人であった蟠桃に、仙台藩は財政改革を託したのである。また、蟠桃が単に、藩の財政改革だけを支援したと考えるのは早計であろう。彼は、財政改革を通じて、仙台藩が米による経済に依存していたのを、市場経済へ立脚する体質改善に大きく貢献したのである。スミスの言葉を借りるならば、いわば、仙台藩を重農主義から重商主義へ導いたという事である。

本章の目的は、日本のアダム・スミスとも呼ばれた山片蟠桃の財政改革を、

分析研究し、後世の財政改革及び財政再建に対する貢献に関して、若干の考察を試みる事にある。

註
1) 山片蟠桃は号である。「蟠桃」とは、3000年に一度花を咲かせ、実を結ぶという桃の事をいう。主家山片家の番頭である身分を、同音のこのめでたい言葉に通わせたのであろう（有坂隆道『山片蟠桃』兵庫県教育委員会他、1961年、6頁）。また、洒落て名づけたという説も存在する。いずれにしても、本章では、原則として、人口に膾炙（かいしゃ）する山片蟠桃で、統一表記する事とする。
2) 懐徳堂とは、1724（享保9）年に設立された町人出資の学校である。
3) この著作は、天文、地理、歴史、制度、経済及び財政等に関して著述した、全12巻からなっている。初稿本は、1803（享和3）年発刊の『宰我の償』（7巻本）とされる。山片蟠桃は、失明等に苦労しながら『夢之代』の執筆を続けた。
4) 山本七平『江戸時代の先覚者たち』PHP研究所、1990年、2頁参照。

第2節　山片蟠桃の生涯

　1748（寛延元）年、山片蟠桃は、播磨国印南郡神爪村の百姓である長谷川十兵衛の次男として誕生した。蟠桃の兄であった長谷川安兵衛の屋号は糸屋であり、この地域が播州木綿生産の中心地帯であった事を考慮すると、兄安兵衛が、製糸製造業に関連していた事は想像に難くないであろう。弟の長谷川与兵衛（季烈）は、蟠桃の片腕として主家升屋に仕え、仙台及び江戸で働いていたが、1800（寛政12）年7月に江戸で没している。

　当時は、菩提寺の過去帳や墓石等に没年月日が記されている事が多いが、生年月日については記載されていないのが普通であり、山片蟠桃の場合も、伝記や自筆の詩文集『草稿抄』[1]の記載から、生年は確かめられるが、正確な生まれ月や日については不明である。ただし、生家は、苗字を公称できる身分ではなかったと考えられる[2]。しかし、蟠桃は、あたかも士族であるかのように、有躬（ありみ）という名を持ち、字（あざな）を子厚と称していた。通称は、久兵衛とされ、後に、七郎左衛門、小右衛門とも名乗っている[3]。

山片蟠桃は、播州の一小家の出身として、分不相応な自負心を持っていた。彼は、当時発展しつつあった播州木綿生産の中心部に生を受けたと思われる。また、彼の生家は、播州木綿を取り扱う在郷の商人ではなかったと推考される。少なくとも、蟠桃は、そのような家庭環境の中で育てられたといえよう。しかも、その家系を辿ると、蟠桃の祖父の兄弟の一人が、大坂に出て、豪商升屋に勤め、その別家升屋久兵衛の初代となっており、伯父2人が、2代、3代久兵衛を継承している。

　山片蟠桃は、後に小田原藩の財政改革の中心人物となった二宮尊徳よりも、約40年早く生まれている。蟠桃が生まれたのは、幕府中興の祖といわれる8代将軍徳川吉宗が隠居し、9代将軍徳川家重(いえしげ)が跡を継いだ時代に当たる。有名な田沼意次(おきつぐ)が家重の側近として、力を蓄えつつある頃でもあった。明君とされる吉宗の努力によっても、幕藩体制の維持は容易ではなく、武士階級の生活救済のための米価引き上げ策も効果がなく、農民達への搾取が厳しく、彼らは常に飢餓状態にあったのである。その結果、百姓達が惹起した一揆は、ますます激しさを加えていた[4]。

　1760（宝暦10）年、13歳で山片蟠桃は郷里より大坂に出て、升屋の別家であった伯父久兵衛の養子となり、家を相続している。そして、当時、大坂堂島で米仲買をしていた升屋本家に、丁稚奉公をする事となった。この年、江戸の徳川幕府では、4月に将軍徳川家重の取次役の御用人であった大岡忠光が死去し、5月に将軍は病気を理由として隠居した。また、前年には、山崎闇斎学派で、公家達を煽動した竹内式部が、京都から追放されている。更に、1767（明和4）年には、山県大弐が「柳子新論」を著し、公然と幕府の武断政治を批判して、死罪に処せられた[5]。家重の後は、徳川家治が10代の将軍に就き、田沼意次を前代に引き続いて重用し、側用人に任じた。彼は自ら賄賂政治を行いながら、倹約令を強化する一方、積極的にオランダからの輸入銀で銀貨を鋳造し、幕府の財政窮乏に対処を試みたのである。しかし、その結果、金の相場が下落し、物価の騰貴を惹起する事となった。大坂には銅座が復活され、産銅を強化した。また、米価の下落を防ぐために、大坂の商人達に買米を命じて、諸藩の農民には借米と借銀を帳消しにさせている。蟠桃

第6章　山片蟠桃の財政改革（仙台藩）

が上坂した頃は、大坂は勿論の事、各藩においても大きな変動を内包した時代であった、といえよう。

　山片蟠桃は、13歳で元服し、4代目久兵衛となって、升屋の本家に勤めた。彼が升屋を引き継いだ時、分家に財産を分けて残った資産額は、銀60貫しかなかったという。これは、銀1匁を米価約800円として、約4800万円から5000万円でしかなく、現在でいうなら、役職者一人分の退職金に過ぎない[6]。升屋は、身代投げ出しの窮地にあったといえよう。もし、この時、升屋が破産すれば、それまで築いた信用も、株仲間の権利も、更に諸藩への貸金も帳消しになるという危機的状態であったのである。蟠桃は、とりあえず親類等に頼み込んで、銀100貫を借りて、当面を糊塗したが、もし、諸藩から大口の融資を請われれば、窮迫している升屋の内情が明白となり、取り返しのつかなくなるところであった。その時、漸く仙台藩の経済が好転し、それに荷担したお蔭で、升屋は隆盛を取り戻す事ができたのである。奇跡に近い升屋救済の方策は、後述する「刺米（さしごめ）」と「米札」という蟠桃によって考え出された妙案であった。

　1805（文化2）年8月、山片蟠桃は、52歳の時、その長年の功績が認められ、主家である升屋より「親類並申渡」をされ、一代限りという条件つきでこれを受諾した。奉公人が親類並みとなったのは、蟠桃だけであり、升屋の歴史の中でも、極めて異例の事であった。これには仙台藩から蟠桃の処遇に関して、先代の升屋平右衛門一家並みとして欲しいという、たっての申し入れがあった事にもよるが、それ以上に蟠桃の抜群の功績が影響していたと考えられる[7]。升屋の主人の山片重芳が著した『親類並申渡書』には、次のように記述されている。理解を容易にするために、現代文で表記しておこう。すなわち、

一、升屋は中ほどで倒産しかけ、その上二度も火災に遭ったが（債権を記憶していて）、滞りなく取り立ててくれた。

一、岡藩（豊後——筆者）の財政が難渋していたとき、お世話をして立て直しをしてあげ、その後銀主として御用を仰せつけられるようになっ

た。
一、仙台藩も同様にむずかしいところを、国政まで助言申し上げたので、追々差し操って立ち直られ、備蓄もでき、ついにこちらへ御蔵元を仰せつけられ、また蟠桃を親類並みにしてやるよう御内意があった。
一、白川（松平定信）様はじめ、大坂町奉行へ召しだされ、いろいろ意見をお聞き下さった。
一、学問は和漢に達し、天文地理及び西洋の暦術までもたしなみ、著述もある。
一、竹山、履軒先生より特別おほめいただいた[8]。

以上は、35年間、升屋支配人と主人の関係で、生活をともにしていた山片重芳が述べている事であり、これ以上に確かなものはなく、山片蟠桃の業績を高く評価しているのである。

1810（文化7）年、山片蟠桃には、妻ののぶを失った頃から、老いの悲しみが訪れ始めた。すなわち、その頃から、患っていた眼病が悪化し、1813（文化10）年には、ついに失明するに至った。経営の第一線で働けない事を悟った蟠桃は、升屋当主の山片重芳へ、「私死後に争臣争友とも無之事を愁へ申候」[9]と記している。仙台藩をはじめとする諸藩の財政状態の悪化を憂慮し、蔵元として、升屋の甘受すべき状況を洞察していた蟠桃には、実弟とも思われる主人に対して、書簡を残さずにはいられなかったのであろう。

1817（文化14）年に、山片蟠桃は、息子の山片芳達に家督を譲った。そして、1819（文政2）年には、幕府からその功を旌表（せいひょう）[10]され、故郷神爪村に明かぬ眼をもって錦を飾っているが、1821（文政4）年2月26日に、点鬼簿の人となった。享年74歳であった。墓は、現在の大阪市北区天満東寺町善導寺にある。

註
1)『草稿抄』に関しては、宮内徳雄編著『山片蟠桃自筆草稿抄』和泉書院、1980年が極めて詳細である。
2) 司馬遼太郎『十六の話』中央公論社、1997年、139頁参照。

3) 有坂隆道『山片蟠桃と大阪の洋学』創元社、2005 年、101 頁参照。
 4) 山片蟠桃が生まれた 1748（寛延元）年にも、出生地神爪村が属する姫路藩では、大きな一揆が起こっている。
 5) 宮内徳雄『山片蟠桃――『夢之代』と生涯――』創元社、1984 年、179 頁参照。
 6) 同上、188 頁参照。
 7) 山片姓は、その時から名乗る事を許された（中江克己『"御家"立て直し』青春出版社、2004 年、215～216 頁参照）。
 8) 宮内徳雄、前掲書、199～200 頁。
 9) 源了圓責任編集『日本の名著 23』中央公論社、1977 年、23 頁。
10) 旌とは旌旗（羽毛を垂らした旗）、表とは華門（飾った門）の事で、元来は旗を村の入り口に立てた事から転じて、人の善行を広く世に示す事を意味した。

第 3 節　山片蟠桃以前の仙台藩の財政状況

　周知の如く、仙台藩は江戸時代における三大藩の一つである。伊達家の所領は、奥州において 21 郡、970 カ村、60 万石である。更に、これに常陸、近江及び下総の分を加えると、合計で 27 郡、1008 カ村になり、その石高は、62 万 56 石余りであった。その内高は、享保期以前は明確ではないが、その後の時代においてすら、約 40 万石を超過していたといわれる[1]。それにも拘わらず、仙台藩は、意外な事に、常時、著しい財政の窮乏に苦しんでいたのである。

　仙台藩の財政状況の歴史は、常に窮乏の歴史といってよいであろう。財政収入に対し、財政支出が超過した状態、すなわち、財政赤字の状態が継続し、累積したものと考えられる。しかし、仙台藩が財政窮乏に至ったのは、収入の増加が、庶民の生活程度の向上及び諸物価の騰貴による支出膨張に追いつかなかった事だけが理由ではない。更に、臨時的支出も存在していた。飢饉、水難及び病難は、臨時的に財政収入を激減させ、その救済のための財政支出を増加させた。要するに、臨時的に収入を不足させる条件としては、収入減少及び支出の増加の両面が存在していたのである。

　仙台藩においては、藩祖伊達政宗の時代以来、家臣の多さが根本的問題で

あったといわざるを得ず、彼らに対する知行の高は、本禄高を超過していた。当然、知行以外に給する扶持米、切米及び役料等や、領内、江戸、京及び大坂における参観や下向の公私の諸入料等は、新田からの物成(ものなり)(年貢収入)、諸役、諸冥加、諸運上及び数種の藩営事業の利潤等により、構成される収入に求められた。加えて、百姓作徳米の購入独占制ともいうべき買米を実施して、収入不足を補おうと試みられた。また、不時の支出増加のある場合、これに対する準備はなかったのである。その結果、何らかの応急手段を採らねばならなかった。

　山片蟠桃が仙台藩の財政改革に着手した時、藩の財政状況はどうだったのであろうか。若干、時代を逆上って考察する事にしよう。仙台藩の表高は、前述の如く、約62万石だが、新田開発が盛んに実施され、最盛期には、実高は100万石を超えていた2)。仙台藩は、奥羽最強の大藩として、権勢と威力を保有していたといえよう。しかし、仙台藩の財政規模が大きくなる事が、必ずしも裕福な藩である事を意味していない。この事は諸藩についても同様である。一般的にいうならば、100万石の場合、家臣に与える知行高が約60万石、蔵入高が約40万石で、藩の運営は、この蔵入高で支出を賄う必要があったのである3)。蔵入高とは、年貢高に他ならない。しかしながら、諸藩の経常的支出の他に、幕府の手伝普請、参勤交代及び江戸藩邸での支出等、年を経るに従って、財政支出は膨脹し続けた。諸藩では、やむなく大坂や江戸の豪商から借財をし、一時凌ぎを行って、財政破綻を回避したのである。仙台藩においても、1672(寛文12)年に倹約令を出し、財政困窮に対処している。具体的には、衣服の華美を制限したり木綿着用を奨励し、饗応を制限し豪邸を建てる事を禁じている4)。

　だが、仙台藩の財政状況は深刻化する一方であり、1680(延宝8)年には、借財が23万両にも達した5)。仙台藩の歴代藩主は、財政改革のために知恵を絞り、諸策を打ち出したが、全く財政状況が好転する気配すらなかった。1716年から1735年の享保期には、大胆な財政改革を実施し、役人の数を半減すると同時に、高禄者への役料支給を停止する等の緊縮財政策を行ったにも拘わらず、1751年から1763年の宝暦期には、大飢饉のために大きな打撃

第6章 山片蟠桃の財政改革（仙台藩）

を被り、さすがの大藩も、更なる財政悪化を余儀なくされたのである。

具体的には、1751（宝暦元）年の夏、大洪水が生じた。更に、1755（宝暦5）年の秋にも、北上川が氾濫している。この年は、異常気象ともいうべき年であり、5月下旬から8月中旬頃まで、あたかも冬の如く寒い日が続き、農作物は全滅状態であった。この異常気象は、奥羽全体に及び、その被害額は、津軽藩で16万石、米沢藩で7万5000石、仙台藩では、なんと54万石にも達していたのである[6]。加えて、1764年から1771年の明和期にも、災害が続発している。1769（明和6）年の夏には旱害、秋には阿武隈川の氾濫、1771（明和8）年には再び旱害というように、仙台藩は、ほぼ毎年のように冷害や洪水に見舞われたのである。1782（天明2）年には、長雨によって全国的な大凶作となり、仙台藩も大洪水で甚大な被害を被り、また、翌年にも冷害による飢饉に襲われている。

ついに耐えかねた領民達により、1783（天明3）年9月19日には、仙台城下で打ち壊し事件が生じた。対象となったのは、米商人の大黒屋善蔵宅と木綿問屋の安部清右衛門宅であった。この騒動は、仙台藩の重役達に大きな衝撃を与えた。それと同時に、彼らは本格的な財政改革の必要性を改めて認識するに至ったのである。

上述のように、仙台藩は度重なる旱害や冷害によって、財政状況は悪化の一途を辿り、借財が累積した。その結果、7代藩主の伊達重村（しげむら）は、藩士に対して借上を断行した[7]。しかしながら、悪い事は重なるもので、1767（明和4）年、幕府の命により、関東諸川の修復普請を担当する事になる。これには22万両もの費用が必要とされた。この結果、仙台藩の借財は、60万両を超え、藩の財政状況は壊滅的なものとなったのである[8]。更に、田沼時代の江戸の米価下落は、仙台藩の利益を圧迫し、長い間に渡って付き合いのあった商人達は、藩に対して買米資金を貸し渋るようになった。その結果、仙台藩が最後の切り札として起用したのが、山片蟠桃であった。仙台藩から、藩の財政改革を任された蟠桃は、藩の窮状を救済すると同時に、升屋自身も利益を得る方策を模索したのである。

註

1) 土屋喬雄『封建社会崩壊過程の研究』弘文堂、1953 年、545 頁参照。
2) 中江克己「江戸の構造改革・リーダーたちの知恵（14）刺米と米札で黒字にした山片蟠桃〈仙台藩〉」『公評』第 40 巻第 5 号、公評社、2003 年、107 頁参照。
3) 同上。
4) 中江克己、前掲書、217 頁参照。
5) 同上。
6) 中江克己、前掲論文、107～108 頁参照。
7) 借上とは言葉の綾に過ぎず、実態は藩士の減給を意味している。
8) 中江克己、前掲論文、108 頁参照。

第 4 節　山片蟠桃の財政改革

　仙台藩の重役達は、財政状況の立て直しに頭を悩ませたが、良策は見い出せなかった。そこで、民間の商人でありながら、財政改革の専門家として、名を馳せていた山片蟠桃の起用を決定した。当然の事であるが、藩の財政再建を実施するには、具体的な財政改革案が必要である。時を置かず、蟠桃は仙台藩に「一致共和対策弁」という意見書を提出した。その意見書には、単に財政に関するものだけではなく、藩政一般についての大胆な改革案も 50 カ条に渡って提示されていた。そして、仙台藩は蟠桃の意見書に基づいて、財政改革を推進する事を決定したのである。蟠桃によれば、仙台藩の財政状況を好転させる最大の課題は、米の問題であった。そして、この米の問題を解決する資金をいかにして調達するかが、喫緊に対応すべき事柄であったのである。

　元来、仙台藩には、独自の買米制度が存在していた。藩の倉庫に「買米本金」と呼ばれる資金を準備しておき、農民から取り立てた残りの米（百姓作徳米）を、諸藩に売却する事を禁止していた。そして、それを安値で買い取り、江戸に運び、高値で売る事により、重要な財源としてきたのである。仙台藩の財政赤字は、災害や幕府の手伝普請等の出費だけではなく、米相場に対する知識がなく、米の売却の時期を誤ったために生じたものも、少なく

第 6 章　山片蟠桃の財政改革（仙台藩）　　125

なかった。更に、山片蟠桃が財政改革を引き受けた時、肝心の米を買う資金すら充分ではなかったのである。しかし、藩の財政改革のためには買米が必要であり、買米を行うには、その資金を賄う必要性があった。しかも、早急に対処する事が極めて肝要と思われた。蟠桃は、仙台藩の財政再建を受諾した直後に、米を買い取る資金や輸送費等のために、1万5000両の資金調達を申し出たのである。この申し出を、藩も喜んで受け入れた。しかし、蟠桃は商人であり、無条件で資金を提供した訳ではなかった。その条件とは、手数料や利息を要求するのではなく、前述の刺米を条件としたのである。

　1783（天明3）年7月、浅間山の大噴火が発生し、東北地方も大飢饉となった。仙台藩は、升屋からの融資で領内の米を買い占めていたが、それを江戸へ売却するために必要な検査の費用200両にも事欠いていた。この検査用の米が刺米である。その時、山片蟠桃は、米質の検査を引き受ける代わりに、刺米でこぼれた米を升屋の収穫物とする事を、仙台藩に提案したのである。算術能力が脆弱であった仙台藩の武士は、渡りに船と喜んで、蟠桃の提案を採用した。当時、仙台藩と舟繋（ふながかり）の銚子と江戸の3カ所で、米質を検査しなければならなかった。その結果、1俵について合計1合のこぼれた米が、升屋の収入となったのである。その刺米だけで、升屋は1年に6000両を儲けたとされる[1]。

　山片蟠桃は、仙台藩の財政改革を請け負ったが、それは慈善事業のためではない。また、升屋の利益のみを考えた訳でもなかった。あくまでも、仙台藩の利益をも考慮していた。それが、蟠桃の経営哲学の一つでもあったのである。当時、1俵の米は3斗5枡、換言するならば350合であった。刺米の収入は、1俵につき1合であったため、比率として考えれば、350分の1でしかなかった。しかし、1俵が1石であるから、仙台藩100万石のうち、仮に半分の50万石の米を取り扱うと、50万石の米が獲得できる事になる。勿論、この収入は、蟠桃個人のものではなく、升屋のものである。升屋の収入は、俵に換算すれば、約1428俵である。これは、1俵1両として、1428両に相当する[2]。当然、米の相場は変動し、どの程度の利益になるかは未確定である。しかし、蟠桃は仙台藩の米を升屋が一手に販売する権利も獲得して

いたので、その総収益は莫大なものになった、と思量される。そして、升屋の利益だけではなく、仙台藩の米も蟠桃の労苦により、高値で売れるようになり、藩の財政赤字も、少しずつではあるが減少していったのである。特に、1791（寛政3）と1792（寛政4）年は、仙台藩の領内は大豊作であった。一方、関東や西国は凶作であったため、江戸では、諸藩の扶持米を国元から送らせる命令が出される程、米が不足し、価格も高騰し、仙台藩の米は高値で売却する事ができた。結果として、2年間で50万両の利益を生み出し、仙台藩は大部分の借金を返済し、財政的にも健全化に向かっていく事が可能となったのである[3]。

　山片蟠桃の刺米という財政改革策により、仙台藩の財政状況は好転した。しかし、1804年から1817年の文化期になると、また財政状況は悪化していった。その理由は、1804（文化元）年6月、仙台城の二之丸等が火災のために焼け落ち、また1812（文化9）年8月、大洪水が発生し、その復旧工事に巨額の出費が必要とされたからであった。更に、諸国の豊作により、仙台米の価格の下落も追い打ちを掛けたのである。その結果、仙台藩の財政は破綻し、借金は再度、増加の一途を辿っていった。藩では、倹約令を発したり、農民や家臣に上納金や貸上金を命じて対応しようと試みた。しかし、それらの諸策だけでは、財政状況はどうにもならなくなっていた。

　松平定信の「寛政の改革」の初期においては、低物価政策の一環として、米の価格を引き下げる政策が採用されていたが、やがて作柄が回復して、米の価格が下落したため、一転して引き上げる対策を採った。1806（文化3）年には、江戸と大坂の豪商に買米が命じられ、升屋は率先して、これを引き受けた。しかし、文化期の後期になっても、江戸の米の価格は下落し続け、仙台藩は再び借財が増加し始めたのである。その時、升屋は、諸藩40家以上に出入りする大商人となっていたが、仙台藩の財政的窮乏を救済するには、新しい財政改革が必要とされた。仙台藩の重役達は、再び山片蟠桃に財政再建を依頼した。蟠桃は、更なる財政改革策として、米札の発行に踏み切った。

　これは、「升屋札」と呼ばれていた一種の藩札であり、現金で百姓から米を買い入れる見返りとして、この米札を渡して、藩内では紙幣として通用さ

せたのである。そして、浮いた現金は、大坂に廻して利息を獲得しようとした妙計である。当時、新しい藩札を発行する事は禁制となっていたので、米札という名称をつける事によって、幕府の盲点を衝いた策であった。しかしながら、現金を支払う代わりに、米札で済ませた升屋は儲かったが、領内で米札の通用を認めた仙台藩の財政状況は、その割に改善される事がなかった。その結果、升屋と仙台藩との蜜月の時代は終わり、徐々に悪化の一途を辿るようになっていった。

　江戸後期の儒学者海保青陵は、その著作である『稽古談』及び『升小談』に、大坂の升屋平右衛門（山片重芳）と仙台藩との関係を記述している。すなわち、「升平は仙台侯の銀主であるが、その別家番頭に小右衛門（山片蟠桃――筆者）という人あり、この人は大智者であり、学者であり、大豪傑であって、種々の工夫によって升屋の身代を大きくした人であるが、升平が仙台の蔵元になって以来、この升小が仙台の大身上を一人で引受け、富国の法を立て遠国に在って大国をあやつったのである」[4]と。

　米価対策について、山片蟠桃は深慮していた。すなわち、米価の動向は、単に米の仲買商人だけの問題ではない。農民と武士の死活に関わる問題であった。寛政の改革の当初、米価の抑制を図った幕府であるが、その後、一転して米価の引き上げを余儀なくされたのである。蟠桃は、『夢之代』の経済第六の中で、以下のように述べている。すなわち、「米の豊作を喜び、凶作を嘆き、米価の高いのを悲しみ安いのを好のは天下の通情である。しかし、知行地を持つ人は中位の豊作で価が高いのを好む。知行地がなくて蔵米をもらう旗本・御家人は凶作であると、価が高くなって入る金が多くなる。百姓は大豊作で手元に残る米が多くかつ価格が高いことを望み、幕府や各藩は、大・中の豊作でも変わらないが、凶作には年貢が減るので困る。工商遊民は、米価が安いのだけを好むが、その中でも職業によっては高いのを喜ぶものもある。……政治をする人がこれに気づかず、米価さえ安ければ太平であると考えて、政治力で無理に引下げようとすると大きな害が生じる。凶作であるのに価が安いと、秋冬にうかうかと食いつくし、春夏になってどんなに金を積んでも米がなくて苦しむ。もしまたその秋に凶作であると、飢死をする事

になる。江戸の幕府にいてただ市中の一般町人が喜ぶのを見て、武士農民の事を察しないのは、末端的な方策で根本的解決ではない。常に糀を備蓄して米価が余り安くならないようにし、民食を質素にして二、三年の食糧は常にあるようにすると、飢饉で餓死する心配がない。このようにするのは宰相の責任である」5)と。

更に、山片蟠桃は税制に関して、以下のように述べている。すなわち、「明智光秀が十日天下のときに京都の地子銭（宅地の税）を免除したのが最初で、江戸・大坂も免除となった。これは百姓の年貢に比べると優遇し過ぎである。だから地子銭の代わりに営業収益税等はあってもよいし、三都（京・江戸・大坂）は繁盛しているのだから地子銭をふやしても当然である。しかし、今は幕府所有地の利用税・川さらえの分担金その他の負担金が多くて、昔の地子銭を元のようにして諸税を減らすべきではないか。ところが専売品の営業税は上は一万両から下は銀三枚まであり、これをだす者は、その代わりに株と名付けて営業を独占し、流通市場の利益を残らず一人占めする。その専売品を勝手に売買するものがあると役所に訴え、役人をあごで使って取り締まらせる。嘆かわしい事である。この株というものは市中で我がままをし、威張っている。どうか大方の専売営業税を止めて、売買を自由にしてほしい。さて、大坂で一般の家を売買するときは、二十分の一を登記料としてお上へ差しだしたが、それも地子銭廃止前後より町内へ下げられ、分ける事となった。初めはたいした金額でなかったが、途中から家の値段が高くなったので高額になってきた。これらも昔のようにお上へ取って、その代わり諸営業税を止められたらよいのではないか。しかし、大坂は天下の大都で金銀財宝が集まるから、役所も仕事が多く手当も多く要る。これは大金持から取らなくてはならない。貧乏なものは仕方がないが、金持は自分から申し出て費用を供出すべきである。それなのに役所から少しの命令があってもきかず、上をそしって財産を隠して埋めたりする悪い者がいる」6)と。

山片蟠桃は、税制に関して、当然、納めるべきものは出し、特に豪商に負担させようと考えたのである。これは、蟠桃が貧者の側に立った思想の保有者であった事を意味している。また、彼が考えた領民生活を安定させる方策

第6章　山片蟠桃の財政改革（仙台藩）

は、専売を廃止する事により、自由経済を推進して、諸物価を引き下げるというものであった。この考えは、寛政の改革の理念と一致していると思惟される。

　加えて、山片蟠桃は、『夢之代』の経済第六で、物価に関して以下のようにも述べている。すなわち、「寛政の改革のとき諸物価の高いのを正されたが、そのため却って高くなったものもある。例えば、薪の値を無理に下げられたので、山で木を伐らなくなり、市中で焚きつくして前日の倍に値上がりしたが、役所ではどうにもできなかった。物価は無理に安くしようとしてはいけない。値段は商人に任せた方がよい。高くて買う人がいなければ安くするほかはない。高ければ買ってはいけない。買わなければ自然と下がる。これは至ってつまらないことばであるが、また最高の道理である」[7]と。蟠桃は、寛政の改革の当初、功を焦って物価の引き下げに失敗した事や、統制経済のため、一部の商人のみが儲け、一般庶民が迷惑していると述べているのである。そして、幕府の経済政策を痛烈に批判し、自由経済こそ、最良の策であると主張した。

　山片蟠桃は、以上のような財政改革策を採用して、仙台藩の財政状況を立て直した。勿論、財政再建の蔭には、自然の恵みがあったとはいえ、蟠桃は、これを充分生かした。仙台藩の財政史上に特筆すべき彼の手腕は、高く評価されて当然であろう。仙台藩は升屋に依存し、升屋はそれ以上に仙台藩に依存して、莫大な利益を獲得したのである。以後の両者の関係は、海保青陵が「升小（山片蟠桃──筆者）ノ仙台ノ身上ヲ一人ニテ引受ケ」、「仙台ノ身上ヲ丸キリ升平（山片重芳──筆者）ガ預レバ、升平ハ即チ仙台ナリ」[8]と驚嘆した言葉が見事に表現しているといってよいであろう。

註
1) 宮内徳雄、前掲書、189頁参照。
2) 中江克己、前掲書、222頁参照。
3) 中江克己、前掲論文、110頁参照。
4) 土屋喬雄、前掲書、610〜611頁。
5) 宮内徳雄、前掲書、75〜76頁。

6) 同上、81～82頁。
7) 同上、82～83頁。
8) 有坂隆道『山片蟠桃』兵庫県教育委員会他、1961年、9頁。

第5節　むすびにかえて

　山片蟠桃の著書『夢之代』は、商人学者の博識と理論が集大成され、特に、財政政策論、米価論及び商業学は、その中核をなすものであった。蟠桃の貢献は、主として2つあるといってよいであろう。一つは、仙台藩との関係に関して、主家升屋が大名貸しから、藩の銀主や蔵元になった事である。蟠桃は仙台藩と升屋との間において、優れた経済手腕を発揮した。もう一つは、升屋が米札を発行した事である。これによって、仙台藩から出る金を米札で賄い、その結果、藩の手元に残る金を大坂に廻して金利を稼いだのである。こうした妙案を考え出す事により、仙台藩を救済し、裕福な藩へと変貌させた。

　山片蟠桃は、本来、思想家として世に出たにも拘わらず、浮世を相手に実務家になった特異な人物といえよう。1783（天明3）年、仙台藩との信頼関係が確立され、藩の依頼により1万5000両を貸し、以後、仙台藩の財政改革の諸策を採用し、財政再建の相談を受けるまでになった。蟠桃は米経済を根底から覆し、貨幣経済へと転換する事によって、仙台藩の冗費を削減する事に成功した。すなわち、米が貴重な穀物という迷信を取り除いたといえよう。

　特に、山片蟠桃の米札制度を理論化し、活用した妙案は、稀有な財政改革策であった。蟠桃の財政改革は、仙台藩の当時の体制を利用しながら、決して無理をせず、合理的に諸策を実施したところに、その特徴があるといってよいであろう。これは、極めて現実的なものであったと考えられる。財政改革に苦悩する他藩も、この点に注目し、蟠桃に指導を依頼したり、意見を求めたりした。例えば、豊後の岡藩も蟠桃の指導を受け、財政改革を行い、財政再建に成功している。こうした例は、40数藩を超える。蟠桃は、商いの方法を財政困窮に悩む藩の運営に導入し、財政赤字の解消に成功したのであ

る。

山片蟠桃関係略年表

1748（寛延元）年　播州加古川の西方神爪村に生まれる。幼名は惣五郎。父は長谷川十兵衛。母は釈妙耀。
1760（宝暦10）年　上坂する。大坂で、升屋の別家として主家を助けていた伯父の家を相続し、4代目長谷川久兵衛を名乗る。10代に、懐徳堂に入門し、中井竹山に就いて学んだと思われるが、詳細は不明。
1764（明和元）年　元服する。
1769（明和6）年　主人の山片重賢（升屋平右衛門）は、家督を山片重芳（3代目升屋平右衛門）に譲り、死去。この頃から、仙台藩の財政状況が悪化。升屋の内部では、相続問題が生じる。
1771（明和8）年　山片蟠桃の天文学の師となった麻田剛立が、杵築藩を脱藩し、大坂に移居する。
1772（安永元）年　25歳の山片蟠桃は、6歳の幼主山片重芳を補佐し、升屋の経営の重責を担う。奥播磨清水村出身の山口屋七兵衛の娘のぶと結婚する。
1777（安永6）年　母釈妙耀が死去する。
1778（安永7）年　長男、山片芳達（幼名山片三歳）生まれる。彼も山片姓を賜り、父の死後、升屋小右衛門を名乗った。
1783（天明3）年　山片蟠桃は、仙台藩の依頼により、1万5000両の金を調達。同時に、仙台藩の財政再建の相談役に就任する。買米制度の設立を提案し、「刺米」を願い出て、年内6000両の収益を得る事に成功する。
1784（天明4）年　升屋は火災を被る。升屋の起請文が成立する。
1787（天明7）年　父長谷川十兵衛が大坂の山片蟠桃宅で死去する。
1793（寛政5）年　山片蟠桃、「昼夜長短図並解」を著述する。
1798（寛政10）年　升屋は、仙台藩の蔵元となる。
1800（寛政12）年　弟長谷川与兵衛が死去する。
1802（享和2）年　『宰我の償』の執筆を開始する。
1803（享和3）年　『宰我の償』の初稿本が完成する。この書は『夢之代』の底本となる。
1804（文化元）年　升屋小右衛門と改名する。長男山片芳達は、元服後、升屋七郎兵衛と称していたが、升屋小三郎と改名する。
1805（文化2）年　多年の功績によって、主家山片家の親類次席に取り立てられる。同時に、山片姓（芳秀）を名乗り、親類並の扱いを一代限りとして欲しい事を願い出る。

1806（文化3）年	「古大知弁」を著述する。
1808（文化5）年	仙台藩のために、「米札制度」を考案する。
1810（文化7）年	妻のぶが死去する。仙台藩財用方の斉藤左五郎に「一致共和対策弁」を献上する。
1812（文化9）年	老中松平定信に『大知弁』を献策する。この書は、後に『夢之代』の巻六第二十二節となる。
1813（文化10）年	山片蟠桃、失明する。当主の山片重芳に遺訓を残す。
1817（文化14）年	子の山片芳達に家督を譲る。
1819（文政2）年	幕府から多年の功績を評価され、故郷に帰る。
1820（文政3）年	春以降、重態となる。秋、畢生の大作『夢之代』を完成させる（最終部は、失明のために、子の山片芳達や知人が口述筆記をする）。
1821（文政4）年	2月26日、大坂梶木町の自宅で、山片蟠桃、鬼籍の人となる（享年74歳）。法名釈宗文、遺骸は天満の善導寺に葬られた。

(出所：宮内徳雄『山片蟠桃――『夢之代』と生涯――』創元社、1984年、194〜204頁及び源了圓責任編集『日本の名著23』中央公論社、1977年、503〜504頁より作成)

第7章
松平定信の財政改革（白河藩）
―――財政改革に燃えた青年宰相―――

第1節　はじめに

　江戸時代は265年間続いたが、後期になると、幕府はその存在すら脅かされるようになった。幕府は、財政危機に直面すると、財政再建のために様々な改革を実施した。その代表的なものが、8代将軍徳川吉宗の「享保の改革」、老中松平定信の「寛政の改革」、老中水野忠邦の「天保の改革」と呼ばれる三大改革[1]である。

　徳川吉宗は、徳川本家に相続人が途絶えた場合に、新しい分家から将軍の後継者を出す目的で、当時、徳川御三家といわれていた尾張家、紀州家、水戸家の他に、御三卿という田安家、一橋家、清水家[2]を作った。御三卿は、それぞれ領地を10万石ずつしか与えられていなかったが、あくまでも、将軍家の家族の一員としての待遇を得ていた。田安家は、新しくできた分家の筆頭であった。したがって、松平定信は、その当時、田安定信と名乗っていた。当然、もし徳川御三家に相続人が絶えた場合、御三卿の田安家の定信が将軍になるはずであった。

　田安定信は、幼年期より世間が注目するような優れた子供であった。しかし、彼は極端に潔癖な性格であり、曲がった事が大嫌いであった。その結果、定信が将軍になると、それまでの怠惰な生活に慣れ切っていた重役達は、役職を失うと危惧していたのである。そこで、一部の重役によって定信は、奥州白河藩主松平家の養子にされる。本章では、これ以降、原則として、田安定信は、松平定信と統一表記する。江戸時代には、松平の姓が多数存在していた。それは主に、徳川の親戚や徳川家のために功績のあった者、政策上友

好的にしておかなければならない者達に、徳川の前姓を与えたのである。定信が養子となったのは、久松松平家と呼ばれ、江戸時代においては、会津とともに重要視されていた。この養子の一件は、一橋治済と田沼意次が共謀して、将軍に嘱望されていた定信の追い落としを図ったものといわれる。その結果、定信の将軍の芽は摘まれてしまった。

　しかし、1774（安永3）年、17歳の時、松平定信は、自分の不遇の身を怨嗟する事なく、白河藩の財政改革に取り組んでいく。最近まで、定信の印象は、清廉潔白、仁政を行った儒教的、または理想的政治家、偉人というものであった[3]。白河藩には、古代から白河関があり、奥羽と関東の境界として、重要な位置を占めてきた。定信は、前述の如く、寛政の改革を主導した人物であるが、その財政改革の基盤は、白河藩時代に構築されたといってよいであろう。特に、定信の1783（天明3）年10月の襲封と前後して財政改革が始まり、老中を免ぜられた後に、再び藩政に専念するのであり、「寛政」という年号にこだわらず、藩主の地位を世子である松平定永に譲り、隠居して楽翁と号した1812（文化9）年頃までを、取り上げるのが妥当といえよう。定信は、「天明の大飢饉」に際し、農民救済に尽力し、その成果が認められて、幕府の老中に取り立てられた明君である[4]。彼は、祖父である徳川吉宗の治世を理想として、幕府の重商主義を抑え込み、重農主義を展開したのである[5]。

　本章の目的は、後に幕府老中まで登りつめた、松平定信の寛政の改革を取り扱うものではなく、主として、その基礎となった白河藩時代における財政改革を分析研究し、後世の財政改革及び財政再建への貢献を考察する事にある。

註
1) この3つの改革は、不思議な事に、1716（享保元）年から約60年周期で繰り返されている。
2) 徳川家重が後に、自らの次男である徳川重好に設けさせた。
3) こうした松平定信の人物像は、直接的には、1937（昭和12）年、楽翁公遺徳顕彰会が、渋沢栄一の著書として刊行した『楽翁公伝』により作り出されたものと思わ

れる。
4）松平定信の幕府老中時代に関する文献としては、藤田覚『松平定信——政治改革に挑んだ老中——』中央公論社、1993 年が詳細である。
5）重商主義と重農主義に関しては、拙書（編者）『増訂　経済学の基本原理と諸問題』八千代出版、2013 年の第 2 章を参照されたい。

第 2 節　松平定信の生涯

　弱冠 30 歳、後に、歴代のうちで最年少の幕府老中となった松平定信は、1758（宝暦 8）年 12 月、江戸城郭田安門内で、御三卿の一人田安宗武（むねたけ）の 7 男として生まれた。定信の当初の名は、田安賢丸、または徳川賢丸である。父の宗武は関白近衛家久の娘である正室の森姫や側室達との間に、15 名の子女を設けている。このうち男子は長男から 4 男までが早世したため、正室から生まれた 5 男の田安治察（はるあき）が嫡子となっている。6 男の田安定国と、それより 1 歳年下の定信は、ともに側室のとやから生まれて正室に養われた。とやは 1812（文化 9）年に 85 歳で死去しているから、賢丸を 31 歳で生んだ事になる。

　田安宗武は、8 代将軍徳川吉宗の次男であるから、松平定信は吉宗の孫に当たる。定信は、古典、古学を好み、また国学と和歌に才能のあった父宗武の血を継ぎ、年少より学を好み、著書を発刊する程の英才であった。時の将軍徳川家治（いえはる）にも、その明敏な資質を愛され、「将来、徳川家を興すのは、この子であろう」[1]とまで、褒め讃えられたという。しかし、定信は早熟の天才であったが、虚弱で 6 歳で大病により危篤となり、何とか治療により命を取りとめている。そのため、自分は長生きできそうもないが、その分、他人よりも勉強する、という常人とは異なる驚嘆すべき発想を有していた。また、「名を代々に高くし、日本唐土へも名声を鳴らさん」[2]と述べ、大志を抱いた少年であった事は明白である。人一倍の野心家であったが、同時に人の何倍もの勉強家でもあったのである。

　松平定信は 7 歳となった 1764（明和元）年に、家臣の大塚孝綽（たかやす）を師として、

儒学と書道を学び始めた。更に、1768 (明和5) 年には、早くも「鈴鹿山」と題する和歌を詠んでいる。加えて、「雨後」と「七夕」を詩作する等、この頃から文才が兆しており、翌年には猿楽を世阿弥に学んでいる。一方、武術に関しても、同年、これも家臣の常見文左衛門に弓術を習い始めている。剣術は新陰流を木村左左衛門に、槍術は大島流を小南市郎兵衛に師事した[3]。

　1770 (明和7) 年、13歳の頃、早くも『自教鑑』という五倫の道等の人君の励むべき事柄を記述した生涯最初の著作を残している。翌年、清書してこれを父に見せたところ、賞され『史記』を与えられていたという[4]。このように松平定信は、学問的に優れた能力を保有していたのである。ところが、14歳となった1771 (明和8) 年6月、父の田安宗武が55歳で泉下の人となり、正室の森姫は宝蓮院、側室である定信の実母とやは香詮院と、それぞれ剃髪して改名し、兄の田安治察が家督を相続している。

　1774 (安永3) 年3月15日、将軍徳川家治の命令により、陸奥白河藩主松平定邦(さだくに)の婿養子となる事が正式に決まった。これを契機として、松平定信の運命は大きく変わる事になったのである。定邦の養子となると同時に、田安賢丸から、正式に松平定信と改名した。この養子縁組には、複雑な問題があった。なぜならば、田安家を継いだ兄田安治察は、この年の7月に大病を患い、翌月22歳の若さで鬼籍の人となってしまったからである。治察には子がなく、絶家の危殆に瀕したため、田安家ではこの縁組を解消し、定信を自家に戻したかった。しかし、幕府中枢にいた田沼意次の強い政治的判断もあり、それは叶わなかったのである。意次は、徳川家で賢才な定信が将軍となる事を恐れた。そこで、養子縁組を勧め、田安家への復帰を妨げる事により、定信を田安家より遠ざけたのであろう。更に、一橋治済の立場も微妙であった。11代将軍徳川家斉(いえなり)は、治済の子であった。つまり、彼は一橋家から後嗣を出したいと考え、養子縁組により定信を将軍候補から排除したかった、と推考される。

　松平定信は、松平定邦の養嗣子となった時から、江戸八丁堀の白河藩邸上屋敷に移った。1776 (安永5) 年、定信は元服し、定邦の長女峯姫と結婚した。定信は18歳、峯姫は23歳であった[5]。定信が白河に初めて赴いて小峰城に

入城したのは、同年3月である。彼は、10代将軍徳川家治の日光廟参詣に当たり、病身の定邦に代わって警護の任に当たり、初めて白河領に入り、領内を視察したのである。また、この頃には、定信は田安家にいた時期にも増して、学問と武術に励んでいる。定信は早朝から読書した後に、剣術と弓馬を学び、夜には再び読書に勤しんだ。小姓の南合彦左衛門と読書量を競い合ったとされている。定信自ら記した『読書巧課録』によると、1778（安永7）年には、合わせて38部、464冊も読破していた[6]。

1781（天明元）年正月には、松平定信は、民を養う事こそが治国の基本であるとする「仁政思想」を基礎にした、藩祖松平定綱が著した『牧民後判』を読んでいる。また、同年8月には、同書に触発され、君主の収奪を戒める等の理想的な大名像を論じた『国本論』や、備荒貯蓄や租税等に関する『国本論付録』を続けざまに書いている。1782（天明2）年には、道徳や学問、民衆、政治及び経済に関して、『修身録』も著している。定信はこの書の中で、儒学の諸流派を批判しつつ、政策決定権を握る君主は、民衆を統治する際に、流派にこだわらず利用すべき事を述べている。これは、明らかに儒学の徂徠学的な思想に影響を受けたためと考えられる[7]。その結果、定信は白河藩襲封後、政策決定者として学問を利用する事に尽くした。その一方で、民衆の統治に関わる家臣団の育成には、朱子学を使用する等、二者を巧みに使い分けていた。

松平定信は、天明の大飢饉に際して、先頭に立って藩の倹約と窮民救済に努め、被害が著しかった白河藩において、目覚ましい成果を挙げている。その結果、定信は領外においても、白河藩政に対する高い評価を得ていた。それだけではなく、この頃には翳りの見られた田沼意次政権が譜代大名や家門の懐柔に努めている、という定信に有利な状況にあった。こうした中で、彼は将来における幕政改革の断行を熱望していたのである。1785（天明5）年6月、定信が参府すると、藩政改革の成功を伝え聞いた諸藩の大名達[8]が、その手法を尋ねるために、彼のもとに集まり出した。当時、多くの大名達は、国元の財政窮乏に苦慮していたのである。

1779（安永8）年6月19日、松平定信は、当時、僅か30歳であったが、11

代将軍徳川家斉に白河藩政の功績が認められ、無役から老中に任命された。驚くべき事に、それも首座に抜擢されたのである。江戸前期と後期における老中就任者の、就任時の平均年齢は45歳である。しかも、京都所司代や若年寄からの就任者が多く、無職からの就任者は稀有であった。更に、老中首座は先任順に選ばれるのが常であったので、この事は異例中の異例であったといわざるを得ない。定信は、当時の老中であった田沼意次の政治が糾弾され、その後始末をするため、老中首座に起用されたのである[9]。

　門閥譜代派から期待を掛けられて登場した松平定信は、寛政の改革を推進した。第一に、特権的な富裕商人から、財政の実権を幕府側に取り戻して掌握した。第二に、優秀な人材を選び登用した。第三に田沼意次の重商政策によって生じた危機を打破した。しかし、定信の政治は、田沼時代に腐敗した幕政を立て直した偉業として評価が高かったが、清廉潔白過ぎていたといえよう。それゆえ、厳しい規制を余儀なくされた幕府内外の不満を生み[10]、将軍徳川家斉とも不和になり失脚させられた。定信は志半ばにして、1793（寛政5）年、突然、反定信派の陰謀により役職を解任されたのである[11]。1812（文化9）年、定信は55歳で隠居し、長男の松平定永に家督を譲った。隠居後は、執筆活動に勤しみ『花月草紙（かげつそうし）』、『宇下人言（うげのひとこと）』等、170以上の著作を後世に残している。

　1829（文政12）年、松平定信は、避難先の伊予松山藩邸で点鬼簿の人となり、没後の1833（天保4）年11月に守国霊神、翌年4月守国明神、1855（安政2）年に神宣（しんせん）を受けて、守国大明神の神号を得た。すなわち、定信は神人一体となり、鎮国大明神として祀られたのである。更に、明治以後もその事蹟を高く評価され、1908（明治41）年に明治天皇から正三位を追贈され、1922（大正11）年に南湖神社に祀られている。

註
1) 井門寛『江戸の財政再建——恩田木工・上杉鷹山ほか20人の改革者たち——』中央公論新社、2000年、141頁。
2) 山本敏夫『松平定信——その人と生涯——』山本敏夫、1983年、1頁。
3) 後述の松平家との養子縁組後は、風流伝流の小河内弥内（おごうちやない）に、

第 7 章　松平定信の財政改革（白河藩）　　139

馬術は大坪流の諏訪部文九郎に学んでいる。
4）　高澤憲治『松平定信』吉川弘文館、2012 年、6 頁参照。
5）　峯姫は健康に恵まれず、1781（天明元）年に 29 歳で急逝している。
6）　高澤憲治、前掲書、17 頁参照。
7）　元来、儒学において君主は、自ら備えた徳により治める徳治によって「仁政」を実現すべきであるとされ、朱子学はその傾向が強いといえよう。これに対して、荻生徂徠は、「仁政」は政治制度や政策によって行うべきであり、儒学はその方法を与える学問であると主張した。
8）　外様であるが名声の高かった細川重賢（しげかた）や上杉鷹山（ようざん）等も含まれていたという。
9）　本節では詳細に触れないが、田沼意次と松平定信の関係に関しては、童門冬二『田沼意次と松平定信』時事通信社、2000 年が極めて詳細である。また、意次は、通説では、賄賂政治を横行させた極悪人と解釈されているが、井沢元彦『逆説の日本史 15　近世改革編』小学館、2012 年では、異論を唱えている。
10）　当時、「白河（定信の領地）の清きに魚のすみかねて、もとの濁りの田沼こいしき」という狂歌が出た程であった。
11）　松平定信の解任に関しては、萩原裕雄『徳川幕閣政談』マイブックチューン 21、1987 年が詳細である。

第 3 節　松平定信以前の白河藩の財政状況

　陸奥と越後において、白河藩の表高は合わせて 11 万石であったものの、打込高(うちこみだか)と新田を加えた実高は 16 万 4226 石余りとなっている。領地の内訳は、陸奥と越後にそれぞれ 8 万 2000 石余りである。このうち陸奥領分は、白河、岩瀬及び石川の各群のうちの 6 万 1513 石余りと、飛び地である信夫(しのぶ)と伊達の両郡のうちの 2 万 520 石余りとに分かれている。後者を支配するため、伊達郡に保原(はばら)陣屋を置いている 1)。越後領分の方は刈羽、三島、蒲原(かんばら)、魚沼及び岩船の各郡である。比較的肥沃な場所を得ているといえよう。そして、日本海に面した港町であるだけでなく、北国街道が通る宿場町でもあった柏崎に陣屋を設けている。そこでは、柏崎郡代に分領を支配させ、属吏である代官に民政を扱わせていた。

　白河藩主の久松松平家の藩祖は、松平定勝の 3 男松平定綱であり、伊勢桑

名11万石を領した。しかし、3代松平定重の1710（宝永7）年には越後高田に移り、高田入部後からは、「知行高之衆中御宛行八分引ニ被仰付」れ、それ以外の者については、引米率は逓減されていた[2]。更に、5代松平定賢の1741（寛保元）年3月、白河に転封された。前代の藩主は結城松平家で、1692（元禄5）年より松平直矩（なおのり）、松平基知（もとちか）、松平明矩（あきのり）の3代にわたり約50年間の支配がなされていた。この間に、豪商からの借財、2回に及ぶ藩札の発行、家臣の扶持米の借上等、白河藩の財政の窮乏は、惨憺たる有り様であった。財政状況は悪化し、農民達に対して重税政策が採られた。1704年から1710年の宝永期頃からは、窮乏した農民が田畑を放棄して、町場に流出する者が後を絶たなくなっている。白河藩の財政収入の基礎ともいうべき貢納すら、減少の一途を辿った。藩財政の基本を農民の困窮の打開と考え、勧農と年貢軽減政策を実行した家老の早川茂左衛門の改革派と、家臣団の窮乏救済を主眼として、農民の年貢徴収を図る江戸家老の土岐半之丞らの保守派が、激烈な闘争を繰り広げた。その結果は、改革派の敗北であった。それを知った農民達2万人が、1720（享保5）年2月、白河城大手門に押し寄せるという大一揆を惹起した。保守派は隠退を余儀なくされたのである。更に、1742（寛保2）年、結城松平家の姫路転封に際し、御用金返還要求の百姓一揆が起こり、白河城下や近隣の庄屋宅等が打ち壊された。久松松平家の定賢が就封したのは、こうした混乱の最中であった[3]。

　白河領惣百姓は、この転封を契機として新領主に善政を期待した。そして、領内8名の庄屋が惣代として江戸に登り、幕府勘定奉行の木下伊賀守に「寛保二年三月白川郷中惣百姓訴願」を提出した。その内容は、次のようなものであった。すなわち、

一、奥州白川領は、93年前の1650（慶安3）年、本多能登守様の時の検地で2万5千石の内出高改出のため百姓が困窮し、年々潰百姓が生じて人数が減少してきた。
一、領内の百姓の人数が減少しているため、手余地（荒地）が生じている。他国では「鍬取り壱人」で田畑五反あるいは六反を耕作している

第7章　松平定信の財政改革（白河藩）

が、白川領は右の次第で一人宛一町或いは一町二、三反も耕作している。そのため手入も粗末になって実入りが少なく、ますます困窮している。その上、子供の養育も出来ず、捨子やおし返し（出生の時に圧殺）を行い、ことに女児のおし返しが多いために女が少なくなり、ますます出生の子供が少なくなる次第である。白川領は人少なのため、奉公人給金などは他国に比して高値であり、奉公人を召抱えて農業を行うことも出来ず、手余地は村中の惣作にしても芝地同前になっている。

一、白川領は耕作以外に百姓の稼ぎは全くないため、百姓は年々困窮して人口も減少し、その上、白川は奥州越後両街道の駅場であるため、農業を捨て置いて助郷役に出なければならない。そのようなわけで、検地以前の古高に引戻して下されば、「不仁の致方」（間引や捨子など）も改り、だんだん人口も増加し郷村も立ち行くものと思われる[4]。

以上のように、白河藩領内郷村は困窮の極みにあり、人口減少による手余地の発生は直ちに藩の年貢収納と結びつく大問題であった。この事柄に関して、後に松平定信も『宇下人言』の中で、以下の如く記述している。すなわち、「天明午（六年）の諸国人別改られしまへの子の年（安永9）よりは諸国にて百四十万人減じぬ。この減じたる人みなしにはあらず、只帳外となり、又は出家山伏となり、又は無宿となり、又は江戸に出て人別にも入らずさまよいありく徒とは成りにける。七年の間に百四十万人の減じたるは、紀綱くづれしがかく計りのわざわいと成り侍るてふ事は、何ともおそろしといふもおろかなり」[5]と。すなわち、定信は、農村の解体による没落農民が江戸等に出て、無宿人や帳外れとなり、人口減少が、年貢徴収に依存する白河藩の財政的危機の根源にある、と考えていたのである。

久松松平家支配下の白河領においては、どういう状況であったのだろう。中野目村の円谷家文書である『御領内惣人数御改増減之覚』によると、1744（延享元）年には人口3万2154人を記録しているが、調査を重ねるごとに人口は減少し、37年間に3945人、比率にして約10％の減少となっている。

男女別では、2対1の割合で男の減少率が高いのが特徴である[6]。

　以上のような農村の荒廃を背景にして、白河藩においては、百姓一揆や打ち壊しが惹起された。1751年から1788年（宝暦期と天明期）の約40年間は、主に田沼時代と呼ばれているが、目覚ましい貨幣経済の発達が、農村を巻き込んでいった。更に、相次ぐ凶作のために本百姓は土地を喪失していく。1749（寛延2）年9月からの3年間という僅かな期間に、集中的に百姓一揆が続けて発生している。その理由は明白である。すなわち、凶作であるにも拘わらず、領主側がかえって年貢を引き上げようとしたからである。1770（明和7）年、藩主の松平定賢が泉下の人となり、松平定信の養父である松平定邦が家督を相続した。

　1774（安永3）年、松平定信は、17歳の時に実家である田安家の相続問題を憂いながら、将軍徳川家治の命により、白河藩主である松平定邦の養子となったのである。しかし、1775（安永4）年、養父の定邦は、白河小峰城における花見の席において、にわかに脳卒中（中風）で倒れた。そして、10月16日、定信の家督相続が、白河藩の未曾有の飢饉とかつてない財政危機の中、重臣達の定邦に対する説得により実現したのである。1783（天明3）年の飢饉は「卯年の飢饉」とも呼ばれ、後世までの語り草となる程、大規模なものであった。白河藩領の損失は11万石中、実に10万3600石であり、ほとんど全滅に近い状態であった。

　財政状況は越後高田に左遷されてから悪化したため、蔵米知行の者の禄を最高で8分引とし、以後も徐々に減少させている。しかし、白河に移った直後の1744（延享元）年から36年後の1780（安永9）年には、領内の陸奥の白河、石川及び岩瀬の3郡の人口が10.9％も減少している[7]。そのため、1751年から1771年（宝暦期と明和期）の頃には、更に財政状況は悪化し、家中には窮乏して武具等を手放した者も多かったといわれる。藩では主に領内の豪商と豪農の中から、必要な商品の調達や御用金を上納させる者を御用達に任じている。また、財政に密着させて経済援助を担わせる者には、御内用達(ごないようたし)の名称を与えている。そして、両者から御用金を上納させた。加えて、年貢米やその売却金を引当てとし、通常は年1割、または月1割の高利により調達金

を借りている。時期は不明であるが、柏崎においては年貢米のうち入札払米は3万俵程であり、残りの5万俵程が調達金の返済に充当されている[8]。

註
1) 高澤憲治、前掲書、13頁参照。
2) 高澤憲治「寛政改革前後の白河藩政と松平定信」『国史学』第185号、国史学会、2005年、2頁参照。
3) 野崎健二郎「白河藩の寛政改革」小林清治編『福島の研究 第3巻 近世篇』清文堂出版、1986年、104頁参照。
4) 同上、104～105頁。
5) 同上、105頁。
6) 同上、106頁参照。
7) 高澤憲治、前掲書、14頁参照。
8) 同上、15頁参照。

第4節　松平定信の財政改革

　1783（天明3）年、病気のために隠居した養父の跡を継いで、松平定信は越中守となり白河藩11万石の藩主の座に就いた。そして、就任の3カ月前の7月8日、浅間山が空前の大噴火をするという事件が生じた。火砕流が川をせき止めた結果、鉄砲水等で多くの死傷者が出た。幕府の正史『徳川実紀』によると、死者は約2万人と記述されている。しかし、被害はそれだけではなく、降灰が諸国に被害を拡大し、農作物の損害は計り知れない状況であった。この年は冷夏でもあり、東北地帯を大飢饉が襲った。最大の被害を受けたのは津軽藩で、約8万人の餓死者が出ている。次いで、南部藩でも5万人近くに達している。当時、奥州一帯は大飢饉による餓死者が路傍にあふれるという惨状を呈していた。勿論、白河藩も大凶作となり、大きな被害を受けている。白河藩の損失は、10万8000石に及んだ[1]。当然の帰結であるが、藩財源の基礎となる農民の生活は悲惨なものであり、年貢の増収等は望むべくもない状況であった。

松平定信は、白河藩の襲封と同時に財政改革に着手した[2]。いつの時代においても、財政改革の要諦は、財政支出の削減と財政収入を増加させる事である。この原則を白河藩では、どのように考えたのであろうか。
　第一に、白河藩の財政支出の削減、換言するならば、倹約策に関して考察する事にしよう。この倹約策は、財政困窮から脱却する常套手段といえよう。
　松平定信は襲封のその日に家老達を集め、「凶年はめずらしからぬ事にていままでなかりしぞ幸いともいうべし、おどろくべきにあらず、凶には備をなすぞよけれ、いでこの時に乗じて倹約質素の道を教へて磐石のかなめとなすべし」[3]と述べた。更に、翌日には、江戸在住の家臣を残らず書院に呼び、「倹約質素はわれを手本とせよ、吾このことにたがひたらば、人々みなそぶくべし」[4]と宣言したのである。そして、1783（天明3）年、定信は、非常事態であるにも拘わらず「御触書」を発した。これは、事実上の倹約令であった。そして、定信自ら率先して倹約を実行して範を示している。侍女の数を減らし、食事は質素なものとし、衣服や寝具は全て木綿、更には畳は縁なし、襖や障子も粗末な紙に替えさせるという徹底ぶりであった。
　1783（天明3）年の5カ年の倹約令が満了したが、凶作により白河藩の財政状況は逼迫したため、1787（天明7）年に、藩士の努力を賞し、禄100石について5両の救恤（きゅうじゅつ）金を与えて、再び、家中に対して、5カ年の倹約令を発布した[5]。この時、同時に家臣達に対して、人割扶持を実施した。人割扶持とは、これまでの俸禄を一定期間停止し、家族の人頭（人数）に応じて米を支給する制度である。人割扶持を行ったため、家臣の中には飯料にも事欠く者もあり、本知支給を願い出る動きが惹起し始めた。これを聞いた松平定信は、「至って貧困に及ぶ者は願出よ。重宝も人命にはかへがたく侍ればいかにしても救ひなん」[6]と自筆で家臣に書き送った。これに感動した藩士達は、人割扶持を受け入れたとされる。1785（天明5）年には、待ちに待った豊作となり、白河藩は前年の人割扶持を残らず返済する事が可能となった。しかし、飢餓対策等で藩の財政状況は逼迫しており、俸禄の「引米」は継続された。
　そして、1788（天明8）年には、領民に対しても5カ年の倹約令を出し、この年の城下総鎮守鹿島神社渡（とぎょ）御祭も、財政困窮を理由として中止させている。

第 7 章　松平定信の財政改革（白河藩）　　145

　1790（寛政 2）年には、桑名在国以来の引米の制度を見直し、俸禄の全額を支給する「本知」と変更しているが、その際、本知となった以上は、尚一層の倹約と人馬の手当と武器の備えをするように訓戒を与えている。1792（寛政 4）年には、諸役人に役料を与え、1801（享和元）年には、重役より軽輩に至るまで敬礼の規則を定めた。その結果、藩主である松平定信の率先垂範による倹約の努力が実り、白河藩の財政状況も好転した。しかし、それも長く続く事はなかった。財政支出を削減する方策としての倹約には、限界があったのである。

　第二に、白河藩の財政困窮状態を脱却する財政収入の増加に関して、松平定信の諸策を考察する事にしよう。定信は、藩財政の困窮の要因は、領内の人口減少による租税収入の減少にあると考えた、と推考される。定信は「わが領内にたとえ一人の餓死者を出しても、国君の天職に背くことである」[7]と宣言し、家臣を督励して、白河藩の膨大な財政赤字によって危殆に瀕していた事態の打開に乗り出したのである。

　松平定信は飢餓対策を実施し、人口の増加を試みた。彼の飢餓対策は、1776（安永 5）年、白河藩領を初めて視察した時から考えられていた。家中と領民の食糧の確保に敏速で有効な諸策が実行された。米は大坂、兵庫及び浜松等から 6950 俵を買い入れて白河に回送し、また越後の分領の貯米 1 万俵を会津領を通して、1777（安永 6）年の春までに輸送させた。そして、会津藩回送米 6000 俵を江戸表の白河藩米と交換している。『会津藩家世実紀』9 月 6 日の記録によれば、白河藩留守居役日下部右衛門が江戸会津藩邸に参上し、白河藩の米不足のため会津藩回送米を白河城下で受け取り、江戸の白河藩米と差し替えする事を頼み込んでいる。その結果、会津藩回送米 6000 俵のうち、10 月上旬までに 1000 俵を白川街道勢至堂より拠出して渡し、残り 5000 俵は、10 月中に 2000 俵、11 月と 12 月に 1500 俵ずつ勢至堂で受け取る事を取り決めている。更に、9 月 22 日の記録で、越後領からの米 1 万俵を輸送するために、会津藩領の人馬継立を依頼している。これらの米は家中の重臣から軽卒に至るまで、一日に男 5 合、女 3 合の割合で貸与し、困窮していた領民には、10 日に 1 回の割合で一軒ごとに米 3 枡を与えた[8]。加えて、江

戸より稗、麩、挽割麦、干菜、鰹干物、昆布、荒布、鰊、干大根等を大量に買い求め、奥州道中経由で白河藩に送らせた。こうした努力の結果、「仙台藩では40万人、津軽では20万人から30万人の餓死者を出したにも拘かわらず、わが白河領では、1人の餓死者もなかった」9)と定信は自画自賛している。また、途中の宿場も100駄に及ぶ荷物の輸送で、大きな利益を得る事ができたのである。

　1783（天明3）年の襲封時には、松平定信は重農主義の立場を堅持していたと思われる。例えば、『御訓誡』の中では、「商いの利潤を望むは身を失ふ始の事」10)と述べている。しかし、白河藩の財政赤字から脱却するためには、農業専一に固執する事は困難となってしまった。そこで、定信は余業に行う商売ならば差し支えないと、農民の商人化を認めざるを得なかったのである。すなわち、賢明な定信は、稲作に頼る農業の限界を認識し、農業だけでなく産業の育成にも積極的に取り組んでいった。1784（天明4）年には桑、楮及び苧等の栽培を勧めるように、政策を大転換したのである。以下、白河藩の殖産興業政策等を考察してみる事としよう。

(1) 商工業

　養蚕業は分領の伊達地方で盛んであったが、松平定信は、1800（寛政12）年から10ヵ年の間、年貢の減免を命じて奨励している。また、白河城下で希望者に保原から桑苗を大量に取り寄せて栽培させ、奉行や町方吟味役を係に任じ監督させた。更に、蚕師を呼び寄せ、城下中町紙屋久右衛門方で町方の養蚕指導を行わせている。

　織物業は、1790（寛政2）年に、白河藩城下の柏屋が機織りを願い出た。それに呼応して、松平定信は、資金（補助金）を貸し渡し、袋町に織座を経営させている。白河藩では、織物役所を設置し、居住用の建屋を設け、京都の西陣から織工泉源右衛門を招いて縮緬、絹布及び緞子等の織物を織らせた。また、希望により、舞台格以下の小身の家臣の妻に織物の技術を学ばせ、織座や自宅で絹と縮緬を織らせ、生活費の不足を補完させた11)。

　塗物業は、天明期に会津より漆師を呼び寄せ、1790（寛政2）年に塗物役所

を作り貧窮した領民に生産させた。その塗物は領外にも売却し、白河藩の重要な財源となった。紙漉業も、製紙の原料である楮の植栽を奨励し、会津の紙漉き牧本善右衛門を呼び寄せ、半紙や半切を中心に奉書紙、色紙及び短冊等の生産を勧めた。そして、これらの製品も塗物同様に領外に輸出するようになった。

陶器に関しては、城下中町の商人久下屋に資金を下付し、後藤新田で製陶を命じた。白河藩の製陶は全国的に有名となり、他国にも売却され、重要な財源を構成するようになったのである。また、城西の長坂村より良質の土が得られ、それを使用した陶器は、極めて珍重され、白河藩の進物としても使用された。

鋳物は、1789（寛政元）年に鋳物師を召し抱え、鋳物場所を城下横町に設置し、製造をさせている。製茶については、宇治茶の製法を学ばせた。茶の栽培は寒冷地には適さないにも拘わらず、上質の茶を生産する事ができた[12]。

酒造業に関しては、白河藩の酒は味が悪く、他の領国への販売が難しく、利益も少なかったため、会津から杜氏を招き、大坂の酒造法を学ばせた。白河城下の藤屋という酒屋で酒を造らせ、品質の向上を図った。1796（寛政8）年、酒の価格を、並酒1升68文、上酒120文、諸白164文に定めた記録が残されている[13]。しかし、松平定信には、酒造業は「人命に拘る米殻を潰す」[14]という意識が強かったと考えられる。その結果、白河の酒造高は限定されたものでしかなかった。

煙管の製造は、1799（寛政11）年、本町茂右衛門に資金を渡して行われた。1801（享和元）年には、製造高200両を見込めるようになり、職人の中の一人は年貢町に別家を構え、他にも3人も独立する見込みとなっている。茂右衛門は同職を増やし、生産量は増加する一方であった。その結果、他の領国に白河煙管を売り出す計画を立てる程、一時は繁盛した。他の工芸品として、硝子[15]、刀剣、甲冑、象眼細工等の製造を奨励している。製鉄も藩によって試みられている。1800（寛政12）年、南須田村と北須田村の須釜山の山中に「たたら製鉄」の設備を設け、製鉄を行った。農民達に農業の合間に、砂

鉄の採取や燃料の炭を製造させ、それを白河藩が定法の価格で買い上げ、運賃も里数に応じて支払っている。

薬草栽培については、道場小路の御薬園を設けて薬草の栽培を命じた。江戸より本草学に詳しい佐藤平三郎を呼び寄せ、附子や朝鮮人参等に限らず、山野に自生する薬草を採取し栽培させた。漢方で鎮痛剤や興奮剤として使用されていた附子については、農家の副業として植えつけを望む者に種子を渡し、収穫された種子は御薬園で買い上げた。更に、万病に効用があるとされた朝鮮人参は、城内の北小路の山や甲子山近辺に植えつけた。これらの薬草を用いて医師に薬を製造させ、民間でそれを必要とする者に購入させている。

商業に関しては、町方に卸売商を営む有力な大店が存在せず、卸店を取り立て、商業を盛んにするため、資金を給付して、絹布、太物及び綿織物等の卸売りを奨励している。

(2) 馬　　産

松平定信は馬産にも力を注いだ。白河藩の迫駒(せりごま)16)は、藩の財源としても極めて重要なものであった。迫馬仕法は、藩主が替わるごとに引き継がれてきていた。しかし、定信の時代に、迫駒の仕法は改定された。迫駒は秋彼岸の翌日に行われ、まず領内の2歳馬を残らず桜馬場に引き出し、係の役人と出役が検分した。次に藩が買い上げる馬を選んだ。そしてその翌日に、町方の迫場で一般の迫駒が行われた。

迫駒の方法は、まず役所の前に馬を引き出し、駒付の者が値段をつけ、次に馬喰が値段をつけ、その後に値段を競り上げ、最も高い値をつけた者がその馬を買う事ができた。買主には落札の金額が藩から貸しつけられる事になっていた。買い手は白河領内の者を優先し、余った馬を領外の者が手に入れる事ができたのである。松平定信は村預け種馬の返済の条件を無利息にし、6年賦と緩和した。また、迫駒拝借金を半額にする等して、馬産を奨励した。これにより、白河藩は農業の生産性を高める事が可能となり、年貢収入も増加した。

第 7 章　松平定信の財政改革（白河藩）

（3）　植林事業

　松平定信は、植林事業に特に尽力したといえよう。1789（寛政元）年に山方懸かりを増員し、苗木を城内外は勿論の事、領内の川や野原にまで植えつけるように命じた。『仁政録』には、植林の記録が領内各地域ごとに詳細に記述されている。例えば、1796（寛政 8）年より会津街道を左右に並び松 2970 本、1799（寛政 11）年より須賀川街道並木 2305 本等である[17]。植林事業の始まりは、城下を通る白坂から須賀川までの奥州街道の両側に土手を築き、松の並木を造成した事であった。街道の並木は夏は日蔭を作り、冬は風を防ぐ事にも役立った。松並木の管理は沿道の村々の担当であったが、その境に桜の木を植えさせた。

　更に、白河城大手門内等城内をはじめ、領内の山々に植林がなされた。苗木の栽培を取り扱う者を任命し、壮年の藩士に山野を巡行させ、樹木の管理を命じている。樹木の種類は、杉、欅、栗、櫟（くぬぎ）、檜及び松の他に楮、三椏（みつまた）、桑及び漆等 20 種類以上にも達した。1789（寛政元）年から 1799（寛政 11）年までの総植林数は、約 82 万 3473 本に上った[18]。

（4）　南湖の作庭

　松平定信は、生涯を通じて江戸と白河に 5 つの庭園を作っている。特に有名なのは、南湖の庭園である。南湖の地は、かつては谷津川の沼沢地であった。定信より 100 年程前の本多忠平の時代に一時開削されたが、その後荒廃し、葦や茅の群生する沼地となっており、大沼と呼ばれていた。1777（安永 6）年、大庄屋の藤田孫十郎忠起がこの水を利用して新田開発を試みたが、失敗に終わっている。

　しかし、1801（享和元）年、松平定信は大沼を開削し、自然の地形を利用して、南湖を作る事に成功した。この年は不作の年であったが、造成に当たって農民の救済を兼ね、老若男女を問わず領民に土を運ばせ賃銭を支払った。この事によって、多くの領民達が工事に参加し、短期間に完成する事ができた。また、造成した千世の堤の東南に水門を造り、南湖の水を関山の麓旗宿辺りまで引き、新田開発を進めた[19]。新田開発には、城下町の有力者

であった川瀬伝五郎雅中、向井平右衛門命留及び藤田孫十郎忠起が、それぞれの地を担当し新田を開いて、学田新田としたのである。

註
1) 中江克己「江戸の構造改革・リーダーたちの知恵（19）農政と教育に尽力した松平定信〈白河藩〉」『公評』第40巻第10号、公評社、2003年、107頁参照。
2) 松平定信の白河藩における財政改革は、8代将軍徳川吉宗が、紀州藩主時代に行った改革を規範としたものである。
3) 福島県白河市編『白河市史　第2巻　通史編2　近世』福島県白河市、2006年、339頁。
4) 同上。
5) 野崎健二郎、前掲論文、112頁参照。
6) 福島県白河市、前掲書、350頁。
7) 井門寛、前掲書、142頁。
8) 野崎健二郎、前掲論文、108頁参照。
9) 井門寛、前掲書、142頁。
10) 野崎健二郎、前掲論文、118頁。
11) 白河藩では、これらの製品を売り捌（さば）くため、京都室町の商人坂本屋四郎左衛門を引受人として、織物販売所を設けている。その他にも、上州より清水吉左衛門を呼び寄せ、縮毛や白兎の毛を使用して毛織物を作らせたといわれている。
12) 松平定信は、茶園の造営を奨励し、後述の南湖や蛇石その他の地には茶園の跡があったという。
13) 福島県白河市、前掲書、362頁参照。
14) 野崎健二郎、前掲論文、118頁。
15) 松平定信は、須賀川の硝子製造業を営む者を援助し、高級板硝子やオランダの製法を研究させたりした。
16) 白河藩では、馬産の奨励を目的として、各村から持ち寄った馬を売却する迫市（せりいち）が毎年開催されていた。
17) 福島県白河市、前掲書、364～365頁参照。
18) 同上、365頁参照。しかしながら、『御行状記料』には、71万6737本という異なった記述が残されている。
19) 白河藩藩校の立教館の経営のための学田新田は、南湖の水を利用して開発されたものである。

第5節　むすびにかえて

　松平定信の白河藩の統治は、武士の気風を引き締め、倹約を押し進める一方、領内の豪農と豪商との関係を強め、農村復興の諸政策を採用するというものであった。これらの政策は、相互に密接な関係を有した総合的政策であった。定信の行った幕政改革と白河藩は、共通の政治理念に支えられたものであったといえよう。

　松平定信の前代から徐々に実施されてきた商業資本の農村への活用は、多大なものであった。白河藩が殖産興業を行った事により、農村における経済活動は、商業資本と結びついた。すなわち、農村の貨幣経済の進展に対応して、白河藩の指導によって殖産興業の推進がなされた、といってよいであろう。しかし、農村の副業ともいえる殖産興業は、農民達を困窮から救済する事はできなかった。定信が目指した天明の大飢饉以後の農村の再建は、一定の成果を挙げたが、最終的には、以前にも増して農村の崩壊への道を進展させたに過ぎなかったのである。人口対策も貨幣経済による農村への苛斂誅求によって、全く意味のないものとなってしまった。また、人口減少は定信の白河藩政を通じ、一貫して実施された倹約令だけでは、抑え切れない現実であった。天明の大飢饉における白河藩の危機的状況を救済し、更に、荒廃した農村を再建し、藩財政の困窮及び藩士の窮乏を、救済した定信の財政改革は、一応、成功したものと評価し得るであろう。

　白河藩という小さな地方社会では、松平定信の理想主義は、一定の成果を収める事ができた。しかし、江戸幕府という中央政界においては、それが通用しなかったといえよう。白河藩の財政改革の限界がここに存在しているといえる。更に、既存の政治経済の否定こそ、改革の前提であるが、良かれ悪かれ、歴史が後戻りする事はない、と思量する。

　松平定信は、近世後期の幕藩体制そのものが動揺し始めた時代に、白河藩主となり、卓越した手腕を財政改革に発揮している。そして、その手腕を幕府に認められて、参画を許され寛政の改革を推進した。誰にでも毀誉褒貶は

つきものであるが、定信は江戸後期を代表する稀有な明君であったといえよう。

松平定信関係略年表

1758（宝暦8）年		田安賢丸（後の松平定信）が誕生する。田沼意次が大名となり、評定所に出座する。
1760（宝暦10）年		徳川家治が将軍に就任する。
1764（明和元）年		田安家家臣の大塚孝綽に学問を学ぶ。
1767（明和4）年		田沼意次が側用人に昇進する。
1768（明和5）年		次兄の田安豊丸（後の松平定国）が伊予松山藩主の松平定静の婿養子となる。
1769（明和6）年		猿楽を世阿弥に学ぶ。
1770（明和7）年		『自教鑑』を著述する。
1771（明和8）年		父の田安宗武が逝去したため、兄の田安治察が相続する。
1772（安永元）年		田沼意次が老中に昇進する。
1774（安永3）年		幕命により、陸奥白河藩主松平定邦の婿養子に決定する。松平定信と改名する。白河藩の財政改革に着手する。
1775（安永4）年		松平定邦の家督を継ぐ。初めて将軍徳川家治に拝謁する。従五位下上総介に叙任される。
1776（安永5）年		将軍の日光東照宮参詣に伴う警護のため、初めて白河に赴く。元服する。松平定邦の娘である峯姫と結婚し、『難波江』を著して贈る。
1779（安永8）年		老中首座に任命される。『求言録』を著す。
1781（天明元）年		『国本論』と『国本論付録』を著す。峯姫が死去する。徳川家斉が将軍世子に決定する。
1782（天明2）年		『修身録』と『政事録』を著す。
1783（天明3）年		「卯年の飢饉」により、白河で打ち壊しが発生する。浅間山が噴火する。松平定邦が隠居し、松平定信が襲封する。越中守に官命を改める。特命により、従四位下に昇進する。『白河家政録』を月番に与える。
1784（天明4）年		白河に入部する。旗本の佐野政言が若年寄の田沼意知を暗殺する。
1785（天明5）年		家中に着衣の制限や質素倹約を命じる。反田沼意次派の大名達との会合が始まる。
1787（天明7）年		白河における大火の鎮火に努める。将軍徳川家治が薨去する。幕府が田沼意次を処罰する。御三家が幕閣に対して、松平定信を老中に推挙する。

第7章 松平定信の財政改革(白河藩)

1788(天明8)年		御所の造営総督を拝命する。家中に上洛の際の心得を達する。田沼意次が死去する。『御心得之箇条』と『老中心得』を作成する。『政語』を著す。
1789(寛政元)年		『物価論』を著す。白河領内で植林を始める。
1790(寛政2)年		白河藩の財政改革を命じる。領内への赤子養育手当の導入を指示する。
1793(寛政5)年		溜詰に昇格し少将に昇進、御用部屋への出入りを許可される。反松平定信派の陰謀により、老中首座を辞任。以後、白河藩政に専念。
1799(寛政11)年		『御百姓心得方申聞書』を各村に通達する。白河に敷教舎を設置し、『敷教条約』を出版する。
1803(享和3)年		阿武隈川が大洪水を起こし、白河が被災する。
1809(文化6)年		白河の大火により、小峰城が類焼する。隠居願を幕府が却下する。
1810(文化7)年		房総が白河藩、相模が会津藩の防備担当と決まる。
1812(文化9)年		家督を長男の松平定永に譲り、隠居。松平楽翁と号す。
1820(文政3)年		『自書略伝』を著す。
1824(文政7)年		『白河風土記』及び『白河古事考』を幕府に献上する。財政逼迫のため、家中に対して禄を削減する御手伝金の導入を通達する。
1828(文政11)年		『陶化之記』及び『体口法』を著す。
1829(文政12)年		風邪を機に病床に就く。5月13日、鬼籍の人となる。享年72歳。
1908(明治41)年		正三位を追贈される。

(出所:高澤憲治『松平定信』吉川弘文館、2012年、290〜303頁より作成)

第8章

本間光丘の財政改革（庄内藩）
―― 救荒の父と慕われた豪商 ――

第1節　はじめに

　「本間様には及びもないが、せめてなりたや殿様に」という俚謡が、庄内藩[1]には存在する。すなわち、本間様にはとてもなれないが、せめて殿様になってみたいという意味である。この俚謡は、本間家の方が殿様より力を持っていたという事を意味する。事実、本間様と呼ばれた豪商は、庄内藩は勿論の事、諸藩において、金融業や農業復興で大いに名を挙げていた[2]。本間家の由来に関しては諸説があるが、相模国発祥説が有力である。すなわち、現在の神奈川県座間市に本間村という集落があった。ここが本間家の発祥の地であるという説である[3]。本間家の中で、特に3代目の本間光丘（ほんまみつおか）は、多くの大名家の財政改革に尽力した。

　7代目庄内藩主の酒井忠徳（ただあり）から呼び出しがあった時、本間光丘は、初めて藩の財政窮状を知らされた。しかし、光丘にはそれがとても信じ難かった。なぜならば、庄内地方は有数の穀倉地であり、米の収穫高が多かった。加えて、かつて河村瑞賢（ずいけん）という商人が、いわゆる「西廻り航路」と呼ばれる北前船の航路を開拓してから、庄内藩の管理する酒田港が北の拠点となっていたからである[4]。その結果、大坂からの船が多数出入りし、その使用料収入だけでも巨額なものであったと推考される。更に、酒田港に注ぎ込む最上川を使用して、出羽の内陸地方の紅花をはじめ、多くの産物が大坂に輸送されていた。この事による収入も多額なものであったと予想される。しかし、これらの収入をはるかに超えた借財が、庄内藩の財政を圧迫していたのである。

　江戸後期、諸藩の財政改革を主導したのは、藩主や藩の重役という例が多

いが、庄内藩の場合、本間光丘という一商人の手によって、財政改革がなし遂げられた。当時、徳川幕府が草創期から設けた身分制度である「士農工商」によって、商人は社会の最劣位に位置づけられていた。更に、古代中国から日本に伝播した儒教では、「農工」は生産者であるが、「商」は非生産者であるという賤商主義が浸透していた [5]。商人は、農工が生産した物を、ただ動かすだけで、利益を得ていると考えられていたのである。しかし、庄内藩は、その最劣位にあった商人の光丘に、士分を与え、藩の財政改革を担当させたのである。家柄を一所懸命に守る武士は、余程の事がない限り充分務まるが、商人は頭脳が優秀でなければならない。徳川幕府開府に当たって、将軍と幕閣首脳は、本能的にこの事を知っていたのであろう。その脅威によって、商人を四民の最下位に置いたとも考えられる。商人は、他の士農工の階級と異なり、情報収集、人心の忖度と収攬(しゅうらん)、更に、将来を見通す力を研ぎ澄ましていたのである。

　本間光丘は、70年の生涯中、常に自己中心の考えを保有せず、ひたすら庄内藩を養い、領民を救済し、産業振興と開拓に燃え続けた。あたかも、いぶし銀のような微光を放っていた。彼が、江戸後期における庄内藩の救荒の父と呼ばれる理由がそこにある。中国の書物には、「己が財を他人に散じ、よって敬愛される」[6] という表現が見られる。己の身の栄耀奢侈のためではなく、自発的に流通経済を工夫し、飢饉を救済したり、身分制度において農工の上に立ち、武士の困窮をも救ったのが、光丘である。

　本章の目的は、本間光丘の財政改革を分析研究し、後世への貢献に関して、若干の考察を試みる事にある。

註
1) 現在の山形県と秋田県の一部である庄内地方を領する藩であり、作家である藤沢周平の著述する時代小説シリーズ「海坂藩」のモデルとなった藩である。1666（寛文6）年の資料によると、家臣は家中（侍）約500人、給人（下級武士）約2000人からなる（山本敦司編『江戸の財政再建20人の知恵』扶桑社、1998年、57頁参照）。
2) 本間家は、一時は3000町歩という広大な田地を所有し、戦後の農地解放まで、日

本最大の地主だった。なんと、小作人が2700人もいたという（河合敦『復興の日本史』祥伝社、2012年、137頁参照）。
3) 他の本間家発祥に関する諸説については、岡本好古「本間光丘」岡本好古他『歴史の群像7 挑戦』集英社、1988年が詳細である。
4) しかし、次のような説も存在する。すなわち、酒田港は、河村瑞賢によって「西廻り航路」が開かれた事で突然、現出したように思われているが、そうではなく、ずっと前から港町として繁栄していたのである。古くは古代から畿内方面と密接に結びついており、日本海交易が盛んになる中世になって以来、「出羽第一の湊」として発展し、頻繁に若狭、敦賀との間を往来するようになってきた、とする説である（鈴木旭『本間光丘』ダイヤモンド社、1995年、41頁参照）。
5)「士」（武士）は、確かに非生産者であるが、政治行政を行う治者として、特別扱いされていた。
6) 岡本好古、前掲論文、126頁。

第2節　本間光丘の生涯

　本間原光によって新興を見た本間家は、更に、3代目の本間光丘によって、一層の繁栄期を迎えた。1732（享保17）年12月25日、後に本間家中興の祖と呼ばれる本間四郎三郎光丘は誕生した。父は本間光寿、母の名は於米である。幼名は友治郎 1)、次いで、20代に入って当主になるまでの間、久治と呼ばれる。8代将軍徳川吉宗統治下の1731（享保16）年には、江戸に大火があり、全国的な飢饉となり、方々で窮民が蜂起し、幕府は奥羽の米で西国の飢民を救済するという状況であった。

　本間光丘は、先祖により財政的基盤を確立されていたが、本間家を更に伸長させた。彼は、保守と革新をその冠絶した才能によって均衡させた「刻苦勉励した御曹司」という表現が最適な人物であったと思量する。古来より、初代及び2代目の創業を受け継ぐ3代目の困難さは、歴代王朝や商家の例を見ても明白であろう。無一文無一物で商売を始める初代よりも、この創業から守勢への過渡期は、尚、困難な時期である。総領を継ぐ事になった光丘の養育に、周囲は過敏になった。また、本人自身も、3代目の責務を重く受け止めていたであろう。光丘の幼年期から10代前半は、乳母日傘、暖衣飽食

には程遠い、刻苦勤勉の修行時代だった。更に、それに続く青春時代も、「他人の飯を食う」という見習奉公に明け暮れた。御曹司も、手代や丁稚の下で容赦なく働き、厳しく躾けられたのである。本間家の子弟の修行は、江戸や京を凌ぐ厳しさであった。人を使い、他人に謙（へりくだ）り、これと和する主人の人格は、使われる身にならなければ体得できない。

　本間家の近くに、天台宗の覚寿院があった。そこの5世住職の高山賢秀は、奥羽の地に置くには惜しい程の学僧であった。彼が、本間光丘に読み書き算盤をはじめ、史学、経史まで指導した。光丘は賢秀に親炙（しんしゃ）し、大きな影響を受けた。すなわち、光丘は強固な意志と自信を持てる精神を備える事ができたのである。光丘は、博覧強記に加えて、人生を達観の域に達した賢秀から、この世をできるだけ高所から見渡す精神及び商人には欠く事のできない仁の心掛け、という理によく情に優る事を強く教えられた。光丘の人格は、この賢秀によって形成されたといってもよいであろう。換言するならば、「商いのための商人に終わるな。商人より前に人たれ」2)との教訓を体得したのである。そして、賢秀は、経済に関する知識だけではなく、詩歌、俳句、茶道及び舞楽の風流な芸事も手ほどきした。光丘の名もこの賢秀によって与えられたものである。

　1750（寛延3)年、19歳となった本間光丘は、見習奉公に出た。奉公先は、播州姫路の商家、奈良屋であった3)。当時の当主は、馬場権兵衛了可4)といった。近くに飾磨（しかま）湾があり、播州一の肥沃の地、播磨を背負う姫路の町である。奈良屋は物産商で、持ち船も、北は津軽弘前から南は九州南方の島々、津々浦々まで広く商いを行っていた。それゆえ、日本海側の主要港であった酒田とは、密接な関係を保有していたのである。奈良屋は、関西でも使用人の躾けと公私のけじめに厳格で、同時に慈悲深い主人の人格において、定評のある大店（おおだな）であった。奈良屋は、光丘の父本間光寿の意を酌んで、光丘の奉公教育に深い配慮を忘れなかった。奈良屋に入った本間家の御曹司は、新入りの小僧として扱われ、「久治、久治」と呼び捨てられた。光丘は、当時、久治という名を通称にしていたのである。呼ばれる度に、久治は奉公一途という恭謙な気持ちに全身がすくみ、かえって緊張の余り失敗を冒し、容赦な

第 8 章　本間光丘の財政改革（庄内藩）　　　　　　　　　　159

くぶたれ、怒鳴られた。そのため、彼は他人を見ると頭を下げて、主人の命令通りに服従するという生活を余儀なくされた。しかし、数カ月を過ごすと、久治は物をいいつけられる度に、相手側の気持ちや、戸惑いを忖度できるようになった。将来、大店の主人になる事を宿命づけられていた彼には、いわば、帝王学の基本を体験した事となったのである。

　1753（宝暦3）年、本間光丘は、19歳から22歳までの約4年間の見習奉公を終えて、酒田に戻った。そして、それを待っていたかのように、翌年8月、本間家の将来を安堵しつつ、父本間光寿は逝去した。光丘は、本間家3代目を相続する事となった。光寿には、4人の弟達がいた。それまで補佐役として行動してくれた次男本間新蔵光吉と3男本間新十郎重光の他、4男本間春庵俊安と末弟の本間熊次郎宗久5)である。このうち、次男の新蔵光吉は分家して独立している。また、4男の春庵俊安は母方の実家である宮本家の医業を継いでいた。当然、残るのは3男の新十郎重光と、5男の熊次郎宗久の2人に絞られる。

　どちらを選択するか迷った末に、結局、本間光寿は思い切って、まだ30代の若年な末弟本間熊次郎宗久を選んだのである。本間家は、今までと全く異なった、経理の鬼才ともいうべき当主を得たといえよう。しかし、見習奉公から戻った光丘は、年長の親類縁者達に、何ら臆する事なく、次のように宣言した。すなわち、「父光寿みまかったため、若輩の私が3代目を継ぐことになりました。ぶしつけに申す非礼はお許し願います。当本間家従来の経営の現状は、病弱の父光寿に替わり、叔父上各位に役割を分担していただいたため、統制を欠き、買い付け・売り上げ・集金のいずれも要領を得たものとは申せません。私、久四郎（光丘）の代になったただいまから、この弊習を廃し、万事当主が裁決する商い法に改めます。この点、ゆめゆめお恨みなきよう」6)と。

　前述の如く、病身であった父は、弟の本間熊次郎宗久に家業と財産管理を任せていた。熊次郎は特異な感覚で商売を拡大し、酒田における大商人の地歩を不動のものとした。また、米相場と高利貸しという新たな道を開く事に成功した。熊次郎が本間光寿から委任されていた資産は2551両だった。と

ころが、その資産は、僅か数年間で3万1074両に激増した[7]。その理由は、熊次郎による米の投機の成功であった。これを知った本間光丘は激怒した。なぜならば、彼は、投機等は尋常な人間のやる事ではない、万が一、失敗すれば先祖代々の資産が一瞬にして、泡と消えると考えたからである。金儲けに対する考え方の違いから、光丘は叔父の熊次郎と仲違いし、ついに彼と義絶し、本間家から放逐してしまった[8]。以後、光丘は一族に投機を厳禁し、堅実経営路線への修正を強行した。商いで得た利益を大名や領民に貸し、増やした資産で田地を買い、地主として成長していったのである。光丘は、奈良屋で習得した商法を基礎として、勤倹力行を旨とする手堅い経営方針に家業を改めた。光丘が家を継いだ時の資産は、金が1000両と米が1400俵余りであったという。それが50年間で、金が5万4000両余り、銀が4万9000貫、米が1万6000俵に跳ね上がっていた。そして、所有する土地は約600町歩に達したのである[9]。

　1760（宝暦10）年、7代当主酒井忠寄が将軍宣下の儀式に裾の役を務めた際、本間光丘は3140両を献金し、次いで、1764（明和元）年の大凶作では、1000両を献上している[10]。そして、その功績により30人扶持御手廻格御小姓（おこしょう）支配に任じられた。更に、1767（明和4）年には、御小姓格に昇進し、御家中勝手向取計[11]に任命され、4000両の資金をもって、困窮藩士の家計整理に当たる事となった。こうして、本間家は、初めて藩政に参与する事となったのである[12]。すなわち、光丘は商人でありながら、武士になったといってよいであろう。光丘は武士名を四郎三郎、商人名を久四郎というように、武士と商人という二重人格を保有したのである。

　本間光丘は、庄内藩の財政改革のため、本間家の経営を、主に一族の中から選ばれた店の親方に任せざるを得なかった。このように、光丘は藩政への協力を惜しむ事がなかった。また、光丘は庄内藩だけでなく、他藩にも財政的援助を行っている。1794（寛政6）年、光丘のもとに、米沢藩から一通の手紙が届いた。ぜひ米沢藩にお越し頂きたいという内容のものであった。そこで、光丘は身内の者を代わりに遣わすと、2500両の借金の依頼だった[13]。当時、米沢藩の実権を握っていたのは、前米沢藩主の上杉鷹山であった。鷹

第8章　本間光丘の財政改革（庄内藩）

山といえば、たゆまぬ努力によって、借財を逓減させ、財政改革に成功した明君として知られている。だが、この時、鷹山は窮地に立っていた。改革は懸命な努力によって、徐々に進んでいたのだが、それが「天明の大飢饉」のために泡と消え、困り果てた末、光丘に支援を求めたのである。光丘は鷹山の頼みを快諾した。光丘が関わってから、米沢藩の財政改革は一気に進展し、やがて見事に借金を完済し、健全財政を取り戻したのである。現在、鷹山の財政改革が高く評価されているのは、江戸の三谷家、越後の渡辺家に加えて、酒田の本間家の光丘の貢献が大きかったのである[14]。

しかし、1796（寛政8）年、それまでの藩の失政は、家老水野重幸の専断にあったとして、彼は禄高を1700石から300石に減らされた上、隠居を命じられた。本間光丘もまた、水野一派として失脚した。だが、9代当主酒井忠徳は、その後も変わる事なく、光丘に接し続けたという。光丘は、約30年間、庄内藩の財政改革に参画したが、その間に用立てた財産は、20万両を超していた[15]。それでも本間家はびくともしなかったというから、商人としての財力は桁外れていた。庄内藩の財政改革は、天災による凶作等で一進一退を余儀なくされたものの、何とか荒波を乗り越える事ができたのは、光丘の手腕と財力によるところが大きかった。

1801（享和元）年6月1日、惜しまれつつ、本間光丘は点鬼簿の人となった。享年70歳であった。浄福寺の墓地に埋葬され、「速満院釈宗善」と諡（おくりな）がなされた。やがて、1924（大正13）年には、酒田市に光丘を祀る郷社である光丘（ひかりがおか）神社が建立されている。

註
1) 『酒田人名録』では、古作となっているが、多くの書籍において、友治郎と表記されている。
2) 岡本好古、前掲論文、138頁。
3) 本間光丘をわざわざ遠方へ修行に出したのは、祖父の代からの奈良屋との取引があり、親しくしていたからである。
4) 馬場権兵衛了可は、『日本外史』を著した儒学者頼山陽ら、畿内を中心とした近畿方面で活躍する学者達を経済的に援助していた。また同時に、彼自身も学者として活動していたのである。

5) 本間熊次郎宗久は、子供の頃より「酒田の神童」と呼ばれた程の秀才であり、商才もあった。
6) 岡本好古、前掲論文、141 頁。
7) 河合敦、前掲書、140 頁参照。
8) しかし、本間光丘も不世出の叔父本間熊次郎宗久を、心の底では尊敬していたのではなかろうか。なぜならば、1779（安永 8）年、熊次郎が高利貸し業を咎められ、危うく獄に投ぜられようとした時、田沼意次に多大な金品を贈り、事なきを得ている。更に、義絶から 31 年後の 1786（天明 6）年、父本間光寿の 33 回忌を機会に義絶を撤回したのである（江戸時代人づくり風土記編纂室「本間光丘——藩財政の再建や植林事業に尽くした豪商（酒田）——」『江戸時代人づくり風土記 6　ふるさとの人と知恵　山形』農山漁村文化協会、1991 年、292 頁参照）。
9) 童門冬二『「本間さま」の経済再生の法則——欲を捨てよ、利益はおのずとついてくる——』PHP 研究所、2003 年、106～107 頁参照。
10) 中江克己『"御家" 立て直し』青春出版社、2004 年、206 頁参照。
11) 御家中勝手向取計は、藩士達の悪化した経済状態の再建を支援する事を目的とする役目である。
12) 山本敦司、前掲書、99 頁参照。
13) 河合敦、前掲書、147 頁参照。
14) 現在でも、酒田の本間家には、上杉鷹山からの感謝状が残されている。更に、本間光丘は、米沢藩のみならず、新庄藩や松山藩等から財政再建の要請を受けて、それぞれの藩で成果を残した。
15) 中江克己、前掲書、213 頁参照。

第 3 節　本間光丘以前の庄内藩の財政状況

　1622（元和 8）年、徳川家康の側近として名を馳せ、「徳川四天王」の一人と謳われた酒井忠勝(ただかつ)が庄内地方に入部してきた。その時、忠勝は、酒田商人の代表である 36 人衆に対し、「酒井家御家人として召し抱えたいが、どうか」と持ち掛けると、彼らは口を揃えて、即座に「二君不仕なゝと申上、壱合も受不申候、然共くらし方沢山成ほと地所及かぶ（株）田地持候間気強く、上の御世話にならすと申候」1) と答えたという。御家人にならなくとも、充分な地所と田地、また商業株も持っている。1 合の扶持さえももらう必要はない。お上の世話等にならなくても結構だ、と胸を張っているのである。戦

国時代ならばいざ知らず、徳川幕府の支配下に収斂された江戸時代になっても、こうした言動を貫いた集団は、日本全国どこを探しても見当たらないであろう。こうした精神は、後々まで生きており、酒田商人の矜持となっていた。

　1647（正保4）年、酒井忠当（ただまさ）が21歳で2代藩主となると、岳父の松平伊豆守が後見人となった。彼は、1648（慶安元）年に、最高機関として「会所寄合」を設置する等、深く藩政に関与した。しかし、忠当の治世は短く、1659（万治2）年に彼は死去してしまう。その後、3代藩主酒井忠義（ただよし）が17歳で家督を継いだ。伊豆守は、以前にも増して、熱心に藩主を補佐し、家老以下の重臣を私邸にまで招いて、詳細なる指導を惜しまなかった。指導を受けた代官の白石茂兵衛の『白石茂兵衛覚書』によると、農政問題の質疑に長い時間を割き、年貢未納が多く、潰れ百姓が多く出て、逃散が後を絶たず、手余地（耕作放棄地）が増加するのは、検見が曖昧なためとの事であった。もし、水害等で予定通りの収穫がなければ、それは差し引くべきと指摘されている。事実、茂兵衛の体験だと、期日内に皆済させたのは、百姓の内情がよくなったからではなく、未納者を奉公に出し、家財を売り払って、規定通りに何とか返済したからであった。これでは、百姓がいなくなった後に、いくら新しい百姓を取り立ててもその繰り返しである。

　松平伊豆守が指摘したように、百姓から年貢を徴収する手段が余りに稚拙なため、農民は貧困になって逃げ出すが、庄内藩自体は豊かである。それゆえ、家臣達は江戸詰めで、都会の生活に馴染んで派手好みになり、庶民も伊勢参りや熊野詣等で、江戸や大坂の雰囲気に触れて、生活は華美になっていった。この風潮を是正するため、1663（寛文3）年、庄内藩は「家中之者身体持直内之覚書」を出し、振舞、贈物、造作、兵具及び馬具の倹約を命じ、「上方での買物は分相応にすべし」[2]と申し渡している。

　庄内藩では、酒井家が入封した1622（元和8）年から慶安期に改易された最上家の浪人を数多く抱えたが、これは見栄ではなく、石高に見合った軍事力を整えるためであった。1787（天明7）年、幕府巡見使の随員として東北諸藩と松前を廻った地理学者の古川古松軒（こしょうけん）は、著書『東遊雑記』に「鶴ケ岡

城下は民家も綺麗で豊かな農家もあり、人足の衣服も貧しくなく、馬は肥え太り」と近隣の藩と比較しながら記述している。前述の如く、酒田は北前船の寄港地として栄え、実高は30万石以上ともいわれた程、豊かな土地であった3)。

庄内藩でも新田開発は行われ、1624（寛永元）年から1684（貞享元）年の60年で2万8000石余り増加している4)。新田開発の入植者は、農家の次男、3男や名子百姓及び水呑百姓が主で、他藩の欠落百姓もいたが、郷村に労働力不足を惹起して、賃金が高騰し、富農が現れ、年貢皆済後の余剰米が商品となった。藩は検見を厳しくし、収納を強化して抑制しようとしたが、潰れ百姓が増加しただけであった。その米を富農が買い上げ、貧農との差が拡大した。これは、当時、当然の流れであった。

徐々に、庄内藩の財政状況は悪化し始めた。1680（延宝8）年、厳有院（4代将軍徳川家綱）の御霊屋の普請を命ぜられ、扶持米として1036石を与えられたが、結局、2万8500両の出費となった。これは、江戸屋敷の1年分の経費と同額である。更に、1684（貞享元）年、江戸浅草蔵前の防火警備を命ぜられ、足軽100人を派遣した上に、新たに90人を雇い入れて、江戸詰め足軽として増派した。この費用を捻出するのに、1671（寛文11）年以来、禁止していた新田開発をする事にしたが、急場に間に合うはずもなかった。その結果、1690（元禄3）年、家中に対して100石につき20俵の上米（給与削減）を命じたのである5)。

1695（元禄8）年、冷害により大凶作になり、その後も不作が続いた。そのため、庄内藩は、年貢の枡目や俵装を厳格にしたので、以前にも増して潰れ百姓が続出した。そして、その田畑は富農や豪商に集積された。幕府の貨幣改鋳による物価高騰が進むと、脇米（余米）を商いの対象としていた彼らは、ますます豊かになっていった。一方、大坂や江戸の軽佻浮薄の風潮が庄内にも伝播し、武士は退廃し、役人の不正や商工業の衰退が現出した。更に、庄内藩の財政を圧迫したのが、1706（宝永3）年から2年続いた不作と1707（宝永4）年に生じた「富士山の大噴火」によって、破壊された東海道藤枝村付近の修復工事の手伝普請であった。それに輪を掛けて、4代藩主の酒井忠真

第8章　本間光丘の財政改革（庄内藩）　　　　　　　　　　　　　165

は遊び人であった。藩の財政状況が厳しいにも拘わらず、彼は奢侈を好み、遊蕩に耽った。これにかかった過去5年間の雑用金の合計は、江戸での1年平均3万2500両、庄内7180両で、計3万9680両であった。当然、家中を挙げての倹約が藩の方針であったり、又者（家来の家来）の減員も命じられ、解雇されて浪人になった者も多数存在した[6]。

　1708（宝永5）年に完成した東海道普請の工事費は、2万2000両で、その大部分は領内の豪商に負担させたが、前年には家中に上米が命じられており、出したくても出せない状態にあった。1710（宝永7）年には、藩主の雑用金にも困窮し、酒井忠真の家宝の額と茶碗を1000両で質入れする有り様であった[7]。

　元禄以来、農村への貸付米が累積して藩の財政を圧迫していたため、1720（享保5）年から10カ年賦の回収計画を立案したが、浮塵子（うんか）による大凶作となり、翌年の夏には、米の価格暴騰により飢渇者が激増した。秋には一転して豊作となったが、農民の疲弊を癒す程のものではなく、かえって米価が下落した。1716年から1735年の享保期は、米の価格は安く、諸物価は高騰し続けて、庄内藩の財政は悪化の一途を辿った。藩は打開策として、雑税の新設及び既設雑税の増徴を行ったが、焼け石に水でしかなかった。

　1731（享保16）年、酒井忠真が62歳で没して、5代藩主酒井忠寄[8]になって、厳しい「倹約令」が出された。加えて、1734（享保19）年には、藩によって御用金備100石につき13俵の割合で富農から徴収する事が命じられた。1737（元文2）年には御用金を、翌年には上知を命じて増収を図ると、米価の好転もあり、藩の財政は一転して黒字となった。ところが、その黒字も長くは続かなかった。1739（元文4）年、日光東照宮修理の課役に4万8470両を費やした。庄内藩に出費する余裕がないため、領内の豪商に資金調達を頼んだ他、藩士からは、1741（寛保元）年とその翌年の2年間に渡って、「賄」と称して俸禄と扶持米の全てを取り上げるという非常手段に出たのである。これは前代未聞の事だが、収入がなければ、藩士達の生活は成り立たない。そこで藩は、藩士一人につき1日米6合、俸禄100石につき750文の雑用金を支給する制度を新設した[9]。しかし、藩士達の窮乏の程度は、その

極みに達していたといってよいであろう。

　更に、1741（寛保元）年には、将軍世子の徳川家治(いえはる)の元服の使いとして、上洛に3万8000両を費やす等、出費が重なっていった。しかも、酒井忠寄の正室は前田家加賀百万石の養女蝶姫であった。当時の前田家の当主は、明君として名高い前田綱紀(つなのり)であった。前田家は「準御三家」として、幕府に扱われていた[10]。すなわち、将軍を継ぐ権利を有する尾張家、紀州家、水戸家の御三家に準ずる藩であった。外様大名がこのような扱いをされた例は、過去に存在しない。それ程、前田家は徳川家と縁を深めていたのである。その結果、酒井家で迎えた前田家の蝶姫に対して、疎略な扱いをする事はできなかった。そして、忠寄自身も、妻が前田家出身であったので、綱紀風の大名化をしていった。能楽堂を造っただけでなく、高い給金を支払って役者を呼び、江戸藩邸に務める藩士達にも見物させたという。藩主及び藩士の生活は、自然と華美となり、交際費も嵩んで藩の財政を一層悪化させたのであった[11]。だが、酒井忠真と同様、忠寄も遊び好きで、猿楽等に興じていたという[12]。

　1751（宝暦元）年3月、追い打ちを掛けるように、酒田で大火災が発生し、2540戸の家屋が焼け、10万俵を超す米穀が灰になった[13]。また、1754（宝暦4）年から翌年にかけては、冷夏のため大凶作となり、年貢の未納分は莫大な量に達した。ところが、藩はこれを拝借米（貸付米）とし、利米（利息として払う米）を課したのである。庄内藩の財政状況が逼迫しているという事情があったにせよ、農民の苦しみを考慮しない悪政といわざるを得ない。農民が疲弊するのも当然であった。以上のように、庄内藩の財政状況は、悪化の一途を辿っていたのである。

註

1) 鈴木旭、前掲書、47頁。
2) 山下昌也『大名の家計簿』角川書店、2012年、123〜124頁。
3) 同上、125頁参照。
4) 同上、124頁参照。
5) 同上、126頁参照。

6) 同上、127 頁参照。
7) 中江克己「江戸の構造改革・リーダーたちの知恵（9）『救荒の父』と謳われた本間光丘〈庄内藩〉」『公評』第 39 巻第 11 号、公評社、2002 年、112 頁参照。
8) 前藩主の酒井忠真に嗣子がいなかったので、酒井忠寄は支藩の松山藩から本家に迎えられ、家督を相続したのであった。
9) 中江克己、前掲書、204 頁参照。
10) 童門冬二「官吏意外史　本間光丘（その 12）庄内藩窮迫の原因」『地方自治職員研修』第 32 巻第 10 号、公職研、1999 年、83 頁参照。
11) 中江克己、前掲論文、112 頁参照。
12) 山下昌也、前掲書、128〜129 頁参照。
13) 中江克己、前掲書、204 頁参照。

第 4 節　本間光丘の財政改革

　7 代藩主の酒井忠徳は、何とかして庄内藩の財政を再建したいと考え、1766（明和 3）年、家老の水野重幸を江戸上屋敷に呼び寄せ、再建策を話し合った。しかし、これといった妙案は浮かばなかった。忠徳と家老水野の結論は、これまでも度々献金をし、庄内藩の窮状を救ってくれた酒田の豪商本間光丘を起用する事であった。その光丘を中心にして、抜本的な財政改革を目指すのが最善の策である、と考えたのである。しかしながら、即座に本格的な改革に着手する訳にはいかなかった。そこで、藩主忠徳は、前述の如く、1767（明和 4）年、光丘を御小姓格に取り立て、御家中勝手向取計という職に任じた。忠徳は財政改革の第一歩として、まず家中の問題を解決しようとしたのである。光丘は、この時 36 歳であった。藩主から財政改革の要請を受けた光丘は、早速、小姓町に貸金役所を設置し、4000 両の資金を投じて、融資を始めた[1]。光丘は、本格的な庄内藩の財政改革以前に、困窮藩士を経済的に立ち直らせようとしたのである。
　庄内藩にも「大津借」という、大津商人から翌年の年貢米を担保に借りた金があった。長年、その処理に困っていたが、1768（明和 5）年、本間光丘はこれを絶倫なる才をもって整理する事に成功した。加えて、農民の凶作対策

として、8年計画で2万4000俵もの備荒籾(びこうもみ)を献上した。これを庄内藩の八組郷中[2]に備蓄する事にした。光丘は、備蓄用の米倉庫も自ら建てている。藩主酒井忠徳は、この備荒籾を決して勝手向等に使用しないように、わざわざ以下のように家老や郡代達に書状を送って訓戒した。すなわち、「(備荒籾は)八組郷中に蓄え置き候て御勝手向き御用等へ一切借用候う儀、致すまじく候。さ候ては凶作の御救いの一途に、久四郎(光丘)の目的、深誠も消え、御政令の失敗に候条、御家老共、御郡代の者堅く相心得、御家長久、郷方のみに致すべく候」[3]と。

この事が、「天明の大飢饉」において、非常に大きな救いとなった事は有名である。全国的な大飢饉となり、奥羽地方だけでも「餓死者は数知れず」といわれていた時、庄内藩だけは1人の餓死者も出す事はなかった。もし、この時、本間光丘の発案による備荒籾が採用されていなければ、農民、町民はおろか、庄内藩そのものが度重なる飢饉と災害の中で、破産状態に陥っていたかも知れない。しかし、様々な対策を講じたにも拘わらず、庄内藩の財政状況は、好転せず悪化の一途を辿った。1772年から1780年の安永期には、借財は約9万両に及んだ。利息だけでも年間1万5000両に達したのである[4]。

1772(安永元)年、藩主酒井忠徳は、初めてお国入りをしたが、その途中、あと30里程で鶴岡に到着するという時、参勤交代の行列[5]は、福島で立ち往生した。情けない事に旅費が底を尽き、それ以上、進む事が困難となったのである。参勤交代の経費は多額であり、どの藩においても、その捻出に頭を悩ませていた。庄内藩も同様で、福島までの旅費を準備するのが限界であった。そこで、江戸を出発する時、国元へ早馬を出し、旅費を福島の本陣へ届けるように命じておいた。しかしながら、藩主忠徳が福島に着いたにも拘わらず、国元では、旅費の調達ができていなかったのである。忠徳はこの事によって、庄内藩の財政状況の困窮を深く実感し、財政改革を固く誓ったという。この話は、庄内藩の財政の困窮ぶりを示す好例として、今に語り継がれている。その結果、忠徳は「14万石の分限でも百里の道をゆく旅費すらままならない。なにをもって藩主の役割を果たす事ができるのか」[6]と慨

嘆した。そして、1775（安永4）年、忠徳自ら次のような書状を、本間光丘に送った。すなわち、

　前々から不勝手のところ、打続く物入り多く、当時ひしと差支え当暮の取仕回は勿論、明年からの仕向け一向に手段これなき旨、追々家老共も申し聞き、何とも我ら存じ付きもこれなく、昼夜心労、察しべく候。これによってその方大儀には候へども、この末、江戸荘内暮らし方、いかようにも相つづくよう田中七郎兵衛へ申し談じ厚く取り計りくれるよう、ひとえに頼み候相続には替え難きことゆえ日用のことこの上不自由候とも苦しからず候間、厚志の見え候よう倹約の筋、取計るべく、もっとも存じ寄り候はば、申し出すべく候、なお追々申し含み申しべく候ものなり。

閏12月26日（安永4年）
本間四郎三郎え [7]

　酒井忠徳は、本格的な庄内藩の財政改革を推進するには、本間光丘の卓越した経営手腕と財力に頼らざるを得ないと判断した。光丘が登用されて、庄内藩の財政改革に乗り出すようになった経緯について、通説では、足軽の阿部保七が、庄内藩中老の竹内八郎右衛門の月代を剃っている時の嘆きに対して、以下のように答えた事によるとしている。すなわち、「金銀米銭のことは学問ではどうにもなりませぬ。農は民に、財貨は商に相談することです。私は上ノ山覚寿院という僧に手習いに通っていましたが、ここで本間久四郎（光丘——筆者）と心易くしていました。この者は貨殖の道に奇妙神通を得た男でした。かれをお呼びになって全てご相談されたなら案外奇策があると存じます」[8] と。

　元来、庄内藩には人材登用の藩風があったが、それは藩学の中心となった徂徠学に起因するものであった。荻生徂徠は、独特の学説で儒学に新風を吹き込んだが、とりわけ、実践的なその政治論は、大きな影響力を与える事となった。本間光丘は、藩主酒井忠徳からの強い要請を受諾し、早速対策を検

討し、翌年、借財解消のための3年計画を立案し、忠徳に提出した。その計画案は、「安永御地盤組立」と呼ばれている。御地盤組立とは、予算案ともいうべきもので、光丘の財政改革に対する満々たる自信の程を知る事ができる。その骨子は、次のようなものである。すなわち、

一、庄内の生産高を詳しく調べ、それを最近数年間の米価で割り、年収を確定する。
　この収入を元に支出を考える。いわゆる超緊縮均衡予算を3年間励行する。
二、江戸藩邸における年間支出を2万5000両、用度（必要物資）費を1800両に抑える。
三、借金に対しては、年賦償還の計画を立てて返済する。
四、予備費を置いて万一に備える[9]。

本間光丘は、この御地盤組立に沿って、負債の整理に全力を傾注し、同時に増上米と称する藩士の減給を廃止して、生活の安定を図った。そうした努力を1779（安永8）年まで続けた結果、ひとまず庄内藩は藩の財政危機を乗り越え、漸く財政状況も緩和されたのである。ところが、庄内藩の財政基盤は、未だ脆弱であり、翌年に大凶作に襲われると、再び窮迫してしまった。光丘は、その年の10月、責任を取って御勝手御用掛を辞任する。しかし、残念ながら、庄内藩内には、光丘に代わる人物は存在しなかった。更に、追い打ちを掛けるように、1780（安永9）年には庄内大地震が、1783（天明3）年から1788（天明8）にかけては冷害により、またしても、東北地方で凶作が発生した。庄内藩における被害は比較的小さかったが、この飢饉の影響を強く受けた他の東北地方の難民や乞食が、大量に庄内藩へと押し寄せたのである。当時、庄内藩では、領内の農民に対して、備蓄米や粥を施したが、他藩からの難民や乞食は食にありつけず、路上で息絶える者も多かった。その一方で、領内の農民の中には、食を求めて出家する者が続出した。1789（寛政元）年には、「出家禁止令」が出された程であったという。このように、農

第8章　本間光丘の財政改革（庄内藩）

民の中には、農業をやめる者が多く、耕作放棄地が増加した。その結果、年貢収入は減少し、庄内藩の財政状況はますます厳しいものとなっていった。

　1781（天明元）年、3月、再び本間光丘は請われて、御家中勝手向取計に復帰する事になった。以前とは異なり、特に郡代と同じ権限を与えられ、藩主といつでも自由に謁見する事ができる特権も許された。すなわち、光丘がいくら優れた能力を保有していても、権限が不充分であっては、それを発揮する事ができない。藩主酒井忠徳もその事に気づいたのである。光丘は、直ちに財政改革策を作成し、忠徳に提出した。これは「天明御地盤組立」と呼ばれる。前述した「安永御地盤組立」を更に強化したものである。江戸における藩の支出を年2万5000両に抑制し[10]、藩が領民に対して低利の貸しつけを行う。領民は高利で借金しているので、これには領民も喜び、藩も儲かる事となった。更に、その元金は低利で本間家が貸すので、本間家にとっても利益となったのである。

　また、本間光丘は、藩士だけではなく、農民の救済にも尽力した。諸役人が村々を廻る際の諸費用は「懸り物」と称し、従来は農民が負担していたが、これを藩の負担とし、光丘がその基金として、年100両ずつ献金したのである。また、従来は代官所から資金を貸しつけてもらう場合、2割から5割もの高い利息を取られていたが、光丘は僅か5分という低利の融資を実施した。それは「村遣い」や「組遣い」と呼ばれ、代官所を通じて行われた。こうした諸政策の結果、次第に庄内藩の財政状況は回復していった。1781（天明元）年暮れには、1480両の余剰金が出るまでに至ったのである[11]。

　ところが、1788（天明8）年には、幕府から東海道筋の川普請を命じられる。これによる庄内藩の負担は加重となり、その資金調達に苦労を強いられる事となった。藩士に借上金を課し、城下の商人等から5000両の献金を集めたものの、それだけでは到底賄う事ができなかった。やむなく、大坂の大和屋と神戸の俵屋から、それぞれ7500両を借り入れ、漸く川普請を終える事ができたのである[12]。本間光丘は、一所懸命に財政改革を推進したが、凶作や幕府の命による手伝普請等が続いて出費が嵩んでいった。いくら光丘が献身努力しても、農村の荒廃を救うまでには至らなかった。例えば、農民の年

貢負担が1716年から1735年の享保期の2倍になった農村もあった。やがて、以下のような光丘を批判する声が上がった。すなわち、「宿老、御郡代又酒田の本間等といふものと打より衆議して、仕法を立てるといへども、只目の前の事のみにて、諺にいふ飯の上の蠅を追ふとやらんにて、年を経ずして又崩るる……四郎三郎（光丘）輩、財利かしこき者なれば油断ならぬ也」[13]と。また、「士農専要に取り扱い、町家の立潰（破産）に構うべからず、古人申候義、民は国の本計にもこれなく、町家は財利に賢き者故いかようにも渡世（世渡り）致す者なりと相見申し候、殊に御田地所持の者は有福ゆえに小々迷惑するばかりのことに候」[14]と。

上述の2つの批判は、必ずしも否定できない部分があった。なぜならば、抜本的な財政改革を実現するためには、農村の復興策が不可欠であるにも拘わらず、本間光丘を中心とする藩の首脳は、目先の農民窮乏を解決する事ばかりに追われていたからである。

藩主酒井忠徳は、農村問題を打開すべく、1792（寛政4）年、藩士達に農村救済の意見を求めた。それに応じて、即座に上申書を提出したのは、郡代の白井矢太夫であった。彼は、本間光丘の農政を批判した上で、農民の負担が加重になり、それが困窮の原因になっていると酷評したのである。そして、農民の加重負担の原因は、代官及び郷村役人の公米金の貸付や二重徴収等の不正のためであるとして、矢太夫は、利米の貸付を改め、年貢徴収の方法や機構の合理化を図る事を提唱した。加えて、彼は、農民の離農や商人化及び田畑の売買を禁じる他、博打等に現（うつつ）を抜かす農民を取り締まるように進言したのである。

一方、本間光丘も白井矢太夫に対抗すべく、上申書を提出したが、彼の改革案は、勤労意欲の旺盛な農民を励まし、褒賞する事を基本としていた。そして、光丘が年利5分で2万両を貸しつけ、困窮農民の高利の借金を肩代わりする。5分の利息分は、農具、農馬及び肥料の資金として融通する等、農民の負担を軽減する事を主眼とするものであった。農村の復興は、庄内藩の財政改革にとって重要課題であった。藩の重役達は、両者の改革案に関して密かに策動した。換言するならば、重臣達の間に主導権争いが生じたのであ

第8章　本間光丘の財政改革（庄内藩）

る。1795（寛政7）年4月、藩主酒井忠徳は、矢太夫の改革案を採用する事を決定した。その結果、藩政の中枢から外されていた、亀ヶ崎城代の竹内八郎右衛門が中老に返り咲き、矢太夫は改革御用掛に任命された。このようにして、反光丘派ともいうべき人々によって、庄内藩の財政改革が行われる事になったのである。翌年、財政改革の大綱が示されたが、それは困窮農民の救済、農業の振興、郷村支配機構の整備及び備荒貯蓄制度の充実という4本柱から構成されたものであった。その中でも、最も効果が大きかったのは、困窮農民の救済政策である「徳政」[15]であった。農民達は、大きな恩恵を享受したが、豪商の損害は甚大であった。特に、本間家の被害が群を抜いていた。

しかし、庄内藩の財政改革は、天災による凶作等で大きく左右されたが、何とか最悪の事態を回避する事ができた。その最大の功績者は、本間光丘以外にはいなかった。

註

1) 中江克己、前掲論文、114頁参照。
2) 八組郷中とは、櫛引、山浜、原田、中川、狩川、平田、荒瀬及び遊座の8カ村を意味する。
3) 鈴木旭、前掲書、93頁。
4) 中江克己、前掲論文、114頁参照。
5) 当時の状況は、明確ではないが、1666（寛文6）年の資料によると、参勤交代にかかる日数は約14日、江戸までの距離は130町24丁、町方、郷中から提供された人馬の数は566人、272頭である（山本敦司、前掲書、57頁参照）。
6) 田村寛三「財界からの抜擢人事」『歴史と旅』第24巻第8号、秋田書店、1996年、90頁。
7) 佐藤三郎『酒田の本間家』中央書院、1991年、73頁。
8) 同上、58頁。この通説以外にも、本間光丘の登用に関しては諸説が存在する。詳細は、田村寛三、前掲論文、88～89頁を参照されたい。
9) 井門寛『江戸の財政再建——恩田木工・上杉鷹山ほか20人の改革者たち——』中央公論新社、2000年、101頁及び田村寛三、前掲論文、92頁。
10) 河合敦、前掲書、144頁参照。
11) 中江克己、前掲論文、116頁参照。
12) 中江克己、前掲書、211頁参照。

13) 井門寛、前掲書、103頁。
14) 佐藤三郎、前掲書、98頁。
15) 徳政とは、それまでの借米や借金を帳消しにするものである。それは、米8万3000俵、金1万3000両に及んだ。

第5節　むすびにかえて

　約30年間、本間光丘は庄内藩の財政改革に参画したが、その間、藩に用立てた金額は20万両を超えている[1]。それでも、本間家の財政基盤は堅固であった。庄内藩の財政改革は、天災による凶作等で一進一退を重ねたが、諸藩と異なり、何とか危機を脱する事ができたのである。これは、本間家の手腕及び光丘の財力によるものであった。

　本間光丘は、豪商の身でありながら、自身の生活は質素そのものであった。自分が綿入りの袷を着ていながら、家中の武士に質素倹約を強要する事はできない。光丘は間違っても、奢侈品を改まった席において、決して身につけなかった。藩主から小者にまで堂々と倹約を勧め、借財の返済を求める事ができたのは、物心とも質素な生活に甘んじている、という光丘の自負心があったからであろう。

　商人としても成功し、庄内藩の財政の立て直しにも大きく貢献した本間光丘であるが、彼の功績はそれだけではなかった。西浜の砂防植林事業から、当時は大事業であった火事のための防火基金（酒田火防用金）を作り、被災者への救済事業及び神社仏閣に対する寄進等の儲けを度外視した事蹟を残している。

　本間光丘、自分が望むと望まぬとに拘わらず、商人と武士を兼ねる奇妙な立場になった。当時、武士は利殖を禁じられていた。一方、「武士は君（主君）の馬前に死す」という考えが基盤となっていた。商人の道は、忠実な服従だけで徒食する、という武士の身の上と全く異なるものであったが、光丘は相反する2つの人格を持って、人生の後半生を生きたのである。その胸中を現在では、窺い知る術もない。しかし、商人の合理と志操、それに武士の

志操を矜持として、生涯の残る30数年を起伏した、と思惟する。

註
1) 中江克己、前掲論文、117頁参照。

本間光丘関係略年表

1674（延宝2）年　本間家、初代本間原光（本間久四郎）生まれる。
1682（天和2）年　庄内藩、空前の大洪水で新井田蔵が浸水する。
1685（貞享2）年　庄内藩、再び大洪水となる。
1692（元禄5）年　本間家、2代本間光寿（本間庄五郎）生まれる。
1707（宝永4）年　本間家が山王神宿勤仕、酒田町長人（町の世話役）となる。夏、大洪水、城浸水する。
1731（享保16）年　本間原光が隠居する。本間光寿家督を継ぐ。
1732（享保17）年　本間家、3代本間光丘生まれる（2代本間光寿の嫡子）。母は於米である。諱は光丘、幼名は友治郎または久治と称す。庄内藩は、極度の不作となる。
1736（元文元）年　本間家が、初めて国松吉右衛門から田地を買い取る。
1740（元文5）年　本間家、初代本間原光が死去する。鳥海山が噴火する。
1750（寛延3）年　本間光丘、播州姫路の奈良屋権兵衛（馬場権衛了可）のもとに見習奉公に行く。
1751（宝暦元）年　2代目本間光寿、弟本間熊次郎に資産を委託し、家事を代行させる。荒瀬町で出火する（宝暦の火事）。
1753（宝暦3）年　本間光丘、姫路の見習奉公から帰る。
1754（宝暦4）年　2代目本間光寿、死去する。本間光丘、家督を継ぐ。酒田町長人を命じられる。
1755（宝暦5）年　本間熊次郎、委託財産を本間光丘に引き継ぎ、下蔵に移住する。本間光丘、田中吉右衛門の3女於連と結婚する。最上川が大洪水となる。奥羽飢饉が生じる。私財で大坂から米を買い入れ、町民の救済に充てる。
1756（宝暦6）年　本間光丘、弟の本間友十郎を姫路の奈良屋権兵衛に見習奉公に出す。宝暦の飢饉で餓死者が多数出る。町民救済の功により、酒井侯より、金1000両を賜る。
1758（宝暦8）年　本間光丘、西浜で砂防植林を開始する。接待寺の建立を請願する。

1762（宝暦12）年	本間光丘、砂防林経営の功により、酒田町の年寄格となる。
1764（明和元）年	本間光丘、庄内藩に金1000両を献じ、その恩賞として、30人扶持御手廻格御小姓支配に任じられる。この頃より、庄内藩の財政改革を担当する。
1766（明和3）年	本間光丘、幕府巡見使御宿、2000石旗本屋敷を建築する。御米置場修築を命じられる。庄内藩に2万4000俵を献納し、飢饉に備え、庄内八組郷中に分置する（庄内地方における備荒籾の創始）。
1767（明和4）年	御小姓格に昇進し、御家中勝手向取計に任命される。
1769（明和6）年	御米置場修築の功により、俸禄300石となる。
1770（明和7）年	本間光丘、家道訓7カ条を制定する。幕府巡見使御用の功績により、添地200石を賜り、俸禄500石となる。
1771（明和8）年	本間光丘、本間四郎三郎を名乗る。
1775（安永4）年	本間光丘、庄内藩の財政再建の全権を委任される。
1781（天明元）年	「天明御地盤組立」により、庄内藩の財政状況、漸く回復する。
1783（天明3）年	1768年に始めた本間光丘の備荒籾2万4000俵が大いに役立つ。奥羽大飢饉が生じる。
1788（天明8）年	庄内藩は大凶作となり、農民の困窮はその極みに達する。
1789（寛政元）年	本間光丘、松山藩の財政整理に当たる。「冬貸助力銭」を創設する。
1791（寛政3）年	鵜渡川原堤防と御米置場が完成する。
1793（寛政5）年	本間光丘、富国安民策を上申する。伝馬町、染屋小路より出火する。寺社領の転売を禁じる。
1795（寛政7）年	旅商人から竜吐水2台を買い入れ、防火に備える。
1796（寛政8）年	本間光丘、庄内藩の農政改革に関して上申する。羽黒山大堂が炎上する。禄高を1700石から300石に減らされた上、失脚する。
1797（寛政9）年	米沢藩の海岸警備出兵の費用3000両を貸与する。
1798（寛政10）年	新米屋町より出火、罹災者に家作料助力銭を貸与する。
1801（享和元）年	本間光丘、鬼籍の人となる（享年70歳）。
1918（大正7）年	長年の功績により、正五位を追贈される。

（出所：堀川豊永『救荒の父　本間光丘翁』人文閣、1949年、115～126頁及び酒田青年会議所編「本間光丘・酒田町史略年表」『酒田に本間光丘あり』酒田まちづくり開発、2010年より作成）

第9章
河合寸翁の財政改革（姫路藩）
――産業復興により姫路藩を救った家老――

第1節　はじめに

　全国的に著名な「白鷺城」を中心とした播磨国の姫路地方は、温暖な地で、古来から天変地異の稀な所であり、したがって天然の資源にも恵まれていた。そのため、天下を指揮する武将や大政治家等を輩出していない。しかし、突出した人物とはいい難いかも知れないが、江戸後期に、大経世家の一人に挙げられる姫路藩の藩老、河合寸翁(かわいすんのう)が存在していた。寸翁は、当時、財政的に困窮していた姫路藩を財政改革によって再建した。寸翁こそは、姫路藩の財政改革を指導した大先覚者という事ができるであろう。財政改革の中で特に力を注入したのは、産業振興であった。江戸時代の財政改革は、倹約と新田開発が常道の政策であったが、寸翁はそうした政策もさる事ながら、財政改革には領民が安心して生活し、勤労意欲を奮い立たせる事がいかに肝要かを考えた人物である。

　姫路藩家老の河合寸翁は、元来、書物好きの文人派だったが、藩主より財政改革を命じられると、財政赤字の原因を詳細に分析し、領民達の能力を活用し、藩の財政再建に取り組んだ。姫路藩の石高は15万石だが、1804（文化元）年頃には73万両という膨大な赤字を抱えていた。これは、年貢収入の約7倍という途方もない額である。当時の藩主は、酒井忠道(ただひろ)であったが、自分自身の日常生活費にも事欠く有り様であった。その財政赤字は、元禄期に生じた借財の累積に起因する。増加する利息の返済に苦慮し、財政破綻の危機に陥ったといってよいであろう。

　姫路藩主の酒井忠道は、体が丈夫ではなかった。莫大な借財に苦しみ、

1808（文化5）年、ついに病に倒れる。その結果、弟の酒井忠実が藩政を任されたが、彼は当時19歳でしかなかった。財政改革を推進し、膨大な借財を返済する事は期待できなかったのである。そこで、忠道は、国元にいた河合寸翁を江戸藩邸に呼び寄せ、姫路藩の財政改革を命じた。河合家は代々、姫路藩酒井家の家老職を継承する名門で、寸翁は11代目の当主である。彼が、姫路藩の財政改革を担当する諸方勝手掛に起用されたのは、42歳の時であった。

「民は惟れ邦の本、本固ければ、邦寧し」が河合寸翁の信条であった。すなわち、寸翁の施策は、領民を収奪する苛政を避けて、姫路藩と領民が共存する事を第一義とするものであったといえる。この政治信条に従い、彼は「固寧倉」1)という備蓄用倉庫を設立する。

本章は、河合寸翁の姫路藩における財政改革と財政再建を分析研究し、後世への貢献を考察する事を目的としている。

註
1) 固寧とは、儒学でいう五経の一つ『書経』にある言葉であり、領民は藩のもとで、領民が安寧であれば藩は安泰であると解釈される。

第2節　河合寸翁の生涯

　河合家は、藤原秀郷の後裔であると伝えられ、また河合寸翁の祖先は遠州松葉城主の河合但馬守宗忠である。宗忠の嗣子を勘解由左衛門宗在といい、徳川家康の命により酒井正親を助け、正親が西尾城主となった時、その家老を勤めた。この宗在には他に2人の男子があり、長男を河合甚四郎といい、次男を河合宗兵衛宗晴といった。しかし、甚四郎は、徳川秀忠に与して小牧山において戦死した。また、寸翁の祖父の川合定恒は、剛毅果断であると同時に、仁慈に富んだ人物であり、1749（寛延2）年と1750（寛延3）年の姫路領内における大洪水に際して、藩主に願い出て施米を行い窮民を救い、その

第9章　河合寸翁の財政改革（姫路藩）

後も公金を貸しつけ、年貢を免じる等の仁政を行ったとされている[1]。

このような人物を祖先として、江戸後期の1767（明和4）年5月24日、河合寸翁は姫路城下中御門内の川合邸で生を得た。幼名は猪之吉である。しかし、16歳で隼之助と改名している。諱は定一、また鼎とも元鼎とも称し、後に藩主酒井忠道の偏諱を賜って道臣に改めている。字は漢年、号は白水、隠居後は寸翁と号した。父は川合甚四郎宗見、母は林田藩の家老長野九之丞直通の娘であった。寸翁は宗見の次男である。長男の川合八百五郎は1歳で夭折しており、一人の姉は後に松平佐十郎の妻となり、一人の妹は早世している。尚、苗字の川合は、寸翁在世中に旧に復して河合に改めた。前述の如く、名、諱及び号がしばしば改められているので、本章では最も著名な隠居後の号である河合寸翁で統一表記する。

さて、河合寸翁が誕生したのは、家老屋敷ではなかった。なぜならば、当時、父の川合宗見が、まだ藩内では番頭という中堅の役職であったためである。宗見が家老に選ばれたのは、寸翁が12歳の時である。当時、河合家は、寸翁の祖父川合定恒が事件を起こし、逼塞を命じられていた。定恒が起こした事件とは、以下のようなものであった。すなわち、酒井家がまだ前橋藩の藩主であった頃、当時の藩主酒井忠恭は、幕府老中であった。老中は江戸詰めであり、国元の藩政は主に定恒が国家老として差配していたが、藩内の対立抗争が生じ、重臣2人を斬り殺したため、切腹している[2]。

この河合家を再興し、祖父の果断と仁愛の血を受け継いだのが、河合寸翁である。祖父が大事件を起こして藩主に迷惑を掛けた事から、寸翁は幼年期より常に自戒の心を銘じて育った。彼は、少年時代から藩主の酒井忠以に可愛がられ、1777（安永6）年、11歳の時から城に登って忠以の側に仕えた。生来、寸翁は利発な少年であり、後に家老として政治を担う上での様々な知識や心得を、藩主の側にいて修得したのである。当時、忠以は一流の文化人で、茶の湯等の諸芸に優れ、宗雅と号していた。弟の酒井抱一は、画家としても知られている。茶大名として著名な松江藩主の松平治郷とも親交があり、江戸ではともに茶会を催したり美術品を鑑賞する付き合いであった[3]。寸翁は、その後、1787（天明7）年、21歳にして父を鬼籍の人とし、同年9月16

日に家督1000石を相続して家老に列席を許された[4]。以来、忠以、酒井忠道、酒井忠実及び酒井忠学(ただのり)の4代の賢明な藩主に仕え、執政として30年間、姫路藩の財政改革に大きな貢献をした。また、経国救民に努め、後年には、藩子弟の教育にも功績を残したのである。

　河合寸翁が24歳の時に、酒井忠以が逝去すると、嗣子の酒井忠道が姫路藩主となった。しかし、寸翁が、忠道から財政改革の中心となる諸方勝手掛を拝命する事になるのは、それからまだ10数年先の事である。確かに家老職には就いていたが、寸翁の20代、30代は鬱屈とした日々が続いた。その理由は、同僚との人間関係に悩んでいたからであった。この時の家老は、高須隼人、大河内帯刀、松平左仲、内藤半左衛門、本多意気揚、寸翁の6人であった。筆頭家老の隼人は50代後半である。帯刀は大野勘兵衛の息子で、川合定恒の娘が勘兵衛に嫁いでおり、寸翁の従弟になる。左仲は忠道が藩主になった2年前に、要人から左仲と名を改めている事からも若輩であろう。しかし、同名であった父の左仲は、前述の事件により定恒が切腹した時、後事を託された程の人物である。半左衛門は、定恒とともに姫路に所替の庶務を果たした同名の半左衛門の息子である。意気揚は、事件の際に定恒が殺した本多民部左衛門の子であるが、その時には、まだ若年で叔父の茂手木が藩政に関わっており、同じくこの頃働き盛りになっている。極めて複雑な人間関係の渦中に寸翁はあったといえよう。

　河合寸翁は、25歳から39歳までの間、妻を娶り祖父の法事をし養子を迎えている。また、寸翁は病気に罹り、家老職に専念できなかったようである。当時3歳の養子の河合良翰(よしとし)は祖父川合定恒の弟の曾孫で、寸翁には再従弟(またいとこ)に当たる。寸翁には3人の娘がいたが、いずれも早逝したため、早めに養子を取ったと考えられているが、この時、すでに隠居を覚悟していたとされる[5]。寸翁は、幼い時から病弱であった。その結果、20代と30代を家居していた。真に、人生の雌伏の時期であった。

　この頃、河合寸翁が心を開いたのが柴野栗山であった。栗山は讃岐の生まれで、湯島聖堂で学び徳島藩の儒者となり、藩主に侍講[6]を指導した人物である。53歳の時、幕府老中の松平定信に請われ、寛政の改革の一つであ

第 9 章　河合寸翁の財政改革（姫路藩）

る「寛政異学の禁」を指導した人でもある。これは田沼意次の政治によって、学者の間でも風紀が乱れていた事を質そうとするものであった。栗山は、古賀精里、尾藤二洲と並んで「寛政の三博士」と称された昌平坂学問所の教授であった。彼は若い頃、京都で教鞭を取っていた事もあり、寸翁に出会ったのは、1792（寛政4）年の事と考えられる。当時、寸翁は 26 歳、家督と家老職を継いでから 5 年目であり、この前年に結婚もしている。幕府の儒官栗山は 57 歳であった。そして、寸翁と栗山は数カ月間に渡って、京都を中心に縦遊したのである。

　1805（文化2）年 6 月、河合寸翁は江戸にいた藩主に呼ばれた。そして、京都の諸医師の診察を受け、同年 11 月、病気が回復したとして総詰[7]を許されたのである。すでに寸翁は、21 歳で家老席に列していたが、姫路藩政の中心となって本格的な活躍を始めた[8]。寸翁が姫路藩の財政再建を引き継ぐまで、藩の借財交渉を担当していたのは大河内帯刀であり、諸方勝手掛は松平左仲であった。両者とも寸翁の手腕を評価し、藩主酒井忠道に推挙したと思われる。隠居まで考慮していた寸翁を藩政に引き戻したのは、柴野栗山達であった。また、隠退を考えていた寸翁を姫路藩が必要としたのは、藩の借財が膨大なものとなっていたという理由も大きかったといえよう。

　1833（天保4）年 4 月、河合寸翁は 2 度目の隠居願を提出している。寸翁 67 歳の時である。その理由は、1831（天保2）年、姫路藩の木綿江戸積が巨利の独占である旨、他藩から抗議が出ていたためであった。寸翁は疲弊の極みに達していた。しかし、彼の隠居願は藩主によって慰留された。にも拘わらず、隠居願を申し出た後の 5 月、寸翁は 4 年ぶりに仁寿山の旧宅に戻った。寸翁は、続けて翌年の 1834（天保5）年にも、3 度目の隠居願を提出した。そして、藩主から漸く内諾を得たのである。

　1840（天保11）年、74 歳になった河合寸翁は、自身の死期を察したのか、坂田町善導寺にあった祖父川合定恒の遺骨を、仁寿山梅ヶ岡墓所に改葬した。そして、翌年 3 月、江戸駒込顕本寺にあった母の遺骨とともに江戸を発ち、4 月 7 日、仁寿山梅ヶ岡にこれも改葬して安堵したのか、6 月 24 日、点鬼簿の人となった。

註
1) 穂積勝次郎『姫路藩綿業経済史』穂積勝次郎、1962 年、3 頁参照。
2) 黒部亨「河合寸翁――名家老の藩政改革――」播磨学研究所編『姫路城を彩る人たち』神戸新聞総合出版センター、2000 年、201 頁参照。
3) 同上。
4) 穂積勝次郎、前掲書、4 頁参照。
5) 熊田かよこ『姫路藩の名家老　河合寸翁――藩政改革と人材育成にかけた生涯――』神戸新聞総合出版センター、2015 年、34 頁参照。
6) 侍講とは、藩主に請われ直接、学問を講義する事をいう。
7) 総詰とは、何らかの理由により職を辞した者がその職に復帰する事を意味する。
8) 柴野栗山は、1807（文化 4）年に亡くなり、残念ながら河合寸翁の業績を知り得なかった。

第 3 節　河合寸翁以前の姫路藩の財政状況

　幕藩体制という構造は、徳川家は幕府領からの年貢、各大名は統治する藩領からの年貢で政治を行う事が基本である[1]。そして、年貢も禄も米を基準に考えられていたのである。これを「石高制」という。家や人物の格も米の単位である石で示された[2]。酒井家は 15 万石の大名と呼ばれたが、それは実際の年貢高ではなく、それだけの格を有していたという意味である。
　酒井家は譜代大名の中でも重きをなす家柄であり、時々の老中の家と縁戚関係もあり、幕府と密接な関係があった。しかし、幕府の利益と藩の利益が相対立する事も多かった。河合寸翁が常に配慮していた事は、酒井家の格を上げる事であり、そのためにも、幕府の幕閣と接触を欠かす事はできなかったのである。
　前述の如く、姫路藩の石高は 15 万石であったが、実収は 20 万石以上と推考される。その中で年貢として徴収されるのは、五公五民として 10 万石であった。この収入に対して、73 万石余の借財の累積は、1 石を 1 両と換算すると年収の 7 倍以上に達していた[3]。これは、当時、財政改革に成功した米沢藩や肥後藩と比較しても、極めて大きな比率といわざるを得ない。こうした姫路藩の借財がなぜ、どのような経過によって生じたのかを詳細に分析す

第9章　河合寸翁の財政改革（姫路藩）

る事にしよう。

　借財は酒井家が姫路に移る以前の前橋時代に逆上る事ができる。主たる利根川氾濫による城欠け普請費用だけでも、2万1307両あった[4]。更に、1749（寛延2）年、姫路への所替に多額の費用が必要とされた。これは、被下金（くだされ）、御貸金及び駄賃旅飯代が金2万2399両と銭752〆（ママ）894文であったといわれる[5]。加えて、家臣達が姫路に落ち着くまでに、1024両3分を要した。そして、所替とほぼ同時期に、前述の利根川の前代未聞の大洪水が生じ、予想外の出費が重なる事となった。また、姫路では在来の下士を雇う必要があり、家臣の分限料が倍増している。その額は、高で2万4700俵、人数で137人である[6]。つまり、姫路は物成の豊かな土地であり、酒井家は所替を願い出たが、移動するのに多額の費用を必要とし、移ってからも組織維持に膨大な費用が要るという事である。更に、年間の財政赤字は、恒常的なものとなっていった。

　更に、初代酒井忠恭が前任地の上野国前橋（こうずけ）（まやばし）城から、姫路城に移動を命じられたのは、表高2割増しの実収が見込めるその地の肥沃さに、注目した家老の本多民部左衛門と年寄の犬塚又内（ゆうない）が、強引な移封工作をした事に起因している。それ程、姫路藩は豊かな土地であり、更に、酒井家は最古参の譜代大名であり、参勤交代や天下普請といった費用のかかる事業を免れる事もできなかったのである。

　酒井忠恭時代の1753（宝暦3）年9月から1754（宝暦4）年8月の1年間の収支報告が、『姫路市史　第4巻』に詳細に残されている。この年は若干の米が余り売却する事ができたので、藩はそれを金に替えた。それが191両2分になり、金収入4982両2分2朱と合わせ5174両4分2朱になった。支出の諸経費は、幕府に納める上納金1500両、京と大坂の諸経費2100両、参勤交代の経費4700両、定式（生活）経費5万2296両等の他に、借財元利2万9914両も含まれている。辛うじて借財は返済しているが、収入と支出を決算すると約5万7700両の不足となっている[7]。この不足分は、家臣からの上米と商人達からの上納金で補った。しかし、借財の大部分は、返済期限の延期、借財の借換によって対処せざるを得なかった。年々増加していく借財

は、この時点で江戸で2万954両、姫路で6万5105両に達していたのである。忠恭時代には、蠣殻町中屋敷の類焼、日光代参8)、後桜町天皇即位式代参9)、朝鮮通信使来聘に伴う室津での接待10)、江戸大火による上屋敷の類焼等の臨時費用が陸続した。

次の酒井忠以の時代には、日光諸堂修復、光格天皇即位式代参、江戸中屋敷の類焼、日光代参、禁裏炎上の献金、堀川屋敷の類焼等、立て続けに臨時費用が必要とされた。日光諸堂修復については、河合寸翁の伯父川合定連が11万両を寄進している。次の酒井忠道の時代には、東海道甲斐国の河川改修の助役と日光代参に臨時費用が嵩んだ。しかし、臨時費用は、全く返す事が困難であっても、一時的に借財に頼らざるを得なかった。

こうして、河合寸翁が諸方勝手掛に任じられた年には、藩主の酒井忠道は憂苦の余り病に罹り、藩政を担当する事が不可能となり、弟の酒井忠実を代理とするという状況にまで、藩の財政は悪化していたのである。臨時費用は、寸翁の時代にも嵩む一方であった。寸翁は、借財の他に臨時費用80万余両を工面したと後述している。その内訳は、藩主の昇進や子供達の婚礼、住居造営、親戚の借金の引受け等で76万余両、宝類の買い入れに4～5万両必要であったという11)。それには、贈答や諸藩との付き合いがかなりの比重を占めていたのである。

姫路藩は、石高の15万石を全て借財の返済に充当させても、返済し終わるのに4年を要するという財政困窮の状態にあった。1804年から1817年の文化期、藩は累積73万両、米に換算して62万石の借財を抱え、大名貸しを行う大坂の両替商から、もう1両も貸せぬと宣告されていた12)。当時の藩主は酒井忠道であった。江戸時代の姫路藩主は、西国宰相を兼ねており、徳川家譜代の有力な大名が、短期間に任期を入れ替わっていた。しかし、1749（寛延2）年から幕末までの約120年間は、酒井家が酒井忠恭から10代に渡り引き続いて、姫路藩主を務めている。財政危機に瀕した忠道は、その3代目であった。

河合寸翁が藩主酒井忠道の懇命により、姫路藩の財政改革に専念した1808（文化5）年当時には、過去に累積した藩債は73万余両となっていた。

第9章　河合寸翁の財政改革（姫路藩）

この苦境は「文化辰年改革私儀一手に仰付られ、已来既に以て二十七ケ年に罷成候、其節の御時勢之儀は暫く指置き、殊に御勝手向以ての外御窮厄、公私御借財七十三万余金に及び、日用の儀さへ必至と御指問の処、全格別の御確断よろず御改正、諸事御実意を以て仰出られ候に付、諸局をはじめ御領内は申に及ばず御館入の者に至るまで難有感謝奉候云々」13) と、1835（天保6）年の『寸翁退隠願之書』にも、非常な危機に遭遇していた事が記述されている。姫路藩の酒井家は、酒井同族中の宗家であり、屋敷が大手前にあったので、「大手前の酒井」と呼ばれ崇められていた。その大手前の酒井が、財政的に不信用であるという代名詞にさえ用いられたのも、この頃の事であった。姫路藩の財政困窮の参考として、当時の藩債額と米価の関係を追記しておく事にしよう。1808（文化5）年を例に取ると、5月が米1石が銀63匁ないし72匁、11月が銀80匁ないし83匁であった。この相場を基準として、米1石を銀70匁と仮定し、金1両を銀60匁と換算すれば、姫路藩の借財73万余両は、米にして62万余石となる14)。この米の石高を現在の米の価格と比較検討すれば、当時の姫路藩の累積赤字が、いかに膨大なものであったかは、想像に難くないであろう。

　このような状況において、姫路藩が、河合寸翁の蟄居勉学を許しておく訳がなかった。元来、寸翁は藩主の補佐と領民の生活安定を祈念してやまなかった人物である。彼は藩主酒井忠道達の熱望と、上下の人々の期待を担い、ついに姫路藩の財政改革に乗り出した。それは、1808（文化5）年、寸翁42歳という知徳見識の円熟期でもあった。河合家は姫路藩に古くから仕える家柄で、寸翁も父の没後、21歳から家老を務めていたが、その仕事の中心は、書院に籠もって古書の匂いに包まれるのを好む文人派であった。家中には、寸翁に勝手向の任が果たせるか否かを危ぶむ声も多かったという。しかし、藩主の忠道は寸翁の忠誠ぶりを信頼していたのである。

　姫路藩の財政破綻は、当時の財政難が、貨幣経済の世に移行していたにも拘わらず、頑（かたくな）に米本位の経済に固執していた幕府と藩との構造的な矛盾による事が、図らずも露呈したものであったといわざるを得ない。

註

1) 現在のように、全国民が所得税や固定資産税を国に納付し、それが地方公共団体に割り当てられるという形ではなかった。
2) 戦国時代には、兵1人が1年間に消費する量を1石として、軍事動員力を表した。しかし、江戸時代の一人扶持は1.8石として計算されるようになった（熊田かよこ、前掲書、42頁参照）。
3) 同上、53頁参照。
4) 同上。
5) 同上。
6) 同上、54頁参照。
7) 同上、54〜55頁参照。
8) 日光代参は、将軍家に代わり東照宮に参拝する事で、先頭が日光に到着しても、殿（しんがり）は江戸にいるという程の長い行列を組み、7泊8日を要した。
9) 天皇即位式代参は、京都に10日以上滞在し、格式をもって天皇周辺の公卿に贈り物をする行事である。
10) 朝鮮通信使来聘に伴う接待には、当時、400〜500人の宿泊と周辺警護の費用が必要とされた。
11) 熊田かよこ、前掲書、56頁参照。
12) 寺林峻「酒井家名家老・河合道臣（寸翁）ものがたり」『歴史と旅』第28巻第5号、秋田書店、2001年、70頁参照。
13) 矢内正夫編纂『河合寸翁大夫年譜』河合大夫顕彰会、1924年、57頁。
14) 穂積勝次郎、前掲書、7頁参照。

第4節　河合寸翁の財政改革

(1) 倹約令の施行

　河合寸翁が、まず最初に実施したのは、退廃した士風や領民の生活を引き締めるための質素倹約の励行であった。その結果、「倹約令」の発布が度々行われたのである。その倹約令の一部を、1809（文化6）年9月の印南郡西牧村の大庄屋内海継之（つぐゆき）の『公私日記』より抜粋する事にしよう。

　　　此度倹約被仰出候に付、村々より一通づつ請書差上申候文言写
一、此度三ケ年御倹約被仰出候に付、音信贈答之儀、村方一統堅無用に

可致事、附り、他所之好身たりとも同様音信断可申事
一、衣服之儀、是迄度々御触在之候得共、相寛み花美(かび)を好み候様に相成
　候に付、以来身元宣敷ものに而も綿服可着、妻子之儀は紬着用は格別、
　絹物堅無用に可致事
一、吉凶其外年忌法事等の節、一汁一菜にて好身分量(はかり)斗振舞可致事、
　但吉事之節、酒之儀者肴一品にて祝可申勿論酒宴遊興ケ間敷儀急度可
　候慎事
一、婚礼養子等致候節、若きもの共申合わ祝候杯と申進物いたし、其上
　振舞為致候儀有之、先達而右体之儀御法度之段御触も在之候処、心得
　違之者共有之、以来右体之義急度相慎事
　　附り、婚礼養子之儀者格別之事故、親類の義は至て軽く相祝可申事
　　右は此度三ケ年御倹約中、村々一統申合相守候様可致、元来御上様
　　より御倹約被仰出候義は、下御救之御思召に候得者、末々迄難有奉
　　存堅相守り、猶又村々に而茂、右之外申合諸事 費(ついえなる)成義は相省き倹
　　約可仕旨被仰聞奉承知候
　　為後日御請書奉差上候
　　年号月日

　　　　　　　　　　　　　　　　　何組何村惣百姓連印
　　　　　　　　　　　　　　　　　組　　　頭　氏名印
　　　　　　　　　　　　　　　　　庄　　　屋　氏名印[1]

　この倹約令は衣食までも規制するものであり、現代語に抄訳すると、「衣服がしだいに華美になっているので改めて綿服を用い、妻子も高価な紬を用いぬのはもちろん、絹ものは一切身につけるではない。盆暮れの贈答も藩内はもちろん、藩の外へも無用の事とすべし。吉凶の集まりにおいても一汁一菜にして、祝い酒を出す場合も肴は一品に限るべし。間違っても饗宴遊興はなすべきではない……」[2]という意味になる。
　1810（文化 7）年、更に河合寸翁は、自身の施政方針ともいうべき「在町被仰渡之覚」という布告文を姫路領内に示達した。この布告は、姫路藩の特質

と藩主酒井忠道の領民を思いやる心を説き、財政状況を改善させるため、領民の心得を示したものである。その後も1812（文化9）年、更に、1825（文政8）年、寸翁は倹約令を布達して、財政赤字の一因である冗費の節減を強く主張したのである。その結果、1825年9月28日の倹約令によると、「此分ニテ諸向益々出精、非常之義無之申得者、四五年ニテ一段ユトリモ出来可申、七八年ニモ及び候ヘバ、姫君様御祝用御賄等御当モ稍相立可申云々」3) と記されているように、姫路藩の財政再建が徐々に進捗していったのである。

(2) 御国用積銀制度

河合寸翁が姫路藩の財政改革に登用された直後の1810（文化7）年夏、「冥加銀講」という藩財政救済のための一種の貯金制度が試みられた。これまで、商人には課税しない代わりに、幕府が命じる河川工事等を行う時には、寄付として冥加銀を徴収するのが常であった。寸翁はそれを応用して、藩内で営業を許可された商工業者や漁師から、返礼の意味の冥加銀を姫路藩に献上させようとしたのであった。この冥加銀講の制度は、従来の「御国用積銀」とほとんど同類のものである。しかし、注目に値する点は、講加入の領民が自発的に差上切、すなわち、完全なる献金を申し出た事である。

1813（文化10）年、この冥加銀講の制度を基礎として頼母子講を採用した。これが、「御国用積銀制度」の設立である。河合寸翁が領民の支持を得ている事を根拠として試みられたもので、掛金を出した加入者も姫路藩も恩恵を享受するだけでなく、災害の場合には救援資金にもなる。この趣旨は姫路藩の財政の救済と領民の生活安定を図る事にあった。御国用積銀制度は、まず1人が1年100匁ずつ5年間積み立てる。この銀の積立てに加入できる財力のある者を領内21万人の10人に1人と考えて、姫路、飾磨津及び高砂の3カ町は大年寄、それ以外の地域は最寄りの大庄屋を会元として積立てと償還の庶務を行った。

こうして積み立てられた銀の3分の1は災害救援のために会元に保管し、3分の2は姫路藩において負債の返済等に充当させたのである4)。やがて、5年の積立期間が終了すると、6年目から10年かけて償還する事にし、毎年

第9章　河合寸翁の財政改革（姫路藩）　　　　　　　　　　　　　189

11月に籤(くじ)によって、利子に若干の金銭を加えて返還した。当たり籤は、最初の5年間は毎年40人ずつであった。後の5年間は毎年190人ずつに増加させた。しかも、籤に当たっても預けておくなら年利5朱で、いくらでも預け続けられた[5]。要するに、積み立てられた銀を藩で活用する仕組みになっていたのである。しかも、思わぬ災害に遭った場合には、抽選によらずに積み立てられた銀を返金する等、積立銀の魅力を充分に備えていたのであった。冥加銀講も御国用積銀制度も姫路藩だけのものであったのは、河合寸翁の知恵の結晶ともいえるであろう。

　姫路藩中で積銀に加入する人数を2万人と推定し、2000人を一組として10組の会元が形成され、一会元ごとに懸り役及び世話方を指定し、その成績向上に努力した。御国用積銀制度の特徴は、より多くの領民に姫路藩の財政の現状を把握させ、1人でも多く加入させようとした事、しかもそれを領民に自発的に実行させた事、3分の1の積銀は会元へ差し下して預からせ、非常の凶事や災害等の準備金に充当させた事等であった[6]。御国用積銀制度には、河合寸翁の倫理的な財政改革策の一端を見い出せるであろう。

（3）　室津銀元会所

　現在の室津港は寂れた漁港に過ぎないが、江戸後期には四国や九州の諸大名が参勤交代の時、必ず寄港していた著名な商港であった。更に、播磨揖保(いぼ)郡の大部分が、龍野藩、林田藩、丸亀藩飛領、三日月藩、幕府領及び旗本領に分属していたにも拘わらず、室津だけは姫路藩の所領であった。室津港は瀬戸内海における有数の商港であり、諸大名の船泊地として、極めて重要な所であった。河合寸翁は、ここに財政的見地から室津銀元会所（金融機関）の設置を認めたのである。室津港には、前述の参勤交代の他にも、特に、干鰯(ほしか)船の寄港が顕著であった。これらの干鰯は、姫路藩特産の木綿[7]の元草の栽培に必要不可欠な肥料で、北前船による入荷量も多大なものであった。室津銀元会所は、1818（文政元）年以来、多額の収益を上げる事となったのである。当然、姫路藩の財政再建にも、大きく貢献する事となったのは言を待たない[8]。

(4) 切手会所の創立と藩札の発行

　財政困窮している類似の諸藩と同様、姫路藩においても、近隣領地の札切手や私札、すなわち村札や商売間の預札等が乱用されたため、大きな混乱をもたらしていた。そこで、1820（文政3）年8月、河合寸翁の提案により、城下綿町に切手会所を設置し、同年10月、初めて藩札と銭札を発行した。更に、相前後して切手会所の懸り役を定め、その職責を明らかにしたのである。尚、1821（文政4）年3月、寸翁は綿密なる切手通用法と引換手続等を公布し、切手見本を頒布し、また、切手を高価に購入させる等、姫路藩の発行する切手に対する信用力を確保する努力を怠らなかった。1821年以降、切手会所は、産物切手の一種である木綿札または木綿切手を発行する機関となった。すなわち、姫路藩内では、木綿切手をもって特産物である木綿を買い取り、木綿の主要な送り先であった江戸表その他で、現金銀を受け取る方式が確立されたのである。この方法により、江戸等で受け取った現金銀が木綿切手の担保（正貨準備）となり、姫路藩札の信用力は高まり、また藩当局も現金銀を利用する事により、大きな恩恵を享受する事ができたのである。

(5) 冥加金制度

　本来、冥加金とは「冥加を祈るために神仏に奉納する金」、あるいは「恩に報いるため領主などに奉る金」の事を意味する[9]。しかし、実質は姫路藩の財政上の経費を支弁するため、領民の物品売買等に際して上納される一種の物品移転税、ないしは営業税と見なす場合が多かった。周知の如く、藩の財政とは、政務に必要な経費を支弁する事、及びその経費の調達を図る事等を、主たる目的とする行政事務を意味する。そして、経費に充当する財源は、主として領民の経済活動を基礎としている事は、明確なる事実であろう。こうした観点からすれば、木綿、篠巻綿及び実綿等の売買に関して、採用された冥加金上納の制度は、姫路藩の貴重な財源の一つであった。この制度を実施すれば、産業奨励策によって領民の所得が増加し、しかもその一部を冥加金として、形式の上では自発的に上納させる事になる。河合寸翁は、領民の担税能力を確立しつつ、これを姫路藩の財政収入の有力な財源のために活用

する事を考えたのである。また冥加金制度は、木綿等に限定されるものではなく、その他の産物の売買移転等にも適用された。その結果、姫路藩の財政面における冥加金名目の収入が、いかに有力な財源であったかを推考できるであろう。

　河合寸翁は、前述の諸策に加えて、播磨地方の特産物の生産を奨励し、同時に姫路藩領外への輸出を意図して多大な財政的貢献をなした。以下では、その主要な産業を取り上げる事にしよう。

(1)　絹及び絹織物
　1811（文化8）年、河合寸翁は神崎郡西光寺野(さいこうじ)の西約10町を検分し、この広大な原野の開墾と水利の土工を起こし、桑を栽培させた。また、1822（文政5）年には、同西光寺野に絹織物所を設置している。寸翁は殖産興業の精神を藩士及びその家人にも認識させようとして、家ごとに桑7株を植える事を奨励したのである[10]。その結果、養蚕業は姫路藩領内に発達し、隆盛を極めるに至った。

(2)　朝鮮人参
　本来、朝鮮人参は徳川幕府の専業であって、日光山で栽培されていたものである。1764年から1771年の明和期には、雲州松平侯の藩老朝日丹波が薬用人参を栽培し、これを長崎の支那商人に売却して、その利益により松江藩の財政を再建させたとされている。姫路藩においても、1819（文政2）年頃、西光寺野の一部で朝鮮人参の栽培を開始した。1830（天保元）年には、同所に人参製役所が設置され、岡庭小平が薬用人に任命されている[11]。

(3)　砂　　糖
　砂糖の製法は、慶長期に我が国へ伝来したものといわれているが、特に、その原料となる甘薯(かんしょ)の栽培が奨励されたのは、徳川吉宗時代の1727（享保12）年以後の事である。姫路藩においては、1820（文政3）年10月に、横須

加藤西尾家から師を招き、飾西郡(しきさい)の手野村に砂糖製造所を設けて、中村増蔵をその勘定役に定めたのである。

(4) 藍栽培と褐染

播磨における藍栽培の歴史は、極めて古いものといえる。四国における阿波の藍は、播磨から移植されたものと考えられる。その証左として、有名な飾磨(かちぞめ)の褐染等がある。褐染は、布を何回も藍瓶(あいがめ)に漬けて染めたもので、色は紫紺の濃厚な赤みを帯びたものであり、1456（康正2）年、京都東寺の舞衣(まいぎぬ)の一片を参考として、河合寸翁に袱紗(ふくさ)を試作させたものである。このように伝統を有する藍及び藍染物に着眼した寸翁は、1822（文政5）年に、藍栽培を藩業とした。城下の神屋に藍小屋を設置し、その精製を奨励する。また、藩業保護の観点から、津留(つどめ)政策を採用し、他領産の藍の移入を禁止した。

(5) 一 般 染 物

褐染以外の一般染物は、民間染物と藩業染物に区分されている。姫路木綿の特産地であり、しかも、播磨藍の産出地でもあった姫路藩において、民間染物は、その関連産業として注目に値する。姫路城下においても、相生屋(あいおいや)、寿美屋(すみや)、沢屋及び讃岐屋が有名であり、姫路手拭の業者には、住屋と茶又等があった。藩業染物に関しては、1832（天保3）年、製造加工場として、それまで藩校であった好古堂(こうこどう)内に御細工所を設置し、一般木綿の藍染と縮緬地や袴地までも染色させている。

(6) 陶 磁 器

姫路藩の陶磁器は余り世に知られていないが、御庭焼とも呼ばれる東山焼(とうざん)は、現在でも貴重なものとして識者の間で愛用されているといってよいであろう。1772年から1780年の安永期において、東山焼は兵庫港の木屋が番頭繁田幸助を播磨国飾東郡糸引村東山に遣わし、同地の興禅寺に窯を開かせ、明神山の陶土、山脇の石、上鈴村の山石を用いて陶磁器を始めた。しかし、糸引村の東山窯は城下からかなり遠かった。そこで、河合寸翁の指図により、

窯を姫路城西の山野井愛宕山の東山麓に移し、御用陶器所と定め、藩業として陶器を継続製造したのである。

(7) 蠟　　燭

1830（天保元）年秋、河合寸翁は藩業としての御手製蠟燭の製造を開始している。この蠟燭の原料確保のため、寸翁は市川沿岸等に櫨の栽培を奨励した。現在も、姫路城の東郊を流れる市川沿岸や、市中を流れる船場川筋に、櫨が紅葉するのが散見される。櫨番として岩品源五郎、勘定方として中島源次が任命された。また寸翁の信頼により、飾磨郡高浜村の浜田庄助が蠟燭の売買に従事する事となった。

(8) 牧　　馬

1819（文政2）年3月、河合寸翁は東北の南部から種馬6頭を購入し、城内勢隠に放飼してその繁殖を図り、駄馬は領内の家島の一つである松島で飼育している[12]。瀬戸内海の、しかも飾磨港から海上僅か1里余りの孤島を選び、乗馬用と農耕用の両目的から馬の飼育を奨励した。

以上の他に、河合寸翁は灯油や石灰等の増産を図り、1832（天保3）年11月には、鼈甲細工所を好古堂内に設置した。また、藩自体が直接的にその生産を奨励したものとして、姫路木綿、米、革、竜山石及び金物等、多数の産物が存在する。

註
1) 穂積勝次郎『姫路藩の藩老　河合寸翁伝』穂積勝次郎、1972年、15〜16頁及び穂積勝次郎『姫路藩綿業経済史』穂積勝次郎、1962年、9〜10頁。
2) 寺林峻『財政再建の名家老　河合道臣――姫路城凍って寒からず――』PHP研究所、2002年、117頁。
3) 穂積勝次郎『姫路藩の藩老　河合寸翁伝』穂積勝次郎、1972年、18頁。
4) 寺林峻、前掲書、158頁参照。
5) 同上。
6) 穂積勝次郎、前掲書、37頁参照。
7) 姫路藩の綿業に関しては、穂積勝次郎『姫路藩綿業経済史』穂積勝次郎、1962年が極めて詳細である。

8) 室津銀元会所は、藩の貸付銀の回収不能な額が増加し、1830（天保元）年3月に閉鎖される。しかし、その後、同年11月には、室津交易会所が室津御茶屋跡に設置されている。この室津交易会所設置の目的は、室津銀元会所とほぼ同じものであったが、姫路藩直営の会所である点で、銀元会所と性質を異にするものであった。
9) 穂積勝次郎『姫路藩の藩老　河合寸翁伝』穂積勝次郎、1972年、42頁参照。
10) 同上、52頁参照。
11) 河合寸翁が、特に人参栽培に着目したのは、朝日丹波の財政改革を模倣したものと推測される。
12) 穂積勝次郎、前掲書、61頁参照。

第5節　むすびにかえて

　財政改革の常道は、倹約と人員の削減という当時の常識であった。しかし、河合寸翁は、その常道を避けたという点で注目に値する人物であった。確かに、彼は倹約をも重視したが、祭りや料理や晴れ着の楽しみを、庶民から奪う事はなかった。働く意欲のある者からやむを得ず職を奪う時には、新産業を興し、仕事を割り当てる努力を惜しむ事がなかったのである。
　河合寸翁の財政改革の第一の目的は、姫路藩の膨大な負債を償還する事であった。しかし、寸翁は財政改革によって、累積した過去の借財を一掃すれば事足りるとは考えなかった。この機に姫路藩政それ自体を改革しようと試みたのである。そして、それによって藩政の歪みまでも質していく、という遠大な計画を保有していた。寸翁はそれが誤りだとは認識しておらず、事実、それまでの姫路藩政に不満を持っていた領民達からも、幅広い支持が得られた、といってよいであろう。
　しかしながら、姫路藩の借財は一向に減少せず、河合寸翁の財政改革は挫折したのである。それは、木綿の江戸積を嫌った大坂方が寸翁に反発して、借財の金利を一方的に引き上げたのが、主たる原因である。堂島へ廻した蔵米が先納切手の分であると主張され、容赦なく没収されたのであった。その結果、逓減していた借財が、再び増加し始めた。一時、新田開発が成功し、寸翁が勝手向に任命された頃と比較すると4500俵もの増収になっていた[1]。

ところが、藩主であった酒井忠実が藩士の困窮した生活を解消しようと試み、増収分を上米の割り戻しに充当させた。その結果、寸翁が姫路藩の増収に成功しても、それを換金して借財の返済に回す事ができなかった。御国用積銀制度が機能して、何とか姫路藩の借財を、それ以上に増加させずに済んだに過ぎなかったといえよう。

註
1) 寺林峻、前掲書、210頁参照。

河合寸翁関係略年表

1767（明和4）年　5月24日、姫路城下中御門内の川合邸で生まれる。幼名は猪之吉。父は川合宗見、母は林田藩の家老長野氏の娘。
1777（安永6）年　藩主酒井忠以に初めて謁見する。
1780（安永9）年　藩主上使となり上京する。見習のため扈従（こしょう）となる。
1782（天明2）年　猪之吉を隼之助と改名、諱を定一と称する。
1783（天明3）年　年寄見習を命じられる。
1787（天明7）年　父の川合宗見死去。家督1000石を相続し、家老となる。
1790（寛政2）年　藩主酒井忠以逝去。諱を元鼎と改名する。
1791（寛政3）年　林田藩家老長野九之丞親雄（ちかお）の3女泰子と結婚する。
1795（寛政7）年　母の長野氏逝去。
1805（文化2）年　松下源太左衛門高知（たかとも）の次男河合良翰を養子とする。
1808（文化5）年　江戸において懇命を受け、諸方勝手掛を拝命する。以後、藩の財政改革を行う。当時、藩の借財は73万余両であった。
1810（文化7）年　氏の「川合」を旧の「河合」に改める事を許される。「在町被仰渡之覚」の施政方針を発表。家業極難の者に、無利息貸金を開始。高砂港修築。
1811（文化8）年　西光寺野に養蚕所と絹織物所を計画する。また、開墾のため瀬加川より引水する事を図る。
1812（文化9）年　勲功により500石を加増されるが、藩の財政困窮を理由に辞退する。倹約令を発する。高砂北本町に郷学申義堂を創立する。
1813（文化10）年　御国用積銀御仕法を実施する。この年、頼山陽が姫路を訪れる。
1814（文化11）年　藩主の懇命により加禄500石を拝受し、禄高1500石となる。

1817（文化14）年	姫路藩に甲州各川の普請命令が下り、河合寸翁がその総奉行となる。
1819（文政2）年	飾磨郡木場村川口と新浜の普請に着手する。西光寺野で朝鮮人参の栽培を開始する。馬の繁殖を始める。諸般の功により、禄高は3000石となる。
1820（文政3）年	前藩主酒井忠道から、河合道臣の名を賜る。手野村に砂糖製造所、綿町に切手会所を設ける。藩札と銭札を発行する。
1821（文政4）年	切手の見本を発行する。切手会所に国産会所を併設する。竜山付近の水利開拓を始める。
1822（文政5）年	西光寺野に絹織物所を設置、本徳寺に出張所を設ける。藍栽培を藩業とする。
1823（文政6）年	村高に応じて、藍作のため1反に銭10貫文ずつ無利息で貸与する。年貢運上金等に木綿切手を代用する事を許可する。
1825（文政8）年	藩家中上米の2割を減免し、更に倹約令を公布する。
1827（文政10）年	初めて退職願を申し出る。木場村川口波止の普請が始まる。
1828（文政11）年	的形村で新浜開発が開始される。
1829（文政12）年	積金制度を協定する。藩費1カ年7万両に及び2カ年の倹約令を再び命じる。
1830（天保元）年	的形村新開塩田が完成する。西光寺野に人参製役所、室津に交易会所を設置する。蝋燭製造を開始する。
1831（天保2）年	老中上席となり、禄高5000石を賜る。
1832（天保3）年	御細工所を設置し、藍染絞り、高砂染、高級染及び鼈甲細工を奨励する。
1833（天保4）年	再び退職願を申し出る。
1834（天保5）年	隠居を許され家督を譲り、河合寸翁と改名する。
1837（天保8）年	姫路藩は新切手を発行する。
1841（天保12）年	江戸表を出発し、大坂に立ち寄り帰着する。6月24日、病により泉下の人となる。享年75歳。
1919（大正8）年	特旨により、従四位を追贈される。

（出所：穂積勝次郎『姫路藩の藩老　河合寸翁伝』穂積勝次郎、1972年、237〜248頁及び熊田かよこ『姫路藩の名家老　河合寸翁——藩政改革と人材育成にかけた生涯——』神戸新聞総合出版センター、2015年、227〜231頁より作成）

第 10 章

調所広郷の財政改革（薩摩藩）
―― 強引な借財踏み倒しによる財政改革者 ――

第 1 節　はじめに

　1600（慶長5）年、関ヶ原の戦いに敗れた島津家当主島津義弘（よしひろ）が引退し、兄島津義久のもとへ、養子に出た実子の島津家久（いえひさ）（忠恒（ただつね））が藩主に就いて、薩摩藩は成立した。1609（慶長14）年、家久は琉球を征服して、支配下に組み込んだ。島津家は都城（みやこのじょう）にあった荘園の島津荘を発祥としている。源頼朝の隠し子が島津荘に匿われ、やがて島津家を興した。島津家は守護大名となり、戦国時代の末期には、九州一円を制圧する程の大大名となっていった。薩摩藩は、加賀藩に次ぐ72万9576石だったが[1]、農業に適さない火山灰シラスに被われ、実石はその半分以下の36万石程である。また、戦国時代以来の大量の家臣達をそのまま武士階級として抱えていたため、常に財政困窮の状態にあった。江戸後期に至り、薩摩藩の財政悪化は極まったが、調所広郷（ずしょひろさと）[2]の財政改革により財政の困窮状態を脱し、雄藩として生まれ変わった。

　薩摩藩は、外見上、裕福な藩と映ったが、家臣達は領内人口の3分の1を占める程、多数であり[3]、内情は財政窮乏していた。より具体的に考察すると、知行地の大部分は家臣達のものであり、収穫される米穀とその他の産物を、金銭に換算すると、15万両程度だったという。藩の諸経費は年に約19万両であり、この分だけでも赤字である。借財の利息さえ支払えない状況であった[4]。

　幕末維新期の薩摩藩政は、島津斉彬を敬慕する誠忠組の人々によって牽引された、といっても過言ではないであろう。その結果、斉彬と対立する形となった調所広郷は、その事業とともに全く無視され、広郷の事業を基礎とす

る斉彬の事業として、継承された傾向がある。しかし、広郷の財政改革が存在しなかったならば、薩摩藩の膨大な財政赤字が、解消される事はなかったであろう。更に、薩摩藩産の商品による収益も、獲得する事は困難であった。以上のような広郷の貢献があった事で、斉彬は反射炉、鉄砲、ガラス、皮革等の製造所を作り、軍艦や砲台等の近代的な軍備を整える事ができた。そして、彼の弟である島津久光の活躍も、広郷の蓄財と財政安定化を成功させた財政改革に支えられた結果、といっても過言ではないであろう。換言するならば、広郷の財政改革による薩摩藩の財政安定があったればこそ、幕末における斉彬以後の薩摩藩の活躍が、近代日本の黎明を告げる事ができたのである。

しかし、調所広郷の業績は無視され続けた。広郷程、真実の姿を歪められ、誤解と怨嗟に包まれた人物は、極めて稀である。西郷隆盛や大久保利通等の勤皇の薩摩藩士の大部分は、広郷を悪人扱いした。だが、広郷が存在していなければ、薩摩藩は財政困窮状態から脱する事はできず、彼らが中央に出て活躍する資金すらなかったであろう。以上の観点から見ても、広郷は維新回天をなし遂げた薩摩藩にあって、紛れもなく最大の功労者であったと思惟される。

江戸末期には幕府体制も崩壊期となり、幕府は勿論の事、諸大名も財政的に困窮していた。その中でも、薩摩藩はその最たるものとされ、商人達からも見放されていた。その結果、大名行列はおろか、朝夕の駕籠賃(かご)、人足代(にんそく)及び買物代にも事欠く始末であった。ところが、薩摩藩だけは、不思議な事に日本一の富強国に生まれ変わる事ができたのである。この起死回生の財政改革を成功させたのが、本章の主人公の調所広郷その人である。一変した薩摩藩は島津斉彬に至って洋式工業の中心の地となり、兵は精強に、武備は天下を左右する雄藩となって、近代日本の黎明をもたらしたのである。

当時、幕藩体制には歪みが生じ、諸藩は財政破綻に追い込まれ、財政改革に着手せざるを得なかった。薩摩藩においては、調所広郷が強権を行使し、苛酷な執政を行った事から、領民の恨みの的となった。しかし、そうした指導者は何も広郷だけではない。広郷が領民の怨嗟の対象となりながらも、思

い切った諸策を採用し、財政改革を達成したからこそ、薩摩藩は多額の借財を抱えた貧しい藩から、豊かな藩へと蘇生する事ができたのである。

　本章の目的は、江戸後期の薩摩藩家老を務めた調所広郷の財政改革を中心に分析し、後世の財政改革及び財政再建への貢献に関して、若干の考察を試みる事にある。

　註
1) 原田敏明『郷土の歴史　九州編』宝文館、1959 年、419 頁。異説には、薩摩藩領を 77 万石とする説も存在する（例えば、加来耕三『日本補佐役列伝』学陽書房、2001 年、337 頁）。
2) 元来、「調所」とは諸税の収納を担う国衙（こくが）在庁の役所名で、調所氏は、大隅国在庁官調所職（じょうそしき）を世襲した家筋であった。調所という姓は、この「じょうそ」が変化し、近世に「ずしょ」と読まれるようになった（原口虎雄『幕末の薩摩――悲劇の改革者、調所笑左衛門――』中央公論社、1987 年、7～8 頁）。
3) 当時の薩摩藩の領域及び人口に関しては、鹿児島県編『鹿児島県史　第 2 巻』鹿児島県、1980 年が詳細である。
4) 中江克己『"御家"立て直し』青春出版社、2004 年、162 頁参照。

第 2 節　調所広郷の生涯

　調所広郷の前半生に関して、多くは伝わっていない。その理由は、彼の出身が鹿児島城下の軽輩であったからと推考される。我々財政学者の主たる興味は、曠世の巨人が歴史の舞台に躍り出た 1829（文政 12）年から、自害した 1848（嘉永元）年の 20 年間に集中しているといってよいであろう。しかし、広郷の財政改革を語る上で、彼の生涯全体を知る事は極めて重要と考えられる。そこで、数少ない史料から、まだ無名であった広郷に関して記述しておこう。

　1776（安永 5）年 2 月 5 日、城下の下級士族川崎主右衛門基明の家に、次男が生まれた。名は川崎良八あるいは川崎清八と伝えられる。母は竹下与右衛門の娘である。1788（天明 8）年、13 歳の年に、調所清悦の養子になり、名

を調所友治と改めた。養母は月野某の娘としか伝わっていない[1]。

　調所家は、父も祖父も茶道坊主であった。曾祖父も高祖父も、そのまた父の分家の初代調所善右衛門も、揃って諱や勤めも判明していない。まして、妻や母の名等は全く不明である。家格も本家より一段下の「御小姓組」[2]である。すなわち、城下士最下級であった。明確な勤めにもありつけず、無高無屋敷で財産もなく、内職をして生計を立てていたと考えられている[3]。

　南北朝以後の動乱期には、調所氏は所領も少なく、他の税所氏、姫木氏及び加治木氏等の在庁御家人のように、大きな軍備も保有していなかった。その結果、当時、非御家人の在庁官人に終始し、その後も永く形骸化した在庁機構に依存し、細々とその家系を維持したに過ぎなかった。ただ、川崎良八の養家の調所家では、養父養祖父が茶道坊主として藩庁に勤務してはいたが、小番新頭への昇格もなく、単なる茶道坊主で一生を終わった。勤方なしとする者と比較すると、生活は安定していたが、無高無屋敷の下級武士の家計は決して楽なものとはいえなかったと思惟される。

　養父の死去した翌年の1790（寛政2）年、川崎良八は表茶道となり、養父の名を継いで調所清悦と改めた。彼は幼年の頃から家が貧しく、茶道坊主になる事を認めざるを得なかったが、姉がいて剃髪する事を嫌った。しかし、扶持米4石をもらえる事もあり、これを承諾した[4]。以後8年の間、薩摩でその生活を続ける。時に、前藩主島津重豪が隠居し、その嗣子の島津斉宣が藩主となって1789（寛政元）年に初入部を行い、薩摩藩統治が開始された頃である。その間、1792（寛政4）年7月19日に川崎家の実母を亡くしている。すなわち、12歳から17歳までの間に実父母と養父、29歳の時に養母を亡くすという不幸のどん底にあったのである。

　1798（寛政10）年、調所清悦は、藩命により江戸に出府し、隠居した島津重豪付奥茶道に役替えとなる。この時、名を清悦から笑悦に改める。これが調所広郷の飛躍の第一歩となったのである。重豪の娘茂姫が一橋豊千代に嫁ぎ、その豊千代が、1787（天明7）年に将軍職を継承し徳川家斉となった。その後、将軍の岳父となった重豪は、同年正月、世子の島津斉宣に藩主の座を譲り、高輪御殿と称する別邸で隠居生活を過ごしていた。隠居付奥茶道の辞

第 10 章　調所広郷の財政改革（薩摩藩）　　201

令を受けた広郷は、直ちに、大奥書院の隅で家老の謁見を受け、次いで、休息所前で藩主斉宣の謁見をも受ける事となったのである。更に、重豪より 11 月に 7 日間、茶の湯と生花の修行を命じられた。茶の湯は裏千家安尾宗虎、生花は石州流大沢宗敷にそれぞれ入門する事となり、入門料は御物（藩庫）取り計らいで支給されるが、その他のお茶代とお花代は自ら負担した。加えて、江戸において広郷の本格的な修行が始まり、約料米（役職手当）30 俵を拝受する事となった。薩摩藩では 2 斗俵と 3 斗俵があって、約料米は 2 斗俵で支給されたので、米 6 石に相当する。しかし、諸般を考慮し、12 月 13 日、重豪より内々で金 7 両を下賜された[5]。

　1811（文化 8）年、出府以来 13 年を経た 36 歳の春、調所広郷は茶道頭に昇進し、約料米 50 俵、約料銀 3 枚 32 匁を給与されるに至った[6]。茶道坊主生活 21 年の広郷にとって、茶道頭への昇進は大きな栄誉であった。更に、同年 2 月 15 日、家格を一代新番に進められた。茶道頭への昇進のお蔭と思われる。また、5 月 1 日、新藩主島津斉興の初入部に随従して江戸を出立し、6 月 27 日に薩摩に到着する。広郷にとっては、晴れて故郷に錦を飾った事となったのである。1813（文化 10）年、茶道頭になって 2 年半の広郷は御小納戸勤に登用され、髪を蓄える事になった。この時、名を調所笑左衛門と改めた。これが現在一般に周知されている通称で、23 年間の茶道坊主生活との決別の象徴であった。その後、1815（文化 12）年 7 月 21 日、御小納戸頭取、御用兼御取次見習、御小納戸兼務を命ぜられている。小納戸とは、側役の下に位置する、極めて重要な職務であり、その頭が御小納戸頭取である。御小納戸頭取以上となると、直触と呼ばれ、用人の取次を必要とせず、家老から直接に達せられる家老直達の、いわば上級職となった事を意味する。しかも同時に、御用兼御取次見習を仰せつけられたが、これは側役同等の職階であり、広郷は薩摩藩政の中枢を担う存在となったのである。

　1818（文政元）年正月、御小納戸頭取任命から 2 年半後、調所広郷は御使番[7]に役替えとなり君側を離れた。更に、1822（文政 5）年 3 月 27 日、町奉行に転役し、上町、下町及び西田町の城下 3 町の支配を担当した。その後、1824（文政 7）年 11 月 1 日、広郷は御側御用人格、両御隠居様御続料掛と

なる。御側御用人格になった事からと考えられるが、広郷は翌年の1825（文政8）年5月15日、佐多地頭職に補任された。地頭は薩摩藩直轄の郷を支配する最高支配者である。広郷は両御隠居様御続料掛となった結果、以前は関与する事のなかった藩の財政面に携わる事となり、財政改革主任となって困窮した藩財政の中心人物となっていく。すなわち、人生の晩年20年間を薩摩藩に捧げる事となったのである。

そして、薩摩藩の財政改革に成功した1848（嘉永元）年12月18日、調所広郷は、後述する薩摩藩の財政改革中の密貿易等の全く予想外の悲壮な責めを一身に背負い、自害したのである。享年73歳であった。

註
1) 原口虎雄、前掲書、7頁及び芳即正『調所広郷』吉川弘文館、1987年、1頁参照。
2) 当時、薩摩藩では藩士を以下の9階級に分けていた。すなわち、御一門家、一所持（いっしょもち）、一所持格、寄合（よりあい）、寄合並、無格、小番（こばん）、新番、御小姓組である。御一門家は親族としての扱いを受ける4戸、一所持は一つの外城を持つ領主17戸、一所持格は外城を持たないがそれに準ずる領地と家臣を持つ重臣41戸、寄合は54戸、寄合並は10戸、無格は理由があって嫡家相続を辞退した島津の本流2戸、小番は他藩の馬廻り役に相当する760戸、新番は新しく設けられた家格24戸、御小姓組は徒士（かち）に相当する3094戸である（原口虎雄、前掲書、12～13頁）。
3) 同上、10頁参照。
4) 芳即正、前掲書、10頁参照。
5) 同上、17頁参照。
6) 同上、26頁参照。
7) 御使番とは、その名称の如く、対外的な使者を務める重職である。

第3節　調所広郷以前の薩摩藩の財政状況

1828（文政11）年12月、島津重豪は孫の薩摩藩主の薩摩藩主島津斉興と相談して、調所広郷に財政改革を命じた。この年、広郷は53歳であった。当時、薩摩藩は江戸、大坂及び京都の商人達に莫大な借財があった。特産品や

第 10 章　調所広郷の財政改革（薩摩藩）

琉球貿易の収入はあったが、農村の疲弊は甚だしかった。諸藩なら1割程しか存在しない武士階級が、薩摩藩の場合は3割も存在していたのだった。その結果、薩摩藩は農村の自治を認めず、徹底した支配と監視を続け、八公二民という厳しい年貢を課していた[1]。

調所広郷の財政改革以前、薩摩藩の借財は、1616（元和2）年の2万両に始まり、1632（寛永9）年に17万両、1749（寛延2）年には70万両へと膨脹していた。広郷が登場する200年も前から増加の一途を辿っていたのである[2]。本節では、広郷の登場する文化・文政期の直近の宝暦期を中心にして、薩摩藩の財政状態を考察する事にしよう。

第一に、諸藩同様、薩摩藩も度々、幕府より土木等の手伝普請を命じられて財政的打撃を被っているが、その最大のものは、1754（宝暦4）年2月から1755（宝暦5）年3月まで行われた美濃、尾張及び伊勢の治水工事であった。当初、経費を30万両と見積り、そのうち22万298両（銀1万3378貫815匁9分8厘5毛）を大坂の銀主に借り、残りは国産物を売却及び武士階級等に上納させて、手伝普請を開始した[3]。実際の経費の総額がどれ程のものであったかは明らかにされていないが、一説には40万両に達したといわれている[4]。この手伝普請は幕府が諸藩に課した普請の中で最大のものと考えられており、財政的に疲弊していた薩摩藩を壊滅に追いやりかねないものであった。そのため、この手伝普請を巡っては、幕府と一戦交えるべしとの激論まで出る程であった。

第二に、1755（宝暦5）年6月、島津重豪が僅か11歳で襲封したが[5]、これ以後、薩摩藩は多くの自然災害に見舞われている。主たるものとして、1772（安永元）年の江戸桜田藩邸の類焼をはじめとして、1806（文化3）年までに、10年に1回の割合で19回に及び火災が発生、この他に、1703（元禄16）年の地震による桜田藩邸の損壊、1779（安永8）年の桜島の大噴火による田畑数万石の大損耗があった[6]。更に、1781（天明元）年の江戸芝藩邸の焼失、1782（天明2）年と1784（天明4）年の風水害での9万1000石の損害、1786（天明6）年の江戸田町藩邸の焼失と風水害による39万石の損失等が生じた[7]。

第三に、この時代に薩摩藩の財政がますます困窮した理由は、島津重豪自

身の生活にも起因している。重豪は語学の才能に恵まれ、中国語に精通していたが、やがて、長崎を通じて、西欧文明へとその好奇心は傾斜していったとされる[8]。幕末期には「蘭癖」という言葉が流行したが、この時代の交易は、唯一、オランダからであった。重豪はフィリップ・フランツ・フォン・シーボルト（Philipp Franz von Siebold）等の外国人と交流し、その知識を理解できる進歩的かつ開明的頭脳の保有者であった。1773（安永2）年には、藩学興隆のために藩校の造士館や演武館を創設し、また、医院や天文館を開設して薩摩藩暦を作る等、頻繁に開明政策を推進した。更に、長崎から外国の書物や器械類を、金に糸目をつけず購入するだけでなく、自身の生活に関しても豪奢を極めた。その結果、薩摩藩は確かに文化面では充実したものの、巨額の金が費やされ、薩摩藩の財政状況は悪化の一途を辿ったのである。当時の幕府の老中筆頭は田沼意次であり、重豪は意次を倣ったといわれている[9]。

　こうして薩摩藩の財政は破局へと追い込まれていく。島津重豪はそうした事態を打開しようと、1787（天明7）年、43歳で隠居する。藩主を継承した嫡男の島津斉宣は、秩父季保と樺山主税を家老に抜擢し、徹底的な緊縮政策を採用した。だが、これは結果的に重豪の開明政策を否定する事となり、斉宣の側近には重豪を厳しく批判する者さえ出現した。重豪は激怒し、1808（文化5）年、秩父と樺山達の反重豪派13人を切腹させ、更に遠島、免職及び謹慎者は100人に達した[10]。この事件は、反重豪派が儒学の教本である『近思録』を愛読研究していた事から「近思録崩れ」と呼ばれた。薩摩藩史上の最大の政変とされる。1809（文化6）年、重豪は斉宣を隠居させ、斉宣の世子島津斉興に跡を継がせた。しかし、斉興は若干17歳の少年であり、重豪が後見人と称して、薩摩藩政を握り続けたのである。

　薩摩藩の1807（文化4）年の累積財政赤字は120万両に達し、過去に例を見ない巨額なものとなっていた。また、当時の金利は年1割を超えており、利息だけでも薩摩藩の年収に相当し、とても返済できる額ではなかった。利息は利息を生み、20年後の1828（文政11）年には、江戸、京都、大坂及び南都（奈良）を合計すると、借財は4倍以上の500万両にも膨れ上がってい

た[11]）。一方、薩摩藩の収入は、米価が高い時には 18 万両、安価な時には 12 万両から 13 万両に過ぎなかった[12]）。島津重豪が「薩摩藩存亡の時節」と危機感を口にしたのも、誇張とは決していえない状況であった。

註
1) 山本博文監修『江戸時代 265 年ニュース事典』柏書房、2012 年、470 頁参照。
2) 中江克己、前掲書、164 頁参照。
3) 土屋喬雄『封建社会崩壊過程の研究』弘文堂、1953 年、392 頁参照。
4) 井門寛『江戸の財政再建――恩田木工・上杉鷹山ほか 20 人の改革者たち――』中央公論新社、2000 年、180〜181 頁参照。
5) 島津重豪は、1833（天保 4）年に 88 歳で逝去するまで、約 70 年もの間、薩摩藩の実権を握り続けていた。
6) 芳即正、前掲書、38 頁参照。
7) 加来耕三、前掲書、341 頁参照。
8) 同上、338 頁参照。
9) 平池久義「薩摩藩における調所広郷の天保の改革――組織論の視点から――」『下関市立大学論集』第 46 巻第 2 号、下関市立大学学会、2002 年、11 頁参照。
10) 中江克己「江戸の構造改革・リーダーたちの知恵（6）借金を踏み倒した調所広郷〈薩摩藩〉」『公評』第 39 巻第 8 号、公評社、2002 年、112 頁参照。
11) 原口泉『維新の系譜』グラフ社、2008 年、137 頁参照。
12) 檜山良昭「罠に陥ちた調所笑左衛門」『歴史と旅』秋田書店、1993 年、154 頁参照。

第 4 節　調所広郷の財政改革

調所広郷が薩摩藩の財政改革を命じられた背景には、前述の如く、主として 3 つの財政的要因が存在していた。

1829（文政 12）年、調所広郷の財政改革は開始されたのであるが、1830（天保元）年に、ほぼその骨格は固まった。島津重豪と島津斉興は、次のような朱印状を広郷に出している。すなわち、

　　榮翁様宰相様御両公より廣郷へ被命御書
　一、金五拾萬兩

右來卯年より來る子年迄相備候事
一、金納並非常手當別段有之度事
一、古金借證取返し候事
　　右三ケ條申付候事
年來改革幾度も申付置候得共其詮無之候處、此度趣意通行届行届滿足之至に候、就而は何れ萬古不易之備無之候而は實々改革とは難中申、仍而來卯年より來る子年迄十ケ年之間格別令精勤申付置候三ケ條之極内向濱村孫兵衞へも申談右年限中可致成就事右大業申付候上は爲筋之儀何篇不差置家老中へ申聞時々無滞其方存慮通取計可致、尤大坂表之儀は往返致候は及延引候付、取計置追而可申出候、此旨備後守へも申談急度申付候條異議無有之間敷、仍而如件
　　天保元年寅十二月
　　　　　　　　　　　　　　　翁榮朱印
　　　　　　　　　　　　　寸翁笑左衛門へ[1]

　上述の内容は、1831（天保2）年から1840（天保11）年の間に、50万両の備蓄金を蓄えよ、それ以外に幕府への上納金や藩軍用金を準備せよ、そして宿願の藩債証文を取り返せという極めて重大な命令であった。簡単になし得ないと考えた調所広郷は、第1条の50万両の備蓄金に関しては、年々の豊凶で多少の差はあろうが、10年目には都合するとし、第2条もできる限り努力するとした。最後の古証文の取り返しも、相手の考えで対応できかねる分は致し方ないが、多少でも返済するようにして、薩摩藩の財政運用に差し支えないように時を経て努力するとした。この10年間というのは、広郷から請願した条件だとされているが、あるいは佐藤信淵（のぶひろ）の所論とも関係があるかも知れない[2]。信淵は、1786（天明6）年と1805（文化2）年の2回薩摩藩を訪れ、島津重豪付側用人側役猪飼央（いかい）の求めに応じて、1828（文政11）年4月に『経済提要』を、同年12月家老に昇進した猪飼へ1829（文政12）年正月に『農政本論』を、更に1830（天保元）年3月に『薩藩経緯記』を上呈している[3]。

第 10 章　調所広郷の財政改革（薩摩藩）　　207

　1833（天保 4）年 1 月 15 日、島津重豪は志半ばにして倒れ、高輪御殿で泉下の人となった。しかし、彼の命じた 3 カ条の第 1 条である 50 万両の備蓄は期限までに完遂できなかった。しかも薩摩藩の財政収入の大部分を占める黒砂糖市場に異変が見え始め、50 万両の備蓄どころか、産物料で財政支出を賄う基本方針すら危うくなってきたのである。その結果、重豪の跡を継いだ島津斉興は、調所広郷に財政改革の続行を命じた。その後の広郷の財政改革の中核となったものは、以下の通りである。

（1）　借財償還策

　天文学的数字の借金を抱え、財政赤字に困窮していた薩摩藩では、大胆不敵な計画を水面下で進めていた。現在でいう「借金の踏み倒し」である。当時の借財は、500 万両という額であった[4]。薩摩藩の財政収入が、米価が高くとも 18 万両であった事から考えても[5]、いかに多額の借財であったかが理解できるであろう。

　1836（天保 7）年、調所広郷は、薩摩藩の藩主島津斉興の全面委任状を取りつけた後、大坂商人の債権者達に対して、250 年間の年賦返済という途方もない返済計画を通告した。若干、詳細を記すならば、元金 1000 両につき年々 4 両ずつを支払う。つまり 250 年間の年賦返済とする。しかも無利息とするという無理無体ぶりであった[6]。そして、この計画は、近衛家であろうと一橋家であろうと上下親疎には全く関係なく、また江戸、京都、大坂、奈良及び国元によらず、全て一律に行われたのである。この件に関しては、広郷の孫の談話に以下のものが残されている。すなわち、

　「海老原清煕（調所広郷の下僚――筆者）が、調所の命によって大坂留守居の高崎金之助と一緒になって、古い証文を認め替えるから一時返してくれと欺き取って、調所に差し出したところ、調所はすべて焼き捨ててしまった。それからが大変なことになって向こうへ聞こえると、身体はどうとでも取り扱いなされ、私は今日限りである。御勝手になさいということで、さて打ち殺しても一文にもならぬ。かえって向こうから彼此す

るようになった」7) と。

　これはまさに詐欺行為であって、もはや公文書偽造どころの問題ではなかった。古い証文の書き換えとは、新式の通帳の作成のはずであったが、その原本の証文が燃やされてしまったのでは、貸主も訴える術すらなかったのである。薩摩藩のこの借財返済方法は、予想通り大変な騒動を惹起した。特に、諸藩の大名に金を貸し、その利子で業務を行っていた大坂の豪商にとっては脅威となった。他藩もこれに追随するとしたならば、大坂の町はたちまち衰亡するという危機感に煽られ、各所で物議が湧き起こった。しかし、調所広郷は必ずしも踏み倒しを考えていた訳ではない。1872（明治5）年までは、確かに250分の1ずつ年賦返済をしていた8)。分割払いは2085年まで続く予定であったが、実際には35年間は返済されたものの、1872年の廃藩置県後に明治政府によって債務無効が宣言された。

(2)　奄美三島の黒砂糖生産とその販売

　250年間の年賦返済を通告して、債権者達の不平を取り除いた調所広郷は、更に、奄美大島、鬼界島及び徳之島の奄美三島の黒砂糖生産とその販売に関して、厳格な専売制を実施して薩摩藩の飛躍的な収入増加に成功した。元来、薩摩藩は黒砂糖を重視し、島民を搾取し、藩の重要産物としてきたが、年間12万から13万両の収益しかなかった9)。その理由は、大坂商人に黒砂糖を安く買い叩かれたからであった。収益を上げたのは商人のみで、薩摩藩はその恩恵に浴してはいなかったのである。そこには、裏で藩士が商人と結びつき、自分達も利益を得ていたという実態があった。また、黒砂糖を運ぶ船頭が他の領地の者で、船賃を高く設定していただけでなく、途中で黒砂糖を抜き取り、横流しもされていた。だが、他国の船頭であるという事から、罰する事ができなかった。また、黒砂糖を入れる樽にも欠陥があったのである。そこで、広郷は船を建造して国元の船頭に黒砂糖の運搬を任せ、樽を改良する等の努力を行った。彼は島民を駆使して黒砂糖の生産を拡大し、考えも及ばないような安価で買い占めた黒砂糖を、大坂の市場で高い価格で売り捌い

たのである。その結果、薩摩藩の収益は膨大なものとなった。確かに、黒砂糖を製造する島民は地獄のような苦しい生活を余儀なくされたが、島民の絶望的な反抗は藩の武力によって押さえつけられた。

(3) 国産品の改良増産

　調所広郷は、財政改革に当たって薩摩藩の財政支出を削減する一方、様々な増収策を講じた。その中心は国産品の改良増産とそれによる藩庫増収を図る事であった。収益を上げた国産品として、上述の黒砂糖をはじめ米、生牡蠣、菜種子、鬱金、朱粉及び薬種が挙げられている。その他にも、胡麻、雑紙及び櫨木等についてもある程度の利益があったが、以下、米とその他の国産物に関して、概観する事にしよう。

　米作改良に当たり、調所広郷は農政担当の郡奉行の人物を吟味し、それぞれ数郷を担当させ、時々、受け持ち郷を巡回し、農耕の指揮監督に採用した。したがって、田畑の仕つけから取納め方まで行き届くようになり、秋口の仕登米の取納め方が、万事都合よくなった。その結果、収益は数十万両にもなったという[10]。特に、「米拵」、換言するならば、刈り取り後の米の調整が悪く、大坂市場で薩摩米といえば、米屋にも嫌われ、価格も下落していた。そこで、広郷は従来の米拵、取納め、枡目及び俵作り等を厳密に調査し、肥後米を手本として大坂から唐箕を買い入れ、調整作業の改善を図った。その結果、1石当たり銀5匁ずつの値上がりとなり、82％余りの価格の上昇となった。広郷の総括では、改革以来10年間の仕登米総額13万石、1石当たり銀20貫目以上の価格上昇で、銀3600貫目（金6万両）の利益となったとされている[11]。

　従来、生牡蠣も品位が悪く、また、大坂の牡蠣屋の計量も勝手な仕方で、斤目不足が目立っていた。そこで、調所広郷は俵作りや斤目等に念を入れて出荷し、大坂の牡蠣屋に量り渡す時は、度々担当者を出張させて立ち会わせ、厳しい姿勢で対処した。その結果、改革後の1斤当たりの価格は、以前の倍近い93％も上昇している。生牡蠣改良に当たり、広郷は桐野孫太郎に白蠟製造を命じて中国筋の蠟屋を調査させ、自ら京都、大坂と長崎で問い合わせ、

その他にも安芸(あき)の蠣師を雇い入れ、桜島と垂水(たるみず)辺りで生牡蠣を製造させて、品質もよくなった。

菜種子の改良は、1832（天保3）年から開始された。それまでは1俵の正味は3斗2枡から3枡で、その上、土砂混じりの下等品が多く、価格も下落していた。調所広郷の改革以来、取納め方法は勿論、こしらえ方も至極念を入れるようになった。俵作りは従来叺(かます)で、菜種子が小粒なため漏出が多発していた。そこで、紙袋に入れ、更に俵に入れて出荷したところ、漏出が少なくなり、正味も充分な上、品位もよくなって価格も上がり、他領地産の菜種子と比較して、最高価格となった。

琉球鬱金は止血薬、香料または黄色染料として利用される他領に比類のない産物で、薩摩藩では、1646（正保3）年から黒砂糖とともに、専売品として薩摩に積み登らせていたが、1669（寛文9）年以降、相場に拘わらず一定価格で買い入れる事として、脇売りを禁止したのである。その後、度々改良も行われたが、結局、抜け荷が多く、天保期まで、大坂での価格も下落していた。そのため、調所広郷の改革以来、沖永良部島及び奄美三島その他の島々や、各地方の鬱金を全て掘り捨ててしまい、琉球だけに場所を決めて根つけさせ、また製法も念を入れさせた。その上、抜け荷取締りも朱粉同様に厳重に実施し、京都及び大坂の販売口での密売を取り締まった結果、天保期以後、価格も徐々に上昇した。

朱粉は漢方薬や陶芸等に利用されるが、琉球産は極めて良質なものであり、従来から販売方法も定まっていたが、非常に荷造りの細かい品物で、抜け荷取締りは困難を極めた。調所広郷の改革後、特に抜け荷取締りを綿密に行うようにし、琉球登り船が山川に入港した時には、微細に渡り積荷を改め、時には隠密を使用し、江戸、京都及び大坂でも探索取締り方を任命した。その結果、漸く抜け荷もなくなり、1838（天保9）年から江戸朱座御用を受けるようになり、取引量は、同年に830包、1839（天保10）年には、3750包にまで急増したのである[12]。

薩摩産の薬種は、他の領国のものと比較して優れていたが、改革以前の仕向きは不行き届きの事ばかりで、支配人の銀の滞納も過分であって方策に苦

慮していた。そこで、1836（天保7）年に改革を行い、人柄を吟味して薬園奉行を任命し、滞納銀は新支配人に引き受けさせて、全ての仕向きを綿密にするよう申し渡した。生産の品は大坂仕登せ以外は、近隣諸国に売却したり自国用に販売し、京都及び大坂では見聞役の中で特別に掛りを申しつけて、種々手をつけさせたところ、徐々に販売口も開拓され、1839（天保10）年秋までに薬園方に銀100貫目の利益があり、滞納銀も無事上納になった[13]。

（4）琉球密貿易と偽金製造

　加えて、調所広郷は琉球を中継する密貿易を推進した[14]。元来、琉球は薩摩藩にとって、英国のインドにおけるが如く、その藩庫ともいうべきものであった。琉球を介して貿易をしたのは、恐らく従来からの慣行であったろう。しかし、これは表向き、琉球が独自の資格で明国（みんこく）と「進貢（しんこう）」という名目で貿易を行うものであったが、内実は利益の大部分を薩摩藩が収奪するという図式の密貿易であった。当然、利益が出ないはずはなかったのである。当時、徳川幕府は諸大名の密貿易を認めていなかった。薩摩藩の密貿易も幕府の掟に背く事であったが、藩は困窮する財政状況にも拘わらず、幕府の要路（ようろ）者に贈賄（しゃ）を継続していた事が幸いし、黙認の形になっていたのである。例えば、1824（文政7）年当時、江戸高輪御殿には島津重豪、白金屋敷には島津斉宣という2人の隠居が存在していた。薩摩藩では彼らの生活費を捻出するため、幕府の許可を得て、年3万両を限度として密貿易を行っていたのである[15]。広郷はその頃、琉球貿易を担当しており、貿易の事は熟知していた。そこで、彼は暗黙に幕府に認められていた琉球貿易を隠れ蓑として、貿易品目やその量を大幅に増加し、大規模な抜け荷を実施した。個人的な抜け荷とは異なり、薩摩藩の重役が組織的に行う訳であったので、利益も莫大なものとなった。しかし、幕府首脳が、心変わりすれば、薩摩藩の息の根を止める充分な犯罪行為として処断される危険を内包していたのである。

　偽金の製造は、城東の花倉村（けくら）にある島津家の別邸で行われた。しかし、金銀の表面に金箔や銀箔を被せだけの粗悪な貨幣であり、俗に「天ぷら金」と呼ばれていた。密造した偽金は1分金や2分銀であったが、職工は常に

200人も従事していたという大規模なものであった。この偽金は大量に流通し、幕末には倒幕運動の資金にもなったのである。

　調所広郷が担当した財政改革は6年の歳月を要して、成功といえる段階に達した。1840（天保11）年には、薩摩の藩庫に50万両の備蓄金を蓄えるまで、財政状況は回復したのである。また、1844（弘化元）年には江戸、大坂及び国元の3カ所に150万両の非常金を蓄えるまでになった[16]。しかし、薩摩藩の財政改革における広郷の功績は大きいが、彼の財政改革は領民から苛斂誅求な収奪をし、多くの商人に負担を強いる事により成就したのである。

註
1) 土屋喬雄、前掲書、400頁。
2) 佐藤信淵の経済に対する考え方に関しては、布施啓一「佐藤信淵経済論の一考察」『立命館文學』第415号、立命館大学人文学会、1980年及び大淵利男「佐藤信淵の『経済論』について」『政経研究』第26巻第2号、日本大学法学会、1989年が詳細である。
3) 芳即正、前掲書、79頁参照。
4) 原口泉、前掲書、153頁参照。
5) 檜山良昭、前掲論文、154頁参照。
6) 井門寛、前掲書、185頁。更なる詳細に関しては、芳即正「調所広郷書簡について——史料紹介を中心に——」『鹿児島純心女子短期大学研究紀要』第15号、鹿児島純心女子短期大学、1985年、78頁を参照されたい。
7) 原口虎雄、前掲書、86頁。
8) 高野澄「行財政改革の指南役——君主を補佐した賢臣たち——」『歴史読本』第45巻第7号、新人物往来社、2000年、170頁参照。
9) 楠戸義昭『お家再興のリーダーシップ——歴史に名を残す「理財の人」10人に学ぶ——』新人物往来社、2009年、175頁参照。
10) 芳即正、前掲書、90頁参照。
11) 同上、91頁参照。
12) 同上、97頁参照。
13) 同上、98頁参照。
14) 当時の薩摩藩の貿易に関しては、上原兼善「藩貿易の展開と構造」『日本史研究』第215号、日本史研究会、1980年及び黒田安雄「文化・文政期長崎商法拡張をめぐる薩摩藩の画策」『史淵』第114号、九州大学大学院人文科学研究院、1977年が詳細である。
15) 中江克己、前掲書、171頁参照。

16）高野澄、前掲論文、171 頁参照。

第5節　むすびにかえて

　財政困窮のゆえに財政改革に着手したのは、薩摩藩だけではない。諸藩でも同様の問題を抱えていた。そして、幕府もその例外ではなく、財政改革を断行している。薩摩藩でも幕府でも、財政改革によって既得権者の権利が奪われる事になり、水面下では不平不満が存在した。しかし、巨大な権力を保有する幕府からの命令の場合は、大義名分があり、これに異議を唱えられる諸藩は存在しなかった。

　調所広郷の薩摩藩における財政改革の成功要因の一つは、改革への着手が迅速で、また、改革の期間が20年間もの長期に渡っていた事が挙げられよう。広郷の財政改革の内容は、非常に詳細に渡ったものであった。改革の中核となったのは、250年間の年賦返済である。すなわち、事実上の借財の踏み倒しに成功した事である。更に、奄美三島の黒砂糖の専売が、莫大な収益を薩摩藩にもたらした。黒砂糖の売上は、10年間で136万両から235万両にも達したといわれる。薩摩藩の純利益は、100万両にもなったのである[1]。加えて、明国との密貿易も改革に大きく貢献した。

　幕末維新の際、薩摩藩が決定的ともいえる重要な政治的役割及び軍事的役割を担った事は、周知の事実であるが、それを可能とした理由の一つに、同藩の豊富な資金力があった。本章冒頭にあるように、薩摩藩の石高は加賀藩に次ぐ第二の大藩であった。幕末期、その実力は日本有数のものであったといえよう。後に明治の元勲となった西郷隆盛や大久保利通達は、その豊富な財力と軍事力を背景とし、縦横無尽に活躍する事ができた。そして、ついには、維新回天の大業をなし遂げたが、実はこの西南の雄藩も、少し前までは、諸藩同様、天文学的数字の財政赤字に悩まされていたのである[2]。

　徳川幕府は「享保の改革」、「寛政の改革」、「天保の改革」の三大財政改革に失敗した。一方、薩摩藩と同じく、村田清風によって財政改革に成功した

長州藩は、明治維新を中心となって成功させる。徳川幕府を打倒した政治の力は薩摩藩と長州藩に代表されるが、その力は財政改革の成功によって蓄えられたといっても過言ではない、と筆者は思惟する。

註
1) 平池久義、前掲論文、17頁参照。
2) 加来耕三、前掲書、337頁参照。

調所広郷関係略年表

1609（慶長14）年	薩摩藩、琉球を征服する。
1755（宝暦5）年	島津重豪襲封する。
1776（安永5）年	2月5日、調所広郷、川崎主右衛門基明の次男として、城下堂前に生まれる。幼名良八、清八。母は竹下与右衛門の娘。
1787（天明7）年	実父没する。島津重豪隠居し、島津斉宣藩主となる。一橋豊千代（徳川家斉）、将軍となる。
1788（天明8）年	調所清悦の養子となり、調所友治と改名する。
1790（寛政2）年	表茶道となり、調所清悦を襲名する。
1792（寛政4）年	実母没する。
1798（寛政10）年	出府し、島津重豪付の奥茶道となり調所笑悦と改名する。茶道裏千家に入門する。
1804（文化元）年	養母没する。芝藩邸に移り、島津斉興付となる。
1806（文化3）年	江戸泉岳寺大火で芝藩邸類焼する。調所広郷が中心となり、対応する。
1810（文化7）年	唐物8種の長崎販売免許を得る。
1811（文化8）年	茶道頭となる。一代新番に昇格する。島津斉興の初入部に随行して、帰国する。
1813（文化10）年	御小納戸勤となり、調所笑左衛門と改名する。
1815（文化12）年	御小納戸頭取、御用兼御取次見習、御小納戸兼務となる。
1818（文政元）年	御使番となる。唐物4種の追加販売の許可を得る。唐物方を設置する。
1819（文政2）年	大坂の銀主、薩摩藩への貸出しを拒絶する。
1820（文政3）年	唐物2種の追加販売の許可を得る。
1822（文政5）年	町奉行となり、小林地頭職を兼ねる。
1824（文政7）年	御側御用人格、両御隠居様御続料掛となる。
1825（文政8）年	唐物16種の販売許可を得る。御側御用人、御側役勤となる。佐多地

第10章　調所広郷の財政改革（薩摩藩）

		頭職を兼務する。
1828	（文政11）年	薩摩藩の財政改革主任を命ぜられる。調所広郷と改名する。
1829	（文政12）年	帰国して、財政改革に着手する。奄美三島の黒砂糖の惣買入制実施を決定する。
1831	（天保2）年	米俵等の改良に着手する。大番頭となる。
1832	（天保3）年	大目付格となる。財政再建の功により、家老格側詰勤となる。菜種子作改良に着手する。
1833	（天保4）年	島津重豪逝去する。島津斉興よりの朱印状により、財政改革遂行を改めて委任される。家老側詰勤となる。
1834	（天保5）年	唐物販売20年間延長の許可を得る。
1835	（天保6）年	藩債250年賦償還法制定。
1836	（天保7）年	藩債250年賦償還法及び金販売法を京都と大坂で実行する。菜種子仕向き改良に着手し、薬園奉行を任命する。
1837	（天保8）年	藩債250年賦償還法を江戸で実行する。
1838	（天保9）年	家老に昇進する。琉球館聞役となる。江戸朱座御用を受ける。
1839	（天保10）年	奄美三島に羽書（はがき）制を実施する。甲突川を改修して、天保山を築く。富重で仕登米積船4隻を建造する。
1840	（天保11）年	財政改革にほぼ成功し、薩庫備蓄金50万両の他に諸営繕費用200万両に達する。
1841	（天保12）年	江戸において、薩摩藩の財政改革結果を島津斉興に報告する。
1842	（天保13）年	曽木川改修工事に着工する。上見部下りを廃止する。
1843	（天保14）年	曽木川改修工事を完成する。納枡を改正する。出水郷荘村塩浜及び今釜新田工事に着工する。
1844	（弘化元）年	唐物方を廃止する。琉球産物方を設置する。江戸城本丸普請上納金御用掛を命ぜられる。
1845	（弘化2）年	国分小村新田開発に着手する。
1846	（弘化3）年	鋳製方を設置する。唐物16種の販売免許を得る。
1847	（弘化4）年	幕府、唐物代品5種目の変更要求を撤回する。軍政改革を布告する。軍役方を設置する。軍役総奉行となる。給地高改正を布告する。
1848	（嘉永元）年	12月18日、調所広郷、江戸桜田藩邸にて自殺し、鬼籍の人となる。

（出所：芳即正『調所広郷』吉川弘文館、1987年、287〜297頁及び原口虎雄『幕末の薩摩——悲劇の改革者、調所笑左衛門——』中央公論社、1987年、176〜183頁より作成）

第11章

毛利重就の財政改革（長州藩　第一期改革）
——尊皇倒幕の資金を蓄えた毛利家中興の祖——

第1節　はじめに

　長州藩[1]の藩主毛利氏は、戦国大名として安芸国を中心に中国地方の8カ国、120万石を領有していた。しかし、関ヶ原の戦いの後、徳川家康によって、長門（ながと）及び周防（すおう）の2カ国に封じられ、以後、この2カ国を領地として明治まで至る。
　毛利重就（もうりしげたか）[2]は、長州藩における江戸後期の藩主である。重就は、全国的には余り著名な人物ではないが、長州藩主として、「中興の祖」、あるいは「英邁な明君」と、現在の山口県では高く評価されている。重就の財政改革は、ほぼ同時代のはるか遠い東北の地、米沢藩における上杉鷹山の財政改革と比較される程、有名なものである。
　江戸前期においては、財政的に困窮している藩はそれ程多くなかった。しかし、江戸後期になると、諸藩はいずれも例外がない程、財政的危機に陥っている。すなわち、江戸後期は、諸藩の財政赤字の燎原期とも解釈される。当然の事ながら、多くの藩で財政改革により、財政再建が目標とされた。特に、宝暦期から安永期にかけて、諸藩において様々な財政改革策が実施された。長州藩は、宝暦期から明和期に財政改革に取り組み、「宝暦検地」の実施、港湾の開発、米穀市場の創設、城下町資本の育成及び塩田の開発等を行った。これを長州藩の「宝暦の改革」と呼んでいる。この宝暦の改革は、長府藩主から長州藩主になった毛利重就の下で、当職[3]毛利広定、当職裏判役及び記録所役高洲就忠（なりただ）（一格）等が主導したものである。重就の財政改革者としての成果は、特筆に値する。

本章は、長州藩の宝暦の改革を中心に検討し、その後の諸問題にも若干言及している。長州藩において、宝暦期から天明期にかけては、権力、経済及び財政のみではなく、社会、文化及び生活等を含めた多様な側面の検討がなされた時期である。その結果、同時期は、近世国家が、幕藩体制維持のために全力で諸藩に対応し、その過程で自らも変容していった転換期としても位置づける事が可能であろう。しかし、この時期の幕府や諸藩の財政改革は、幕藩体制の基本的矛盾を解決する事のない、現実的対応に過ぎなく、全領主階級の分裂及び抗争を生み出すものではなかった。

　長州藩の財政改革に関しても、財政の窮乏化に直面し、それを打開する方策として、農政の立て直しと商品流通の掌握を図ったとされている。前者は、宝暦検地の実施や散田（永否地）と手余地の整備であり、後者は、殖産興業と専売制として展開された。殖産興業と専売制は、長州藩の経済的自立をもたらしたが、領国経済の確立をもたらすには至らなかった。なぜならば、長州藩の財政は、大坂市場を中心とする領外市場に依存していたために、結局、幕藩体制を打破するには不充分であったからである。

　従来の長州藩の財政改革に関する研究は、明治維新史を重視したがゆえに、幕末及び維新期に集中しており、それ以前の江戸後期の財政改革は、軽視されていた。本章は、長州藩の宝暦の改革を総体的に分析研究している。ただし、その対象とする時期は、1751（宝暦元）年4月に毛利重就が主家である長州藩の家督を相続してから、1782（天明2）年8月に隠居するまでとしているが、天明期は、顕著な財政改革がなされていないので、本章では割愛する事とした。

　本章の目的は、主として、長州藩の宝暦の改革を研究対象として、後世の財政改革及び財政再建への貢献に関して、若干の考察を試みる事にある。

註
1) 長州藩は、江戸時代に長門国と周防国を領国としていた外様の雄藩である。藩庁が長い間、萩城に置かれていたため、萩藩とも呼ばれた。1863（文久3）年に藩庁を周防山口に移してからは、山口藩ともいう。本章では、原則として、長州藩で統一表記する事とする。

2）毛利重就の「就」は、祖先である毛利元就（もとなり）と同様、本来「しげなり」と読んだ。しかし、「就」の読みが、11代将軍であった徳川家斉（いえなり）と同じである事から、1781（天明元）年以降は、諱の読み方を長州藩主時代の「しげたか」に改めたという経緯がある。
3）当職とは、萩藩邸において、防長2州の人事財政、産業経済及び資金運用の国政全般を掌握する役職をいう。

第2節　毛利重就の生涯

　毛利重就は、長府藩6代藩主の毛利甲斐守匡広（まさひろ）の5男として、1725（享保10）年9月10日、江戸麻布日ヶ窪の長府藩邸で生まれた。匡広には、男子11人と女子7人がいたが、無事に成人したのは、男子5人と女子1人のみであった。重就は、匡広の子供の男女18人中、下から3番目の16子であった。母は家女津礼、法号を性善院といった。重就の多くの兄弟姉妹のうちで、結局、姉毛利秀、兄毛利師就（もろなり）、毛利政苗（まさなり）、毛利広定、弟毛利匡幸の5人が残ったのみである。このうち、彼と政苗、広定及び匡幸の4人が同じ母津礼の子の兄弟であった。

　残念ながら、毛利重就の幼年時代や青年時代の事柄に関しては、充分な史料が残されておらず、詳細は不明である。ちなみに、姉毛利秀の母は、毛利匡広の正室益、法号放光院で、長州藩の2代藩主毛利綱広（つなひろ）の娘である。秀は、1702（元禄15）年12月に長州藩の4代藩主毛利吉広の養女となり、1727（享保12）年12月、越前国丸岡城主有馬左兵衛佐（さひょうえのすけ）に嫁ぎ継室になった。秀が毛利宗家の血筋を受け継いでいたため、後に、彼女の次男毛利大三郎が、長州藩主重就の養子となり、毛利重広と改名して世子の座に就く。

　毛利重就の父毛利匡広は、支藩清末毛利家の初代毛利元知（もととも）の次男であって、1683（天和3）年8月にその家を継ぎ、毛利讃岐守元平と称したが、1718（享保3）年3月、長府藩5代藩主毛利元矩（もとのり）が15歳で早世した事により、家格断絶となったため、4月、長州藩主毛利吉元は、幕府に嘆願し、元平によって元矩の遺領を相続させた。元平はその家族とともに長府に入り、5月、名を

匡広と改め、1728（享保13）年10月に甲斐守に任じられた。

　毛利重就は、幼名を毛利岩之丞（允）といい、諱を毛利元房（もとふさ）と称した。1729（享保14）年9月に父毛利匡広が逝去し、兄の毛利師就がその家督を相続したが、1735（享保20）年4月に、在職僅か6年にして師就もまた急逝し、嗣子がいなかった。当時、師就の長弟の毛利政苗は、すでに清末毛利家を再興し、次弟毛利広定は一門毛利家の養子となり、3弟毛利右近は早世していたので、6月14日に4番目の元房が長府毛利家の家督を継ぎ、7代藩主となった。こうして、1739（元文4）年12月16日、元房は従五位下に叙され、毛利甲斐守匡敬（まさたか）と称したが、1751（宝暦元）年、萩藩主毛利宗広が亡くなり、更に、嗣子がいなかったので、一門老中はその遺志を重視し、元房を宗家に迎えた。同年3月15日、元房は麻布日ヶ窪邸から宗家の桜田藩邸に移り、4月12日に襲封の命を拝した。次いで6月13日、営中において元服の式を挙げ、家格も従四位下に叙され、侍従に任じられた。これ以降、元房は、毛利大膳大夫重就と称する事となったのである。当時、重就は27歳、長府毛利家は、重就の実子毛利文之助が家督を継いで、毛利匡満（まさみつ）と改名している。

　毛利重就は、「当分之養子」[1]であった事が幸いして、少年期には予想もしなかった道が開け、長府藩主となり、更に、宗家の家督を継いで、長州藩主になったのである。長州藩主に重就が就任した20日後の6月3日に、国元の萩で前藩主毛利宗広の側室戸無瀬（実相院）に女子が生まれ、毛利百合と名づけられた。一門や家臣が抱いていた男子出産の期待は、虚しい結果と終わったのである。これを知った重就は、以下のように述べたとされている。すなわち、「文之助を本家之嫡子ニ相願候筋ニても可有之候、公辺之聞へ旁実子ヲ閣求他人候段いかゝ敷様相見候」[2]と。

　そして、毛利重就は、長府藩主となったばかりの毛利匡満を養子とし、本藩に移し世子にする望みを保有するようになったのである。更に、長府藩には、実兄の清末藩主毛利政苗を就かせようと試みた。この重就の考え方は、過去において、毛利吉元が長府藩主毛利綱元の世子から長州藩主となった際に、長府藩主になっていた実子毛利元朝（もととも）を長州藩に移して、世子に就任させた事を踏襲している。重就は、自分の考えを国元加判役であった実兄の毛利

第11章　毛利重就の財政改革（長州藩　第一期改革）

広定に「此儀出雲宮内越中等ニ申聞候儀中々六ケ敷」³⁾と伝えた。すなわち、一門筆頭の国元加判役宍戸広周、一門阿川毛利氏の毛利宮内及び当職の益田広堯（ひろたか）の意向を探るように依頼した。

毛利広定と毛利重就の関係は、極めて親密なものであり、両者は度々内密の書状を取り交わしていた。その中で、藩主重就は、「密事、早々火中頼候」⁴⁾とさえ述べている。その後も広定は実弟重就を支え続け、その姿勢を死に至るまで変える事はなかった。ある面で、重就は、実兄広定の全面的な支援を得て、長州藩の藩政を掌握する事ができたといえよう。その後、長府藩と徳山藩との対立⁵⁾、徳山藩の改易、再興問題も生じ、長府毛利家系の重就は、広定の支援の下、毛利輝元の血統を受け継ぐ、徳山藩主毛利広豊との軋轢を避ける必要があったのである。

国元加判役の毛利広定は、実弟の長州藩主である毛利重就に書状を送り、本来養子（世子）は、男系の血筋であるべきとして、長府藩の始祖毛利秀元が毛利輝元の正式な継嗣であったにも拘わらず、毛利秀就（ひでなり）が誕生したため、継嗣を辞して分家したという事実を主張した。そして、長府毛利氏の血統の正当性を強調し、重就の子毛利匡満が世子として相当と考えられる事、輝元血統の徳山藩主毛利広豊の子供達にも継嗣の権利があるのに、他家の毛利大三郎を養子にすれば、広豊が不満を持ち、納得しない事が幕府にも漏れる恐れがある事、しかも彼が養子になれば、重就にとって望ましくない事態が予想される事、長府毛利家には、清末毛利政苗親子のいずれかが移ればよい事等を述べている⁶⁾。

このように、長府毛利氏では、藩祖毛利秀元が毛利輝元の継嗣になっていた事を強烈に意識しており、同家の系図でも、秀元を毛利秀就と毛利就隆の兄として、位置づける立場が存在していた。しかし、毛利宗家の系図では、輝元の子の中に秀元の名前が存在せず、別系統としている。その結果、毛利元就の孫秀元の血統から、長州藩主となった長府毛利氏系統の毛利重就が、元就への尊崇を強調し、その正当性を補強したのである。更に、1752（宝暦2）年4月1日、国元加判役毛利広漢（ひろくに）は、江戸屋敷に到着し、重就に毛利大三郎（毛利重広）を世子に迎えるように進言した。

以上のような諸問題を解決し、毛利大三郎が世子に決まったので、1752（宝暦2）年5月1日、毛利重就は、国元加判役宍戸広周、堅田元武（安房）及び手廻頭役桂三郎左衛門（元冬）らを伴って江戸を発ち、漸く初入国の途に就く事ができたのである。

　初入国した毛利重就は、坂九郎左衛門（時存）、長沼九郎左衛門（正勝）及び山県市左衛門（昌貞）の3老臣に対して、長州藩の財政窮乏化の再建策を諮問している。彼らはすでに70歳を超えていたが、当職手元役[7]と当役手元役を歴任して、長州藩の藩政の中枢におり、財政にも精通していたからである。3人は吟味を重ねた上で、『御内々申上候覧』を作成し、当時、当職であった毛利広定に提出した。この著作は、上編24ヵ条、下編16ヵ条からなる大部であり、その内容は長州藩の藩政の全般に及んでいた。特に、旅費の削減、冗費の節約、藩債の整理、地方役人の粛清と減員及び定追損米[8]の整理等、当然の事ながら、行政の簡素化と経費の削減に重点が置かれていた。重就は、この『御内々申上候覧』を基礎として、後に詳細に記述する長州藩の財政改革に着手していったのである。

　1782（天明2）年8月23日、長州藩の財政改革を終えた毛利重就は、健康上の理由により、幕府の老中松平周防守（康福）、田沼主殿頭（意次）及び久世大和守（広明）の3人に隠居願を提出した。当時、重就は癪に悩まされるようになり、治療に努めたものの、健康を回復するに至らなかったためであった。幕府は、重就の願いを聞き入れ、世子毛利壱岐守（治元）に毛利氏の家督相続を許し、大膳大夫に任じ、毛利治親と改名させた。

　1783（天明3）年、毛利重就は江戸を発ち、長州藩への帰国の途に就いた。長州藩に帰郷を許された重就は、1789（寛政元）年6月下旬から、床に伏せる事が多くなり、9月末には重体となった。そして、同年10月7日に三田尻御殿で鬼籍の人となった。享年65歳であった。重就の遺骸は、同月20日に三田尻御殿を離れ、山口の佐々並を経て、萩に移され、護国山東光寺に葬られたのである。諡は、はじめ英雄院殿祐山如靖とされたが、後に英雲院殿祐山如靖大居士と改められた。尚、重就はその功績により、1908（明治41）年4月に、朝廷から従三位が追贈された事を特記しておく。

註

1) 長州藩の6代藩主毛利宗広は、1751（宝暦元）年2月4日に萩で死去した。彼は、死の前日、一門の長門の老中達に「申仕置条上」、組支配中達に「御意見之覚」を与え、長府藩毛利重就を「当分之養子」として幕府へ届け出ていた。
2) 小川國治『毛利重就』吉川弘文館、2003年、24頁。
3) 同上。
4) 同上、25頁。
5) 1707（宝永4）年、長州藩4代藩主毛利吉広が死去して、後継を決める際に、徳山藩主毛利輝元の血縁である毛利元次を後継者にするという動きがあった。しかし、彼は一度家臣の永井姓を名乗った事もあり、その意見は退けられた。そして、長府藩主毛利綱元の世子毛利吉元が、毛利宗家の家督を継ぎ、長州藩の5代藩主となった。
6) 小川國治、前掲書、31～32頁参照。
7) 当職手元役とは、江戸屋敷での財政整理を担当する役職をいう。
8) 田畑が災害等で荒廃した場合、検地をして永否地（不耕地）に認定したり、年貢を減免するのが普通であるが、長州藩では年貢額の減少を避けるため、従来通りに年貢と馳走米を上納させ、名目上の年貢額を維持して、実損分を幕府から農民に支給していた。これを追損米と呼んでいた。定追損米とは、これが定常化したものをいう。

第3節　毛利重就以前の長州藩の財政状況

　毛利重就は、1751（宝暦元）年に長州藩宗家を継ぎ、1752（宝暦2）年6月、江戸を出立し、初めて萩に帰り、1753（宝暦3）年正月、毛利広定を当職に任じた。そして、国元の政治、経済及び財政を彼に託したのである。前述の如く、広定は重就の実兄であるが、幼年期に家を出て、毛利一門の右田毛利氏を相続していた。重就は、帰国の途中に広定に長州藩の財政状況を聞いて、驚愕したとされている。宗家譜代の家臣の中には、古来の家風や先例と申し立て、支藩から藩主となった重就に対して、宗家の財政規模が大きい事を主張する者も存在したのである。

　大坂米切手訴訟事件[1]が、長州藩主毛利重就の当初の藩政に大きな打撃を与え、財政状況にも、大きな支障を来すようになっていた。当時の財政状

況を詳細に記録した文献として、『御所帯根積』2)が存在する。この文献は、1754（宝暦4）年8月から1755（宝暦5）年までの長州藩の経常収入及び支出、大坂借金及び国元借銀、利息支払い銀等が記載されており、長州藩の財政状況の検討資料として、極めて重要なものと推考される。

まず最初に、長州藩の財政収入を分析する事にしよう。『御所帯根積』によると、当時の長州藩の石高は、82万7371石余りであったが、そのうち長府、徳山、岩国及び清末の4末家への領地として、18万3022石余りを与え、一門以下の諸臣へ給地として、19万7203余石を割いていたので、長州藩の蔵入地（直轄地）の石高は、残りの44万7145石余りでしかなかった。更に、この中から天災による荒廃地1万8240石余り、庄屋及び畔頭（くちがしら）（部落長）への給与2500石余り、寺社領1612石余り、その他の諸役所の敷地等を除けば、課税地の石高は42万1182石余りとなり、その年貢収入は正租、雑税及び付加税を合わせても、米14万8225石余りに過ぎなかった。長州藩の銀収入は、「諸郡畠銀」等を合計すると、正銀1496貫786匁余りであり、これを札銀に換算するために、「1割8分増銀」を適用すると、1705貫563匁余りにしか過ぎなかったのである。この他、銀収入は、「紙売払代銀」847貫目、「大坂運送米売払代銀」1610貫800匁、「救米方差引残銀」60貫目等があり、総合計は正銀4740貫800匁、札銀1765貫563匁であった。このうち「公儀御遺用銀於札座引替銀」は、それに見合った支出をしていた。また、大坂運送米売払代銀も大坂で売る米を支出しているので、いずれも、実質的には収入とは考える事ができなかったのである3)。

次に、長州藩の財政支出を分析する事にしよう。収入と同様に、『御所帯根積』の記載によると、銀高では、大坂支出銀が1万761貫969匁と最も多く、国元支出銀が正銀1151貫919匁、札銀3203貫380目とこれに次いでいる。更に、江戸支出銀が2393貫488匁であり、合計すると正銀1万4307貫378匁、札銀3203貫380目となった4)。米高では、「家来中・寺社等切米、扶持米」が8万9687石で最も多く、以下、主たる支出項目として、「国元新古借米返済分」が6万4281石、「大坂運送米去年不足分」が2万3124石、「公儀御遺用札并古札銀引替米（札座引替米）」が1万7774石であり、合計す

第 11 章　毛利重就の財政改革（長州藩　第一期改革）

ると 28 万 2213 石となっている [5]。

　長州藩は、先代藩主の毛利宗広の残した 1 万 5000 貫目に加えて、1732（享保 17）年の秋には、中国地域、四国地域及び九州地域の広範囲に渡る蝗害によって、約 30 万石に及ぶ減収となり、更に、1743（寛保 3）年には大洪水で 13 万 5500 石、1745（延享 2）年には、度重なる洪水で 14 万 2000 石の負債増となった。加えて、1747（延享 4）年に 13 万 5000 石、1748（寛延元）年に 9 万 7000 石と、続けざまに生じる天災により、長州藩の領地の田畑は大きな被害を受けたのである。これらの事柄が原因となって、1754（宝暦 4）年当時の藩債は、3 万貫目にまで拡大し、その利息を含めて、毎年米 13 万 4000 石、銀 1 万 1000 貫目もの財政赤字を計上する始末であった [6]。

　ここまで、長州藩の財政収入と財政支出を分析考察してきたが、収支の状況を考えると、銀高は、差し引きの不足が正銀 9566 貫 578 匁、札銀 1437 貫 817 匁であり、米高は、「家中半知馳走米」の 7 万 4118 石、「地下石別四升宛馳走米」の 2 万 4735 石、「諸郡新古入替米其外借米等借戻分」の 2 万 4186 石等が実質的収入として加わるので、差し引きの不足分は、1 万 947 石であった。しかし、銀高に関しても、「国元借銀借戻分」が正銀 241 貫目、札銀 61 貫 910 匁、「大坂借銀借戻分」が、正銀 3753 貫目程存在し、これらが実質的収入として加わるので、不足分は正銀 5572 貫 907 匁であった [7]。

　以上の如く、1754（宝暦 4）年の財政状況は、米に関しては、100 万石近い馳走米を課税する事によって、何とか長州藩の運営と、国元の新古借米の利息や年賦支払いができる状態であり、銀収入に至っては、畠銀、その他の蔵入年貢銀、紙蠟売払代金及び大坂運送米売払代銀等によって、江戸、京坂及び国元の諸経費を賄う程度でしかなかった。換言するならば、大坂借銀の利息銀及び年賦償還銀は、全て赤字となる状態にまで陥っていたのである。

　この長州藩の財政状況を憂慮した毛利重就は、幕府に藩内の財政状態を訴え出た。その結果、1754（宝暦 4）年から 1757（宝暦 7）年までの 4 年間、長州藩の規模を 10 万石程度の大名並に格を落として、参勤交代や他藩との交際費を節約し、家庭内部の生活を維持するのに必要な費用も、その 20％を削減させたのであった。また、配下の士卒には、半知を命じ、収穫 1 万石に

つき4枡の割合で臨時税を徴収したが、それでも、毎年の財政収支は赤字状態から脱却する事ができなかった。そして、1758（宝暦8）年の決算では、負債の総額が4万貫目の大台を突破するに至ったのである[8]。

註
1) 大坂米切手訴訟事件とは、1751（宝暦元）年10月、大坂の米仲買人らが、長州藩大坂屋敷が発行した質米切手の8万9700俵分の支払いを求めて、大坂奉行所へ訴訟を起こした事件である（小川國治、前掲書、34頁参照）。更なる詳細は、小川國治『転換期長州藩の研究』思文閣、1996年、54～77頁を参照されたい。
2) 『御所帯根積』は、山口県文書館が所蔵する極めて貴重な文献の一つである。
3) 小川國治、前掲書、77～80頁及び三坂圭治『県史シリーズ35　山口県の歴史』山川出版社、1972年、194頁参照。
4) 当然の事ながら、札銀は、長州藩内のみでしか使用ができなかったのである。
5) 小川國治、前掲書、80～81頁参照。
6) 三坂圭治、前掲書、194頁参照。
7) 小川國治、前掲書、81頁参照。
8) 三坂圭治、前掲書、194頁参照。

第4節　毛利重就の財政改革

　毛利重就は、1751（宝暦元）年4月に長州藩主となり、1759（宝暦9）年3月から財政改革を開始した。この間、満8年が経過していたが、なぜ重就が財政改革に着手できなかったかに関しては、詳細に記述した研究業績はほとんど存在していない[1]。帰国後、重就は、1752（宝暦2）年7月23日に国元加判役宍戸広周を辞職させ、翌24日に当役[2]堅田元武を罷免し、後任に清水元周を採用した。更に、8月17日、重就は、国元加判役毛利元連（もとつら）が帰国の途中で、毛利本家の家紋を無断で使用した事を咎められ、「差控」を命じられた[3]。加えて、1753（宝暦3）年正月6日、重就は、世子毛利重広の部屋頭人役であった井原孫左衛門以下、多くの関係者を処分すると同時に、当職益田広堯を罷免して、毛利広定を後任とし、手廻頭役の梨羽広言（頼母）に当職添役を命じた。重就は、広周を国元加判役から退け、当役元武及び広

堯を遠ざけ、実兄の広定を重用し、彼とともに長州藩の政治、経済及び財政を掌握しようとしたのであった。

しかし、1754（宝暦4）年6月1日、病気療養を理由に、当職毛利広定は、辞職を申し出た。本当は、彼の辞任理由は、長州藩の財政運営の行き詰まりであった。領国内で当用借米銀や札銀引替用正銀を集めたものの、その後の資金繰りに、自信が持てなかったためであると推考される。だが、これは広定のみの問題ではなく、長州藩の財政の構造的な欠陥であり、その理由は相当しなかったと思われる。同月、毛利重就は仕方なく広定の辞任を認め、梨羽広言及び益田広道（隼人）の両名を当職に任じた。そして、彼らに隔月の勤務を命じたのである。この措置は、藩主重就が毛利広漢を強引に処罰した事に対する家臣の反発を考慮し、一時的に広定を当職から遠ざけたものともいえよう。

1734（享保19）年11月、高洲就忠は、初めて奏者役に就いたが、1738（元文3）年5月に辞任して、扶持方成[4]となった。1740（元文5）年、就忠はこの扶持方成の任務を終え、出仕して名代(みょうだい)等の諸役を務め、1742（寛保2）年9月から、奏者並役となったが、1744（延享元）年9月に辞任して、再度、扶持方成となった。しかし、有能な人材と見なされていた就忠は、1745（延享2）年12月に扶持方成を終えて、1747（延享4）年12月に朝鮮使節の接待役となり、敏腕を振るって頭角を現し、以後、諸役を務め、1756（宝暦6）年9月に当職裏判役及び記録所役に就任した。

1758（宝暦8）年9月28日、毛利重就に再度要請されて、毛利広定は当職に復帰する事となった。彼は、早速、当職裏判役及び記録所役の高洲就忠に、長州藩の財政改革に関する意見の具申を求めると同時に、老臣の坂九郎左衛門時存にも協力を要請した。就忠は、時を置かずに財政改革の詳細な具体策を提案し、同年10月、それを基礎として「御仕組一件扣」を作成した。就忠らは、長州藩の財政収支を検討し、国元の諸役所経費を10％、江戸藩邸の諸経費を15％、旅役銀を26％削減する必要性を主張し[5]、当職広定の名において、藩主重就自身が率先して倹約に協力する事を求めた。そして、儀式、交際、衣類、器具類の経費節約、諸役所役人の経費削減及び番役の期間

延期等を、具体的に提案したのである。

　1758（宝暦8）年11月17日、毛利重就は彼らの提案を認め、借銀差引方を借銀返済方と改名して、当面1人としたものの、諸役所役人の削減中にも拘わらず、倹約方1人、寄組已上所帯差引方1人を任じ、更に、諸給領上納米せり立之役人1人を置いた[6]。従来、家頼中馳走米と地下馳走米が、所帯方の経理の中に混在していたため、有効な財源になっていなかった。そのため、借銀返済方に、両馳走米を別途に管理させ、これを財源として、借銀の返済、借換及び利子の引き下げを担当させた。また、倹約方も所帯方の管理下にあった節約によって生じる米銀を引き取り、別途に管理及び運営をさせる事とした。

　1759（宝暦9）年8月1日、当職毛利広定は、「御仕組一件扣」に関して、次のような17カ条からなる「覚」[7]を蔵元両人所、遠近方、所帯方、郡奉行所、上勘所及び未定方に公布した。すなわち、

一、役人へは役料のみを渡し、今後は「御気遣」料を与えない。
一、役人が本役の外に兼役をしていても、今後は兼役料を与えない。
一、役人のうち本人や家内の者が病気になった際に、「御気遣」料を与えていたが、今後は停止する。
一、同役が病気や旅役で欠け、役人が一人で仕事をした際に、「御気遣」料を与えていたが、今後は停止する。
一、「小身」の家臣が旅役の支度ができない場合に、「御気遣」料を与えていたが、今後は停止する。
一、医師・絵師等の家業人に対して、道具調えのために「御気遣」料を与えていたが、今後は停止する。
一、勤功のあった家臣には了簡銀・御意銀等を与え、各階級の席が空き次第御根帳に記載することになっているが、間に合わないときは借銀を許してきた。今後、例え家臣が勤功をあげても、御根帳に記載される前に二重に借銀を許すことは停止する。
一、困窮の家臣に対して、藩が毎年米銀を貸し与えていたが、今後は一

か年のみとする。
一、貸米銀のうちで、時として「被捨下候分」が生じていたが、今後は貸し付けに際して詳しく詮議し、そのようなことがないようにする。
一、藩の買物は定値段で行っているため、値段が安く、「御用聞」商人が引き上げを要請するので、近年は「間欠銀」として補塡してきた。これでは定値段で買い上げる意味がないので、今後は定値段を改め、品物の値段を良く調べたうえで、相応の代銀を支払う事とする。
一、近年、諸郡其外修補仕組の米銀が不足し、所帯方の米銀をもって補塡してきたが、今後は停止する。
一、従来、米銀の支払いに際して、「日括」や「月括」の割印を所帯方役の外に年中行事方役も行ってきたが、今後は事務を簡素化するため、所帯方の割印のみとする。
一、所帯方役の下に括方役を設け、今後は所帯方役とともに割印する。所帯方役が下城した後に決済が必要になった際は、括方役が割印（決済）をし、翌朝、所帯方役が割印して手続を完了する。
一、旅役請払は、蔵元両人役の聞印・所帯方役の割印によって行ってきたが、今後は借銀方の佐々木満令の聞印のみで行うこととする。
一、殿様や一族の外出経費、御殿の造作費用等は、予め予算を立て、詳細に検討したうえで当職座の指図を受けることとする。
一、諸役所で仕事が忙しくて本役のみで処理できない場合は、臨時に暫役や手子役を置いたが、仕事が終了してもそのまま残しておくようになっている。今後は倹約方が検討・承認したもののみを残すこととする。
一、このような「御仕法」中であるが、優れた勤功のある者には、褒美を与える[8]。

以上のような「覚」の趣旨は、破綻した長州藩の財政状況を再建する事であり、家臣に一層の倹約を強いたものといってよいであろう。しかし、家臣救済の貸付米銀が1年間に限定された事、貸付米銀の「被捨下候分」が認め

られなくなった事等は、家臣にとって、特に厳しいものであり、不満を増大させる事となっていった。

さて、長州藩の財政状況を改善する最良の恒久的対策は、いかなるものであったのだろうか。以下が主要なものと考えられる。

第一に、新田開発で財政収入を増加させる事が挙げられる。しかし、それには、新しい検地が必要であった。この検地は、前述の如く、「宝暦検地」と呼ばれた。本節では、紙幅の関係もあり、主たる内容のみを記述する事とする9)。宝暦検地は、長州藩における6度目の検地であり、財政的基盤を強化するために、当職裏判役及び記録所役の高洲就忠と御前仕組方兼郡奉行の羽仁正之（はに）、借銀方佐々木満令（みつよし）及び所帯方小村帳懸粟屋勝之らが、藩主毛利重就へ進言したものである。1761（宝暦11）年5月以降、就忠は、勝之、小村帳頭取役布施光貞及び吉田房郷両人と検地を行う際の問題点を整理し、重就の許可を得て、8月に蔵元役所で正之及び勝之以下関係役人と具体的な打合せを行った。一方、正之は、8月末に、萩の片河町の松坂屋七之進の家を借り上げ、小村帳役所を設置した。こうして、検地実施の準備が整ったので、当職毛利広定は、9月に蔵元役所に各宰判の代官、下代（げだい）及び算用方を集め、検地の方針を伝えた。強調されたのは、貞享検地後の田畑の変化を掌握し、農民撫育（ぶいく）のために、石盛（こうはく）（厚薄）と丈量（こうきょう）（広狭）を是正する事であった。就忠、正之及び勝之らは、1762（宝暦12）年5月に蔵入地、1762年6月から1764（明和元）年4月に給領地で検地を行い、行政単位の村を小さな地域に区分し、小村帳と小村絵図を作成して、徹底的に把握した。彼らは、農民撫育のために「厚薄広狭秤」を行うとしながら、貞享検地後に開発された塩浜や開作地の石盛、石盛の引き上げ、延畝石の把握、追損米の整理、給領地増高6割分の蔵入地化等の財政収入の増徴策を強行した。その結果、長州藩は、新たな増加高の4万1608石余りを獲得する事に成功したのである10)。

第二に、「撫育方」11)の創設を挙げる事ができよう。宝暦検地の結果を聞いた毛利重就は、かなり満足したと思われる。しかし、この検地の目的は、新規事業の資金を生み出す事であって、この石高の増加による収入を経常費に流用する事があってはならない、と重就は考えた。そこで、1763（宝暦

第 11 章　毛利重就の財政改革（長州藩　第一期改革）　　231

13) 年5月15日、重就は、10ヵ条からなる『申聞条々』を当職毛利広定に与え、検地後の基本方針を示した。この文献の最後部に、以下の記述が残されている。すなわち、「この度、検地が終了したので、今後の藩政の要務を示し、憂いを招かないようにするため、増石分を所帯方とは別にすることを申しつける。したがって、この掟が後年に破られるか否かは、当職の功績と不功績によることとなる。以後、当職の交替の際には、この箇条を必ず引き継ぎ、新当職は、条々をよく会得して勤務する覚悟こそが奉職の第一である」12) と。換言するならば、重就は、残務整理の終了を待って、別途会計の法を定め、当職広定に黒印の条令を授けて、自分の見解の趣旨を告げたのである。そして、蔵元役所の中に、独立した局を設置して、撫育方と名づけ 13)、5月16日、宝暦検地に尽力した布施光貞及び都野祥正（みやこのもとまさ）をその頭人に、三戸基芳（もとよし）を本締役に、任用したのである。撫育方の創設は、長州藩の財政史上、画期的なものといってよいであろう。宝暦検地による石高の増加、換言するならば、年貢収入の増加によって、別途の財政資金が充実し、他日の財政困窮時に備える事ができる。その結果、長州藩の財政破綻の不安を取り除く事を可能とすると、重就は考えたのであろう。それゆえ、重就は一般会計との混同について、特に警戒して、以下のように述べている。すなわち、「所帯方の役人はこの儀なき以前と心得、所定の物成（年貢収入――筆者）を以てその職を守るべく、後年若しこの新物成を目当てにする役人があるならば、それは自分の責任に怠り、その任に堪えざるものというべきである」14) と諭し、区分された新物成は、直目付役及び蔵元役が立ち会って、所帯方から撫育方への引き渡しを行うが、撫育方の収支は一般に公開せず、直目付役が、藩主名代の資格で、その監査を行う事としたのである。

　撫育方の特別支出に関しては、それまで実施されてこなかった新規事業の資金として、積極的な投資が行われてきた事が注目に値するであろう。新田の開発は、これ以降、急速に推進され、干拓に便利な熊毛郡、佐波郡（さば）、吉敷郡及び厚狭郡等の、瀬戸内海沿岸の遠浅を、撫育方の干拓予定地域に指定した。また、毛利一門以下の高禄の藩士が着手した後、資金が続かず継続不可能であった開作地や、干拓後の状況が良好ではなく、上地（領地没収）を希

望していた者は、撫育方が買収して、熟地に仕立て直した。岩国領や徳山領でもこれに倣い、この頃から盛んに干拓が実施されるようになっていったのである。

　第三に、いくつかの産業開発を挙げる事ができるであろう。代表的なものを記述しておく事にしよう。以下は、撫育方の存在と密接に関係しているといってよい。撫育方の干拓地には、塩田が多かった。また、他国船の誘致を目的としての港湾施設も、熊毛郡室積（光市）、佐波郡中関（防府市）、赤間関伊崎新地（下関市）等に構築された。そこには、貸銀所や越荷方が設けられ、諸国の廻船を相手に、倉庫業も営まれた。他国との交易が盛んになるにつれて、以前は農家の副業として栽培されただけであった菜種子、綿、藍、煙草及び茶等が、特別な作物として注目を得る事となったのである。その他、製蝋事業を基盤とした工業開発計画も脚光を浴びる事となった。

(1)　塩業の開発

　三方を海に囲まれた防長両国では、早くから塩田が開かれていた。しかし、大規模な塩田の開発は、1688年から1703年の元禄期と1764年から1780年の明和・安永期に集中し、いずれも瀬戸内海沿岸で行われた。1699（元禄12）年8月、長州藩は三田尻村（防府市）の沖合で開作に着手し、1700（元禄13）年4月に、271町1反2畝余りに及ぶ造成地に成功した（三田尻大開作）。このうち、塩浜分は、148町4反1畝余りであったが、開発が完成した塩田は、87町（1浜を約1町と換算）であった[15]。これを三田尻浜という。1764（明和元）年7月、毛利重就は、三田尻浜の隣接地で開作に着手し、12月に潮留に成功すると、1765（明和2）年2月から、塩浜の築造を行い、1767（明和4）年8月に塩田33町4反を完成させた[16]。これは、撫育方が最初に開発した鶴浜開作である。この時、開作方御用掛の当職裏判役兼記録所役高洲就忠、御前仕組方兼郡奉行羽仁正之らは、撫育方の資金を投入するとともに、領内の豪農からも、馳走米及び銀を提供させ、その見返りとして、彼らを御利徳雇、本雇、三十人通及び無給通等の下級武士に登用した。就忠と正之達は、豪農の経済力を領内の塩田開発に応用したといえよう。

第 11 章　毛利重就の財政改革（長州藩　第一期改革）　　　　　　　　　　233

　その後、長州藩は鶴浜開作の成功を基礎として、同様の財源調達の方法により、瀬戸内海沿岸の各地で、次々と塩田の開発を実施した。撫育方塩田は、三田尻と小郡（おごおり）両宰判だけでも、鶴浜 22 軒、大浜 75 軒、江泊浜 17 軒、西浦前ヶ浜 35 軒、青江浜 19 軒、遠波浜 11 軒等、合計 179 軒にも達したのである。当時の塩田は、元禄期の塩田より大きく、1 浜が 1 町 5 反で築造されていたので、268 町 5 反が開発された事になる。このうち、三田尻宰判の塩浜は、古浜 39 軒と中浜 13 軒とともに、三田尻浜と総称され、年額 34 万 6500 石を産出する瀬戸内有数の塩業地域に発展していったのである[17]。防長両国の塩浜は、大坂市場のみならず、九州各地にも塩を販売したが、河村瑞賢の西廻り航路の発達により、山陰、北陸及び東北地方にも販路を拡大した。しかし、一方で、大型塩田の急増は、塩の過剰生産を惹起させ、価格を下落させ、塩田経営者の破産が相次いだのも事実である。

（2）　石炭の開発

　長州藩の石炭は、長門国の名物として知られ、燃料や灯火に用いられていた。1762（宝暦 12）年 9 月、山口の町人であった白須平七と金子清兵衛は、小郡判岐波村の床波浦で問屋を営み、石炭、塩、煙草、小糠（こぬか）、干鰯及び魚等の商品を取り扱いたい、と給領主で毛利一門の福原肥後（広門（ひろかど））に願い出た。福原は年間銀 30 枚（1 貫 290 匁）を上納する事を条件として、同年 11 月に、彼らに問屋の許可を与えた[18]。この頃になると、石炭が商品として売買されるようになっていたのである。毛利重就は、当職裏判役兼記録所役高洲就忠と御前仕組方兼郡奉行羽仁正之を通じて、船木宰判で石炭の採掘が盛んな事を知り、奨励すると同時に、石炭運上銀を徴収する事にした。採掘された石炭は、一旦、有帆（ありほ）村の火箱に集められ、運上銀が徴収された後に、各地に運ばれた。石炭業者は、火箱で運上銀を上納し、勘場から木札（鑑札）をもらって、運送船に渡したのである。そして、運送船は、有帆川河口の竜岩瀬に設置された札上所で木札を提出し、確認を得た後に各地に向かった。この石炭運送船には、漁船と区別するために、左右に焼き印が押されていた。このようにして、長州藩は、抜け荷を監視し、石炭の流通を統制するに至った

のである。

　1765（明和2）年の見積りによると、石炭運送船が2719艘で石炭を5万4200叺程運送し、運上銀として銀1貫355匁を徴収する事になっていた[19]。この運上銀は、半分が御勝置銀に上納され、残る半分が代官所に管理される事となった。このような大量の石炭が、領民の燃料や灯火にだけ、用いられたとは推測できないので、当然、塩浜の燃料として使用されていたと推考される。当初、有帆炭は、九州炭より劣ると評価されており、塩田業者から嫌われていたが、長州藩を挙げての奨励や強制によって、次第に塩浜で使用されるようになっていった。

　更に、南蛮車[20]の発明と改良により、石炭産出量は大幅に増加した。1857（安政4）年8月、長州藩は、幕府から長州炭を下田へ運送するように依頼されて、増産計画を立案している[21]。長州炭の評価は次第に高まり、1857年から長崎にも輸出され始め、薩摩と長州の交易でも重要な産物となった。一方、長州藩は、幕府の黙認の下で、1860（万延元）年から外国船にも長州炭を販売するようになった。

(3) 製糖業の育成

　長州藩の塩田や石炭の開発よりも以前の1755（宝暦5）年に、長府領内で大規模な黍畑が開墾され、製糖業が興っていた。毛利重就は、長府支藩も実質的に掌握していたとされる。したがって、長府領の製糖業は、長州藩が先駆的な役割を担っていたという事ができる。製糖事業に取り組んだのは、3弟永富独嘯庵、長兄内田屋孫右衛門及び次兄勝原吉太夫の3兄弟である。独嘯庵は、1751（宝暦元）年に上洛し、古医方の有名な山脇東洋の門下生となり、吐方を大成した人物である。彼は医師として名をなす一方で、産業の開発にも関心を抱いていた。そこで、長兄孫右衛門、次兄吉太夫とともに、長谷川慶右衛門から製糖術を学んだのである。慶右衛門は、長崎で唐人から製糖術を伝授された人物で、更に、工夫を加え、白糖法の技術を会得していた。3兄弟は、長崎で砂糖黍の苗を買い入れ、孫右衛門の安岡村と吉太夫の宇部村で栽培を始めた。

第 11 章　毛利重就の財政改革（長州藩　第一期改革）　　235

　その後、黍の栽培が順調に推移し、安岡と宇部の両村の他に、長府領の長府、赤間関、黒井村、川棚村及び角島でも栽培が開始された。1755（宝暦 5）年、長府藩は、大坂商人と年 1 万斤の白糖を、約 10 年間に渡って輸出する契約を結び、1756（宝暦 6）年 6 月に、幕府に許可を願い出た。砂糖黍 6 万株から白糖が約 1 万 2000 斤製造でき、銀 24 貫目から銀 30 貫目に相当する収入を獲得する事ができた。このうち、銀 18 貫目が、長府藩に上納されたのである。一方、農民にとって、砂糖黍の栽培は、1 反で銀 200 貫目の純収入が得られたので、米を作るよりも 3 倍から 4 倍の利益があったとされている[22]）。

　白糖精製の具体的方法は中国式の泥土脱色糖法[23]）である。これは、平賀源内が 1763（宝暦 13）年に開発した方法であるが、長府領内では、それに先立って実施していた。加えて、長府藩内では、領内で黍を栽培して、製糖業を興すと同時に、輸入の黒糖を白糖に精製して、利益を得ようと考えていた。しかし、重就は、幕府から密貿易の嫌疑を掛けられ、長府藩の製糖事業は、中止を余儀なくされてしまった。

（4）　櫨蠟の生産と専売制

　1681（天和元）年から、長州藩は、領内で桑、漆、櫨及び油木の栽培を奨励したが、未だ成果を得る事はできていなかった。長州藩が、薩摩櫨の栽培に本格的に取り組むのは、1725（享保 10）年 1 月からである。この月、長州藩は、薩摩櫨の栽培で著名な技術を保有していた、村上平次郎を指導者に任命し、長州藩領内全域で栽培させる事とした。その方法は、徹底したものであり、蔵入地や給領地は勿論の事、武家屋敷、寺社境内、町屋敷及び農民屋敷の周辺に至るまで、植えつけを命じたのである。収穫された櫨の実は、蔵入地の方法が適用され、栽培者に半分を分配し、給領主、寺社家及び諸屋敷所有者に残る半分が配分された。これによって、長州藩領全域で、薩摩櫨の栽培が普及する事となったのである。

　1744（延享元）年、長州藩は櫨の実の取り扱いを厳重にする事にした。これまで、各宰判に 1 人ずつ置いていた「櫨方手子」を改め、「村手子」に

「櫨手子」を兼務させ、各村における収穫状態を把握させた。そして、それと同時に、勘定役の1人を「櫨実取立人」に任じ、各宰判を巡回させた。そして、長州藩は、給領主が収納した櫨の実も買い取り、「木主」（農民）から買い上げる値段で代銀を支払う事とした。当時は、蔵入地と給領地とも、収穫された櫨の実の30％を「御徳用櫨」と称して、長州藩と給領主がおのおの収納していた。更に、長州藩が残りの70％を蔵入地と給領地の木主から買い上げていたのである[24]。この御徳用櫨は、実質的には年貢に相当すると考えられる。

更に、長州藩は、三田尻に櫨方役所を設置し、藩営板場を使用して蠟を製造していたが、萩にも藩営板場を開設し、民営板場を禁止した。換言するならば、毛利重就は、櫨蠟が長州藩の重要な財源になっていたので、櫨の実の独占的集荷と櫨蠟の専売制を導入したのである。1757（宝暦7）年9月20日、当職裏判役及び記録所役高洲就忠は、所帯方小村帳懸粟屋勝之に、以前と異なり、3年間の収穫高を平均して、「定法櫨実高」を定め、その30％を長州藩が収納し、以後、櫨の実の収穫高が増加しても、残りの70％は、従来通り木主から買い上げる事、赤間関の商人に櫨の実の絞り役を請け負わせる事、櫨の実の脇売りを厳禁する事等を申し伝えた。当然、同じものが各代官にも通達されていたと考えられる。これによって、櫨の実の収納方法にも定免制が導入された事が理解できよう。

加えて、1759（宝暦9）年に、長州藩は、萩の片河町の重村吉右衛門と長谷川宗兵衛に晒蠟（さらしろう）の製造と領内販売の独占権を与え、他国の蠟の売買を禁止した。そして、他国のものと区別するため、御用蠟は押印する事にした。当時、長州藩には17宰判があった。この中で、請紙制が施行され、和紙を年貢の代わりに納めていた前山代と奥山代の両宰判を除くと、15宰判が残る。吉田宰判の櫨の実が1万2000貫目であったので、単純計算すると、15宰判では、櫨の実が18万貫目に達した。この櫨の実高は、1753（宝暦3）年の23万貫目より5万貫目も減少している[25]。1760（宝暦10）年7月4日、長州藩は、櫨の実の生産が減少した事により、平均収穫高を定法櫨実高へと変更し、長州藩の取り分を増加させた。しかし、これにより、櫨の実の独占集荷体制

第 11 章　毛利重就の財政改革（長州藩　第一期改革）　237

が強化され、櫨の実の買上価格も低く抑えられる事となったが、木主の生産意欲は著しく減退したのである。上述の如く、宝暦期から安永期にかけて実施された櫨蠟の専売制強化策は、大坂売りに加えて、領内の「鬢付屋中」に対する晒蠟の販売も重視されていたのである[26]。

(5)　綿織物の増産と統制

　1661（寛文元）年7月、当職榎本就時(なりとき)は、所務に関する箇条を各代官に発布し、木綿の栽培を奨励した。寛文期から、三田尻宰判伊佐江村における綿作は、領内の瀬戸内海側諸村で普及し始めたが、木綿織が盛んになって、領内の綿のみでは不足するようになった。その結果、長州藩は、大坂から繰綿(くりわた)を購入し、その需要に応じざるを得なくなっていたのである。

　1683（天和3）年11月、当職毛利外記(げき)（就直(なりなお)）は、各代官に、大坂から購入する繰綿の問屋を、京都の商人大黒屋善四郎に指定した事を伝え、他の商人から購入する事を禁じた。しかし、大黒屋の取り扱う繰綿の価格が高く、領内の綿商人から不満が生じ、1684（貞享元）年9月、当職就直は、繰綿問屋を大坂の白井太左衛門と長田三郎右衛門に変更し、彼らから繰綿を独占的に買いつけ、「抜け綿」を厳重に取り締まる事とした。

　このような状態が、恒常化していたため、1763（宝暦13）年に、毛利重就は、入津(にゅうしん)の繰綿と出津(しゅっしん)の木綿織に運上銀を課する事とし、各宰判に運上方制道人を配置し、市町や港町に制道場を設け、監視を強化させた。1767（明和4）年の綿布運上仕法によると、運上方制道人や地下制道人が徴収した運上銀は、1カ月ごとに勘場に集められ、4カ月ごとに勘場から、蔵元両人役に属する勘定方に上納されていた。一方、領内売りの木綿織には、萩町に搬入する折りに、運上銀（反別3文）を徴収するが、その他の地域では、生活に必要なものとして、運上銀を免除していた[27]。1767年に、重就が制定した綿布運上仕法は、その後も引き継がれ、1814（文化11）年の「御国産方御役座」、1829（文政12）年の産物会所の設置にも影響を及ぼしたのである。

　以上、主たる産業開発を挙げたが、更には、山代請紙制の再建や鉱山の開発とそれに伴う製鉄業の成功によって、莫大な利益を得ていたのである[28]。

このようにして、毛利重就の「宝暦の改革」と呼ばれる江戸後期の財政改革は、多くの犠牲を強いながら、一定の成果を得る事ができたと思量される。

註
1) 管見の限りであるが、小川國治、前掲書が数少ない研究の一つである。
2) 当役とは、江戸藩邸にあって、常に藩主の左右に控え、人事全般を扱い、重要事項を処理する役職をいう。
3) 毛利本家の家紋は、「一画三星」と「澤瀉（おもだか）」である。毛利元連の厚狭（あさ）毛利家は、毛利元就の子毛利元康を祖とし、毛利一門として、毛利広定の右田毛利家に次ぐ地位を占めていたが、正式な家紋は「柊」紋を「丸之内に立澤瀉」であった。
4) 扶持方成は、寄組及び大組等の家臣が借銀で生活に困窮し、諸役が果たせなくなった場合、長州藩が家臣の知行地を預かって、扶持米を与え、借銀の返済を行わせる役職であった。
5) 小川國治、前掲書、34頁参照。
6) 同上。
7) 「驪録・高洲一格」（山口県文書館所蔵）。
8) 小川國治、前掲書、40～41頁。
9) より詳細な「宝暦検地」に関する記述は、小川國治、前掲書、115～148頁（第3章「宝暦検地」）を参照されたい。
10) 小川國治編『山口県の歴史』山川出版社、2012年、165頁参照。
11) 撫育方は、従来の経常費の会計と区別し、別途に新しい産業復興の基金としての積立管理をする事を決めた、危険回避のための特別会計である。撫育方及びその制度に関しては、三坂圭治『萩藩の財政と撫育制度（改訂版）』マツノ書店、1977年が、極めて詳細である。
12) 小川國治『毛利重就』吉川弘文館、2003年、93頁。
13) 撫育方という名称は、毛利重就自身が選び、毛利広定に与えたとされている。
14) 三坂圭治、前掲書、197頁。
15) 小川國治編、前掲書、175頁参照。
16) 同上、176頁参照。
17) 同上。
18) 小川國治、前掲書、130頁参照。
19) 同上。
20) 南蛮車は、1840（天保11）年頃に、宇部村亀浦の農民向田（むかえだ）七右衛門と向田九重郎の兄弟が発明したもので、釣瓶（つるべ）の綱を滑車に通して、轆轤（ろくろ）で巻き上げる人力の装置であり、「長州南蛮車」として、九州各地でも広く使用されるようになった。

21）この頃になると、船木宰判以外でも石炭が採掘されるようになったので、有帆炭は長州炭と総称されていたのである。
22）小川國治、前掲書、136頁参照。
23）泥土脱色糖法は、素焼きの瓶の底に穴を空け、その穴に茶葉を差し込み、上から煮詰めた糖液を入れ、液体部分を下の桶に糖蜜として落とし、その晒した糖液の一部を上から掬って別の瓶に移す。この過程を繰り返し、最後に瓶口を泥土で塗って密封するというものである。
24）小川國治、前掲書、140頁参照。
25）同上、152頁参照。
26）これは、大坂運送米だけでなく、領内で港町を開発して、米穀市場を創設し、領内売りを進めた政策と、全く同じものであったといえよう。
27）その結果、消費用木綿織の名目での抜け荷が横行し、役人達は、運上銀の徴収に大変苦労させられた。
28）製鉄業と鉱山の開発に関する詳細は、小川國治編、前掲書、181～187頁を参照されたい。

第5節　むすびにかえて

　商品経済の発展に伴って、財政破綻の様相を色濃くする長州藩は、財政危機からの脱却を目的として、財政改革に着手した。その中心人物こそ、藩主毛利重就であった。彼の財政改革の特徴は、主として3つ挙げる事ができるであろう。
　第一に、集中強化された長州藩の権力を背景として、年貢体系の維持のための宝暦検地を強引に実施した事である。
　第二に、長州藩独特の撫育方による専売統制によって、発達する農民的商品経済を掌握及び吸収しようとした事である。
　第三に、この財政改革を契機として、後世の財政政策が現物地代増徴策から専売制へと重点を移行する基礎となっていった事である。
　以上の財政改革の特徴は、長州藩の歴史において、極めて注目に値する事柄であった。そして、この財政改革を推進する事を可能としたのは、長州藩の権力機構の集中強化、すなわち、藩主毛利重就の絶対的独裁権力の確立に

よるものであった。その結果、長州藩の宝暦の改革が、重就による明君伝説を作り上げる事となったのである。

長州藩では、江戸時代後期、毛利重就が、宝暦の改革と呼ばれる藩債処理や、新田開発等の財政改革を実施した。1829（文政12）年、産物会所を設置し、村役人に対して、特権を与えて通貨統制も行った。しかし、1831（天保2）年には、大規模な長州藩天保の大一揆が惹起された。その後、1837（天保8）年4月27日に、後に「そうせい侯」と呼ばれる毛利敬親が藩主に就任すると、村田清風を登用した天保の改革に着手する。こうして、重就の財政改革の志は、同じ長州藩において、江戸時代後期の財政改革者の清風に受け継がれていくのである。

毛利重就の明君像は、明治維新の動乱期に、豊富な撫育方の財源が大きな役割を果たした事で作り上げられたと推考されるが、それは間接的な事柄であり、撫育方の存続及び継続には、村田清風の存在が不可欠であったと思惟する。

毛利重就関係略年表

1600（慶長5）年	関ヶ原の戦いにおいて、西軍敗れる。毛利輝元と徳川家康との関係が修復される。
1610（慶長15）年	防長両国の検地が完了する。
1615（元和元）年	幕府が一国一城の令を発布する。これにより、山口高嶺、岩国横山及び長府串崎の3城を破壊する。
1624（寛永元）年	防長両国の熊野検地が着手される。翌年8月に完了する。
1643（寛永20）年	田の租税の見取法が廃止され、春定法が施行される。畠方も石貫に定められる。
1666（寛文6）年	徳地宰判に紙及び楮の貢納制度が始まる。
1677（延宝5）年	財政困窮を改善するため、初めて藩札が発行される。
1700（元禄13）年	三田尻大開作が完成する。
1716（享保元）年	徳山藩改易、藩主毛利元次が隠居する。これにより、藩内はことごとく宗家の管轄となる。
1719（享保4）年	藩校明倫館が設立される。徳山藩の再興が認められる。
1725（享保10）年	長府藩主毛利匡広の5男として江戸藩日ヶ窪邸で誕生する。母は側室

第11章　毛利重就の財政改革（長州藩　第一期改革）　　241

	津礼。
1731（享保16）年	毛利宗広が萩藩主となる。
1732（享保17）年	防長両国の蝗害が29万2740石余りに達する。
1735（享保20）年	兄毛利主水師就の死去により長府毛利家の家督を相続する。
1739（元文4）年	従五位下・甲斐守に叙任され、毛利匡敬と改名する。
1741（寛保元）年	長府に初入国する。
1748（寛延元）年	柳川城主立花貞俶の次女登代と結婚する。大坂の米仲買人が質米切手の支払いを求めて出訴する。
1751（宝暦元）年	萩藩主宗広の萩城での逝去により毛利宗家の家督を相続する。従四位下・侍従に叙任され、毛利重就と改名する。再度、大坂の米仲買人切手訴訟が起こり、深刻な事態となる。
1752（宝暦2）年	萩に初入国する。3老臣に財政の再建策を諮問する。
1753（宝暦3）年	実兄毛利広定が当職となる。藩札通用の年限延期が許可される。
1754（宝暦4）年	萩町の豪商熊谷五右衛門に御用銀の調達を命じる。毛利広定が当職を辞任する。
1755（宝暦5）年	永富独嘯庵が兄2人と長府領で白糖製造を開始する。
1757（宝暦7）年	櫨蝋の専売制を強化する。
1758（宝暦8）年	毛利広定が当職に復帰する。直書を公布し、財政改革の骨子を示す。
1759（宝暦9）年	当職毛利広定が直書を与え、財政改革を宣言する。
1761（宝暦11）年	家臣に宝暦検地実施の意向を示す。毛利広定が検地の実施を公表する。
1763（宝暦13）年	萩の豪商梅屋吉右衛門に、港町の開発を請け負わせる。蔵入地と給領地の検地が完了し、増高5万1636石余りを得る。撫育方を設置し、増高を財源に充てる。木綿織に運上銀を課し、運上方制道人、制道場を設け、監視を強化する。
1764（明和元）年	最初の撫育方開作である鶴浜開作に着手する。
1765（明和2）年	船木宰判有帆村で石炭運上銀の徴収を開始する。
1766（明和3）年	幕府から美濃・伊勢両国諸川の修築普請役を命じられる。大浜開作に着手する。
1767（明和4）年	『明和譜録』が完成する。室積の港町を整備し、中関でも港町を開発する。綿布運上仕法を制定する。
1768（明和5）年	中関宰判を設置する。
1769（明和6）年	山代復興策と請紙制の再建に着手する。
1770（明和7）年	『四冊御書附』が完成する。
1772（安永元）年	江戸の大火により、3つの藩邸が全焼する。
1776（安永5）年	高洲就忠が当役に就任する。三田尻御殿の建設に着手する。
1778（安永7）年	幕府から日光東照宮の修復普請役を命じられる。高洲就忠が当役を辞

任する。
1779（安永8）年　明倫館の刷新を指示する。
1780（安永9）年　周防国の国分寺金堂を再建する。撫育方名目の囲籾を創設する。
1782（天明2）年　隠退して毛利治親に家督を相続させる。
1783（天明3）年　三田尻御殿が完成し、住居を移す。
1786（天明6）年　毛利治親が大殿毛利重就の意を受けて、高洲就朝に200石を返還し、旧知行高を回復させる。
1789（寛政元）年　毛利重就、三田尻御殿で鬼籍の人となる（享年65歳）。萩の護国山東光寺に埋葬される。
1814（文化11）年　御国産方御役座が設置される。
1829（文政12）年　産物会所が設置される。
1857（安政4）年　長州炭が下田と長崎へ輸出される。
1860（万延元）年　長州炭が外国船へ輸出される。
1908（明治41）年　従三位が追贈される。

（出所：三坂圭治『県史シリーズ35　山口県の歴史』山川出版社、1972年、年表11～31頁及び小川國治『毛利重就』吉川弘文館、2003年、235～241頁より作成）

第 12 章

村田清風の財政改革（長州藩　第二期改革）
——明治維新につながる財政改革の功労者——

第 1 節　はじめに

　村田清風[1]は、幕末の長州に登場した財政改革者として稀有な人物といえよう。特に、同時期の薩摩藩の調所広郷と並び称せられる[2]。財政学者の多くは、明治維新の最大の功労者として、清風と広郷を挙げている。なぜならば、この 2 人がいなかったならば、マシュー・カルブレイス・ペリー（Matthew Calbraith Perry）が浦賀を開港させた時、長州藩と薩摩藩は莫大な借財に押し潰され、維新運動等できなかったであろう。

　では、関ヶ原の戦いの敗戦後、120 万石から約 4 分の 1 の 36 万石に減封されたにも拘わらず、なぜ長州藩が幕末に活躍できたのであろうか。その理由として挙げられるのが、本章の主題でもある村田清風による長州藩の財政改革であった。

　長州藩の財政改革は、1751（宝暦元）年、前章で取り上げた毛利重就が 7 代藩主に就任し、本格的に着手される事となった。詳細を述べると、当時、長州藩では、2 回に渡る大きな財政改革がなされた。重就の「宝暦の改革」[3]と村田清風の「天保の改革」である。この 2 つの改革の中でより重要と思われるのは、後者の天保の改革である[4]。また、天保の改革は、藩の体制の再編、強化を目的とし、その中心的課題は財政改革であったが、それとともに、軍事力の強化と教育改革にも力点が置かれた[5]。しかし、本章では、紙幅の都合により、清風の天保の改革を中心に論じる事にする。

　最初に、毛利重就は「撫育方」を創設し、困窮していた長州藩の財政改革を開始した。その後、村田清風が財政改革担当者に任命されたのは、1838

（天保9）年であり、この間、長州藩も他藩と同様、市場経済の荒波の中で、財政は困窮の一途を辿っていったのである。

村田清風が財政改革担当者に任命された経緯は、彼の祖父村田為之が毛利重就の撫育方創設と関係していた事にあった。この点で、清風の財政改革は、重就の改革路線の延長線上にあったといえよう。彼が財政改革を引き受けた当初の長州藩の財政状況は、彼が「8万貫目の大敵」[6]と呼んだ如く、歳入額に対して約22倍の借金がある状態であった。この時点では、明治維新どころではなかったであろう。

本章の目的は、村田清風がどのようにして、幕末の長州藩の財政改革を成功させたかに関して、若干の考察を試みる事にある[7]。

註
1) 村田清風の人と業績に関しては、山口県教育会編『村田清風全集　上巻』山口県教育会、1961年、同下巻、1963年及び平川喜敬『村田清風――その業績と感懐――』東洋図書、1980年が詳細である。尚、『村田清風全集』は以後、『全集』と略記する。『全集　下巻』の付録に山田顕義撰の「松斎村田君誌銘」と題する漢詩が掲載されている。顕義は、清風の実弟である山田市郎右衛門の次男の山田顕行の長男である。顕行の兄山田亦介が父跡を継ぎ、顕行は出でて、別家山田右兵衛に養われていた顕義は文武の逸材、明治維新の元勲とされる。また、現在の日本大学及び國學院大学の創始者としても著名である。清風は、その顕義の大伯父である（『全集　下巻』783～787頁参照）。
2) 本章末の「村田清風関係略年表」には、調所広郷の行った薩摩藩の財政改革をも、村田清風の財政改革と比較のため、あえて付加した。
3) 当時の長州藩は、前章で詳述したように、以下のような状況にあった。すなわち、1732（享保17）年に中国地方に蝗害が起こり30万石近い減収となった。更に、1743（寛保3）年に大洪水、1745（延享2）年にも数回に及ぶ洪水、1747（延享4）年には天災が生じる一方、幕府は容赦なく利根川の手伝普請に約3000貫の出費を命じた。その結果、1754（宝暦4）年、藩債は3万貫にも達していた。危機感を有した藩主毛利重就は実兄毛利広定を当職に任命し、財政改革に着手した（嶋津隆文「中国地域の経世家たち　第4回　村田清風」『経済調査統計月報』中国電力エネルギア総合研究所、2008年、2～3頁参照）。
4) 天保の改革に関しては、關順也『藩政改革と明治維新』有斐閣、1956年、55～139頁及び田中彰『塙選書45　幕末の藩政改革』塙書房、1981年、125～181頁が極めて詳細である。

5）例えば、村田清風は早くから教育の重要性に着目し、彼の著書の中で多くの教育観を述べている。すなわち、1850（嘉永3）年著述の『病翁宇波言』（『全集　上巻』357～369頁）の中では、家中諸士一統の文武奨励という構想を示し、1853（嘉永6）年に書かれた『遼東の以農古』では、「御家来2700人、足軽以下4000人諸郡に散在して居れども、数と伝事なし、早く一郡の中央勧場近辺迄二里の内へ、文武の稽古場、尚手習場、素読場を建て、県合え都合を司らしめ、五常の道を四民え御教導あり度事なり」（『全集　上巻』406頁）と述べ、軽率の戒めや一般庶民をも対象とした教義の普及及び徹底を求めたが、これが1849（嘉永2）年の明倫館再建と教育改革の基本理念であった。

6）8万貫とは、金にして約170万両を意味する。

7）筆者は、すでに村田清風の財政改革に関して、論文を残している（拙稿「村田清風の財政改革に関する若干の考察」『国際文化表現研究』第10号、国際文化表現学会、2014年）。本章は、過去の論文に加筆修正したものである。

第2節　村田清風の生涯

　村田清風は、1783（天明3）年5月26日、長門国大津郡三隅村沢江に生まれた。当時の将軍は徳川家治、長州藩主は毛利治親の頃であった。清風は、父村田光賢、母村田岩子の長男である。幼名は亀之助、四郎左衛門、織部ともいった。諱は順之、号は清風、松斎、梅堂とされる。父光賢は、禄高50石の長州藩士であり、大島郡宰判の代官も務めた事があった。

　1789（寛政元）年、村田清風は7歳の時、三隅村浅田の八谷塾に入塾した。塾頭は八谷弥六郎で、主に文字の読み書きと漢籍の素読を教えた。弥六郎が書いた手本を暗記するまで練習し、朗誦するのが日課であった。清風は、手習いは人に遅れを取る事はなかったが、素読暗誦が不得意であった[1]。やがて11歳になった清風は、三隅町豊原在住の藩士周田貢の塾に転学した。周田塾では、八谷塾の素読を基礎として、更に、四書五経のより深い読習や武術稽古が要求された。彼自身の努力もあり、清風は13歳を迎える頃には、四書五経の素読も一応終えて、塾生の前で範読させられるまでになった。14歳の春を迎えると、弥六郎と周田の勧めもあって、清風は藩校である明倫館へ入学する事になった[2]。

1802（享和2）年、村田清風は初めて上京し、江戸では、塙保己一等から兵法や海防策を、また海保青陵の著作から経世論を学ぶ等、更に知識を広げた。また、松平定信にも謁見している。定信はすでに退官していたが、毛利家とは婚姻関係にあり3）、定信は清風に親身になって相談に乗っていたと思われる。

1811（文化8）年、村田清風は当役管轄下の右筆役密用方に取り立てられている。この職は、典故（典拠となる故事）、儀式、系譜、諸記録の調査を担当する役職である。清風は、特に、起案書記を担当していたとされる。更に、1812（文化9）年、清風は、当職管轄下の御用内掛を拝命した。この極めて重要な職務を任されたのは、彼がいかに藩主から信頼されていたかを示していた。

1814（文化11）年頃から、海外から外国船が日本に来るようになり、国防意識がだんだんと高まってくる。この年、藩主毛利斉煕は、村田清風達にこの問題の研究を命じた。その結果、神器陣4）の第一回の操練が、1817（文化14）年に菊ヶ浜で行われた。この頃から、長州藩の財政状況は、窮乏化の一途を辿り、極めて深刻な社会不安が起こり、農民一揆が多発し始める。更に、追い打ちを掛けるように、次々と藩主が急逝するに至った。

村田清風は、財政改革の必要性を早くから熟知していた5）。1820（文政3）年、『売却売爵論』を記述し、豪農及び豪商の贅沢と長州藩の金権政治を批判し、1824（文政7）年から1825（文政8）年には、毛利斉煕に起用され、大坂方面における藩債の整理を担当した。清風は、1832（天保3）年、毛利斉元の命により、『此度談』6）を書き、財政改革の意見を上申した。しかしながら、当時、それは余りにも苛烈過ぎて、受け入れられなかった。その結果、彼は辞職した。そして、清風は病と称して表番頭格江戸用談役という要職を辞退して隠居し、江戸葛飾邸にいた斉煕の手元役となった。

1837（天保8）年4月27日、毛利敬親7）が新しい長州藩の藩主となった。敬親は、当時の当職益田越中から長州藩の財政困窮状態を聞き、財政改革に着手する。その大任に選ばれたのが、村田清風その人であった。1838（天保9）年、敬親は清風の力量を見定め、地江戸両仕組掛に任命し、更に、家老

第 12 章　村田清風の財政改革（長州藩　第二期改革）　　247

顧問役（財政改革の総元締）を兼務させるという英断を下した。中級武士である清風を一挙に一代家老にまで抜擢したのである。そして、敬親は、終始、清風の後ろ楯になって、支援を惜しまなかった。清風は、思い切った財政改革を次々に行っていった。彼は中級武士であったにも拘わらず、その類稀なる能力を認められて、次第に頭角を現し、5人の藩主（毛利斉房、毛利斉熙、毛利斉元、毛利斉広及び敬親）に仕え、長州藩の財政改革に大きな足跡を残したのである。

　1839（天保10）年、吉田松陰は11歳の時、藩主毛利敬親の前で武教全書の御前講義を命じられ、その時、村田清風からも声を掛けられている。清風は、後の松陰、ひいては、その後継者達にも大きな影響を与えた人物であったといえよう。

　しかし、村田清風の財政改革の厳しさに反対派の声も高まり、1844（弘化元）年、清風は退き、藩政は坪井九右衛門一派の手に渡った。1848（嘉永元）年、明倫館再建用掛を命じられるが、発病して退職する。その後、清風は病から回復して、子弟教育に力を注ぐ一方で、『海防糸口』[8]や『遼東の以農古』[9]等の著作を残している。一時、清風の財政改革は、彼の手を離れ、後継者周布政之助に引き継がれる[10]。それにより、長州藩の財政改革は、坪井派（俗論派）と周布派（正義派）で交互に取り組まれる事になった。1855（安政2）年、清風は当時の家老周布の要請により、能力を再び発揮すべく、江戸方海防仕組参與に任命されるが、反対派の一人である椋梨藤太の擡頭もあり、再び退陣を余儀なくされた。そして、同年7月9日、脳卒中のため遠逝した。享年73歳であった。

註
1) 両親は、村田清風が幼児期に記憶力もよくなく、訥弁もあり、随分と将来を心配したようである。事実、後に転塾した周田塾では、12歳の頃、一度退塾させられている（霜月一生『経営参謀　村田清風』叢文社、1989年、11〜13頁参照）。
2) 村田清風は、在学3年で一度卒業しているが、成績優秀のため学費免除の上、更に2度に渡って再入学を認められている。尚、明倫館の名前の由来は、「人倫上に明らかにして、小民下に親しむ」という『孟子』から取られた。意味は、「人徳を

修める事こそが政治の道である」という事から、支配者階層としての武士の心構えをもう一度初心に帰り鍛え直そうというものであった。元来、中国の古典つまり朱子学中心の講義と武術の稽古が中心であったが、1849（嘉永2）年の再建以降、それまでの中国中心の学問から、蘭学を中心とした洋学へと時勢に合わせて講義内容も変化していく（清風の洋学観に関しては、小川亜弥子「村田清風の洋学観——幕末期長州藩藩政改革との関連で——」『史学研究』第191巻、広島史学研究会、1991年、1～19頁が詳細である）。

3）毛利治親の夫人邦媛院は、田安宗武の娘で、徳川吉宗の孫に当たり、松平定信にとっては姉になる（香川政一『村田清風小伝』椿窓書屋、1938年、33頁参照）。

4）神器陣は、火砲中心の天山流を基本とし（「水軍并神器陣一件文書」『全集　下巻』659頁）、「車台え大砲を乗拾文目筒三十左右の羽翼をなし、其後え刀槍之殺手隊凡百人計も組合一隊となし、大砲小銃矢継早に込替々々打立、手負死人色めく敵え黒烟の下より刀槍を以なくり立」という戦闘法を取るものであった（小川亜弥子、前掲論文、2頁参照）。

5）天保の改革の前後に渡って、諸藩でも、ほとんど同時に藩政の改革が遂行された。その改革がどの程度に、どのような形態で成功したかが、諸藩の幕末政治史上の活躍に大きな影響を与えた。早くは細川重賢（銀台）、上杉治憲（鷹山）及び佐竹義和の財政改革が有名である（重賢に関しては、古城貞吉編『肥後文献叢書　銀台遺事・官職制度考』隆文館、1909年、鷹山に関しては、池田成章編『鷹山公世紀』吉川弘文館、1906年、義和に関しては、大久保鉄作『天樹院佐竹義和公』大久保鉄作、1916年等が残されている）。

6）『全集　上巻』117～136頁。

7）毛利敬親は、家臣から何をいわれても「そうせい」と答えていたので、「そうせい侯」と呼ばれ、暗愚の藩主とする説も存在する。

8）『全集　上巻』451～470頁。

9）同上、401～407頁。

10）周布政之助は、後に革新的政治家として藩内外の志士を指導し、安政以後の難局に対処するが、1864（元治元）年、蛤御門の変の責任を一身に受けて自刃する。しかし、その志は、吉田松陰、高杉晋作、木戸孝允（たかよし）及び伊藤博文らに引き継がれ、長州藩改革派を輩出する。

第3節　村田清風の財政改革

　本来であれば、村田清風以前の長州藩の財政状況に関して、詳細に分析する事が必要であろう。しかし、前章の毛利重就の財政改革において、充分に

第 12 章 村田清風の財政改革（長州藩 第二期改革）

考察したと思われるので、本節では、その後の長州藩の財政状況に関して、最低限度の記述に留める事としよう。

前章の宝暦の改革によって、長州藩の財政状況は一時的ではあったが、持ちこたえている[1]。しかし、時が経つにつれて、長州藩は再び財政の困窮に苦悶し始める事になった。1809（文化 6）年、長州藩の萩では毛利斉熙が家督相続をし、非常倹約令を公布し、その打開策に苦心していたが、依然として財政難は継続していた。1824（文政 7）年、藩主斉熙は隠退し、毛利斉広が家督を継いだ。その頃から財政状態は再び悪化し始めた。そのため非常倹約令が継続され、一方で高額な馳走米が課せられていった。

当時、村田清風はどのような役職にあり、どのように藩政に関係していたのだろうか。1824（文政 7）年、藩主毛利斉熙は、隠居する前に彼を当職手元役に任命した。清風は経費引き締め策の実行を試みた。しかし、役人及び奥方の激しい抵抗を受け、1827（文政 10）年、苦悶の後、彼は辞職を余儀なくされた。しかし、次の藩主毛利斉広は、清風の能力を高く評価し、彼の辞職後すぐに、江戸の矢倉方頭人[2]に任命した。清風の再びの登用は、長州藩の蔵の貨幣が底をつく程、藩の財政が逼迫していたためであった。更に、1829（文政 12）年、幕府の命により嗣子斉広に将軍徳川家斉の 18 女和姫を迎え、盛大な婚儀及び付添いの女中達の交際費等の出費が重なる事になった。加えて、1830（天保元）年、風水害で長州藩の米収穫は、通常の半分にまで落ち込んだ。その結果、1832（天保 3）年には藩債は 8 万貫を超えたのであった。

1840（天保 11）年 5 月 10 日、毛利敬親は村田清風と相談の上、財政改革会議を開いた。そこで、広く家臣団にも長州藩の財政窮乏の実情を明らかにした。現在でいう『財政白書』の公表といえよう。当時としては、画期的な出来事といえる。財政窮乏を公表した後、敬親は財政赤字の解消、藩債の返済、士民の負担軽減及び江戸と地方の経理の改善等に関して、家臣達に意見を求めた。藩財政の内容を知った家臣内に危機感と一体感が生まれた。そして、同年 7 月 7 日の財政改革会議で、清風は満を持して、用意していた『天保 11 年 7 月　流弊改正意見』[3]なる献策を提出する。これが天保の改革の中

核となるものである。藩主敬親への財政改革会議での直諫(ちょっかん)であり、清風の「7月7日の7カ条の建白書」[4]ともいわれるものである。

　この建白書に従い、村田清風達は初めて主従一体となって、次々と長州藩の藩政施策を打ち出していく。その施策の中心は、財政改革に関するものであった。以下、詳細に論じる事にしよう。

　村田清風が財政改革を命じられた頃の財政状況は、前述の8万貫の大敵と呼ばれるものであった。すなわち、財政収入に対して約22倍の借金がある状態である。現在でいうならば、長州藩は完全に財政破綻の自治体といえよう。そこで、清風を中心とした財政改革担当者達が行った政策の主たるものは、大きく分けて6つであった。第一に借金の清算、第二に倹約による支出の抑制、第三に産業育成による歳入の増加、第四に財政運用の改善、第五に越荷方(こしにかた)事業の開設、最後に土木、水利及び開墾事業の推進である。

　第一の借金の清算に関しては、1843（天保14）年、村田清風は「公内(くない)借金37カ年賦皆済仕法」を断行した。これは、家臣の借金を帳消しにして、生活困窮から救い、職務に専念できるようにするための窮余の一策であった。良くも悪くも、清風の名を高からしめた財政改革策である。その内容は、長州藩士の藩への借金は、一定の額を藩に37カ年で納めれば完済と見なし、商人に対する借金は藩が肩代わりする代わりに、藩に対して同様に一定の額を37年間納めれば完済と見なす、というものであった。また、同時に長州藩は商人に対して、藩士の借金分のうち、元金は37カ年据え置き、その間、利子を極めて安くさせ、2朱だけを支払い続け、37年目に元金を一括して返済するとした。これは、藩士による借金財政の贅沢生活を根底から立て直そうとする試みであった。しかし、清風の公内借金37カ年賦皆済仕法で一番打撃を被ったのは、大坂及び京都の長州藩御用商人達であった。彼らにとっては、事実上の借金踏み倒しのようなものである[5]。

　村田清風は武士を借金から解放し、身分制度を維持しようという考えもあったのであろう。しかし、商人を中心として批判がだんだんと激しくなっていった。更に、清風は、後述する越荷方を成功させた事で、大坂への商品流通が著しく減少し、幕府から横槍が入って退陣する。1844（弘化元）年、

第 12 章　村田清風の財政改革（長州藩　第二期改革）　　251

　清風は財政改革の途中で脳卒中に倒れ、家老の坪井九右衛門に藩政の実権を譲った。そして、その職責を継いだ九右衛門は、公内借金 37 カ年賦皆済仕法を「公内借捌法（くないしゃくさばきほう）」に替えてしまう。これは、たった今より公借は法によって無借とし、私（内）借もお上の手によって無借としようとするものであった。仁政ではあるが、更に財政は窮乏し、やがて、清風の流れを汲む周布派によって、またも修正される事になる[6]。

　第二の倹約による支出の抑制に関して、村田清風は歳入歳出の基本原則である「量入為出の原則」（入るを量って出ずるを為す原則）を採用した[7]。出ずる（支出）に関してであるが、清風は極めて厳しく節約を要求した。例えば、婚礼が華美に流れていたので、花嫁の着る衣服は地を引く事を許さず、足の甲が隠れるものも認めなかった。この結果、裾は短くなり、簪（かんざし）等も質素になった。婚礼の料理も制限し、目付を同伴させたりもした。家具や建築等については、白木造りは許さなかった。この結果、赤く塗る事になった[8]。清風はそれを自ら出向いて確認したという。そして、財政改革は、藩主やその奥向きの殿中における生活費の節約から始まり[9]、また、庶民にも広く及んでいる。子女に対しても、綿服の着用等といった倹約を求めた。これについては、藩主毛利敬親自ら清風の意見に従い庶民に見本を見せて、絹の着物を綿に替え、食事のおかずの数も減らしたといわれる[10]。特に、清風は藩士と庶民に対して、量入為出の原則を厳守させた。これは、よく収入を考えて貨幣を使うという事の徹底であった。藩士と庶民が欲しいから、必要だからという理由でものを買わないようにするという教えである。この点において、以前より長州藩に存在していた修補制度には、大きな問題があった。当初、不時の時のための予備金としての性格を持って設置されたものが、次第にその性格が変化し、運用の実権は大庄屋が握るようになっていった。地主、豪農商及び村役人達が 5 分の利子で出資した貨幣を財源として、一般の農民に 1 割の利子で貸しつけるようになった。その結果、修補制度は、大庄屋達にとって、安全な投資機関を生み出す事になったのである。しかも、このような貸付金制度は、奢侈のために安易に貨幣を借りては、負債を負う悪循環を生み出した。後に清風はこの点を修正し、同じ長州藩の中で行うのではなく、

この貨幣を越荷方に回して運用している。

　第三の産業育成による歳入の増加に関して、村田清風は収入を年貢に頼るだけでなく、産業振興による積極的な収入増加を試みた。例えば、現在でも有名な「萩焼」の推進がある[11]。更に、増税策として、産業税ともいうべき運上金を納入させる事に取り組んだ。産業振興の中でも、特に、長州銘柄を重視し、いわゆる「四白」と呼ばれる紙、蠟、米及び塩といった「四郎兵衛産業」[12]育成を奨励したのである。加えて、清風は現在でいう付加価値による収入の増加を期待し、農業、林業及び水産業それぞれに加工する事も推奨した。当時の付加価値製品の代表として、干柿、干大根等の他、海産物として、乾烏賊（いか）、乾河豚（ふぐ）、乾海鼠（なまこ）、乾鯖や鯨肉の塩漬、味噌漬及び塩鮎等であった。これらは、大坂でも大人気の産物といわれていた。そのため、大坂の蔵屋敷で売り捌かれた。当時、各藩は大坂に蔵屋敷を置いて、取引をしていたのである。特に、米は防長米（ぼうちょうまい）といわれ、良質で引く手数多（あまた）であった。そして、こうした産業育成のために、清風は藩内の情勢を知る目的で、代官に命じて管内の諸村の由来、地形、田の面積、交通、戸数人員、風俗及び寺社等の調査をさせた。これをまとめたのが清風の『防長風土注進案』[13]と呼ばれるものである。

　第四に、財政運用の改善がある。これは長州藩と江戸の予算の統合と厳正な執行である。すでに、財政改革会議の折り、大方針とされていた政策である。更に、撫育会計[14]と修補会計[15]の統轄運用である。これらは、対外的には、通商貿易に使用された。

　第五に、村田清風のなし遂げた大きな事業が、1840（天保11）年の越荷方の開設であった[16]。それまで長州藩には、前述の如く、撫育方という特別会計があり、撫育資金の運用をしていた[17]。これは、毛利重就の時に創設されたものであり、産業の振興を目的としていた。清風の越荷方は、この撫育方を利用した新規事業開発である。また、当時、河村瑞賢によって西廻り航路が改良され[18]、下関を経由して産物が運送されていた。すなわち、「越荷といふものは如何なるものであるといふと、それは全く村田清風の考案で天保11年から特に越荷方といふ一局を開いて実施せられたものである。越

第12章　村田清風の財政改革（長州藩　第二期改革）　253

荷とは北陸方面から回送する荷、即ち越路から来る荷といふことで、此の名は昔からあった」[19]と。そこで、長州藩は中継地の下関で諸国産物の委託販売を引き受け、前渡金の形で船頭から倉敷料、手数料及び前渡金の利子等を受け取り、差し引き勘定で支払い、受け取った産物を藩の倉庫に保管し、自分達に有利な時期を見て、これを大坂に回送し、そこの蔵屋敷で藩出入りの商人の手を通して売り捌かせる事にしたのである。この事は、北前船にも長州藩にとっても利点があったと思われる。特に、長州藩にとって外貨獲得の意義は大きかった。また、航海技術の習得にも役立ったのである。越荷方事業は、以前から存在していたが、1840年、清風は専任の越荷方、検使役及び取締役を任命し、撫育資金をこのために投入したのである。加えて、修補資金もこれに活用した。下関で委託販売や倉庫事業、貸付事業という金融活動を営むようになった越荷方が大きな財源となり、長州藩の幕末における武器や軍艦購入につながるのである。その後、越荷方は権限が拡大され、他藩との通商交易を行うようになる。

　最後に、土木、水利及び開墾事業の推進が挙げられよう。村田清風は、新田を新たに開発していった。本来、財政の基礎を土地からの収入に頼っていた事から、その増収を図るためにも、また天災による減収を補塡するためにも、労力を不毛地帯の開発と荒廃していた田畑の復旧に使用する事は、当然の事であった。長州藩では、新田開発の事を開作と呼んでいた。これには、長州藩自ら経営する公儀開作、諸士の行う御家来開作、寺社の行う寺社開作、諸郡の農民が自己資金をもって行う百姓自力開作とがあった[20]。撫育方開設後は、公儀開作は撫育方で経営する事になった。そして、勤功開作と称し、諸士の功労者には、加増の代わりに開作の権利を与えたのである。

　以上の6つの財政改革の結果、長州藩の財政状況は好転し、天保の中頃から始まった村田清風の8万貫の大敵退治も、1844年から1847年の弘化期、1848年から1854年の嘉永期となると、その目処が立つようになってきた。

註
1) 宝暦の改革の成功により、藩主毛利重就は「長州藩中興の祖」と称せられた。

2）矢倉方頭人とは、江戸屋敷での歳出入、資材管理を担当する者をいう。
3）『全集　上巻』167～172頁。
4）この建白書には、財政改革策以外のものも含まれていた。例えば、軍事力の強化、人材育成及び文武の奨励等である。
5）当時、このような借金清算の例は、他藩や武家にも多数見られた。特に有名な、薩摩藩家老の調所広郷が1835（天保6）年に行った借金返済は、村田清風の政策よりもはるかに長い250年賦返済という極端なものであった。
6）その結果、1838（天保9）年当時、8万貫余りあった藩の負債は、1846（弘化3）年には、ほぼ整理できた。
7）『全集　上巻』188頁。この原則は、現在の財政学でいうところの「量入制出原則」を意味する（井手文雄『新稿近代財政学（第3改訂版）』税務経理協会、1976年、13～17頁）。
8）白木で作ると節や目が見えるので、つい節のない良質のものを用いるようになるからであった。すなわち、赤く塗る事により粗末なものを使えるのである。
9）毛利斉熙の正室法境院は、毛利敬親に余りの節約のひどさのために、村田清風を近づけるなと書いた手紙を出している。しかし、敬親はそれにも屈しなかった（香川政一、前掲書、130～131頁参照）。
10）更には、毛利敬親が幕府に願い出て参勤交代の格式を下げてもらい支出を削減する悲壮な事まで行った。
11）一方、同時期の薩摩の調所広郷が行った産業育成策として有名なのは、鬼界島等の黒砂糖の専売や琉球密貿易の促進等がある。
12）紙が「し」、蠟が「ろう」、米が「べ」、塩が「え」という語呂合わせを意味する。特に、長州藩は、塩が有力産物であった事から、日本有数の生産地と認められるようになった。三田尻周辺で、特に盛んに塩の生産はなされていた。その輸出先は北国地方が中心で、後は大坂や九州であった。このように、塩田開発が盛んになされて、財政状態の改善に大きく貢献したのである（香川政一、前掲書、138頁参照）。
13）布浦眞作「村田清風の藩政改革」平泉澄監修『歴史残花2』時事通信社、1968年、272頁。
14）撫育会計とは、毛利重就以来の特別準備金をいう。
15）修補会計とは、役所が保管運用する特別会計をいう。
16）越荷方とは、長州藩が下関で運営する金融機関兼倉庫であり、そのために村田清風は、豪商白石正一郎や中野半左衛門らを重用した。いわば、下関を通過する貿易船等を保護する貿易会社である。
17）組織機構上、越荷方はこの撫育方の下部組織とされていた。
18）西廻り航路とは、日本海を通過し、関門海峡・瀬戸内海を経て、大坂経由で江戸に至る航路である。これに対して、津軽海峡を通過し、三陸沖を経由して江戸に向かう航路は東廻り航路と呼ばれた。しかし、この航路は距離として西廻り航路の6分の1だが、波が高く、寄港地として優れた所も乏しかった。

19) 香川政一、前掲書、139〜140 頁。
20) 三坂圭治『萩藩の財政と撫育制度（復刻版）』マツノ書店、1999 年、134〜135 頁参照。

第 4 節　むすびにかえて

　それでは、村田清風の行った天保の改革は成功したといえるのであろうか。財政改革の内容が余りに厳し過ぎて反対運動が高まり、清風は、改革の後任を坪井九右衛門に譲っている。清風の財政改革の成否は、意見の分かれるところであるが、清風が声高に叫んでいた長州藩の 8 万貫の大敵は整理され、財政的にも余裕が生まれた。しかも、幕末には、武器及び軍艦を購入しても 1000 万両も残ったといわれている。これが幕末における長州藩活躍の基盤となったのである。それゆえ、清風の天保の改革は、長期的に考えると成功を収めたと思われる[1]。しかし、天保の改革の成功は、清風個人の功績といえるのであろうか。確かに、財政改革者の清風の存在は大きい。だが、彼だけでは、改革は成功しなかったであろう。天保の改革の成功要因としては、以下の事柄が考えられる。

　第一に、長州藩主の毛利敬親が村田清風を支持した点が挙げられよう。藩主の支持や援助なくして、改革は成功しなかった。ただし、敬親は大まかな方向性のみを示し、後は清風を支援し、彼の防波堤の役割を果たした。

　第二に、毛利敬親と村田清風は、財政改革会議を開催し、広く参加を求め、家臣の意見を聞いている。また、下級武士も優秀ならば、思い切って登用している。

　第三に、財政改革のため、村田清風を中心として長州藩は一致団結した。この利点は、清風がいなくなっても改革を推進できるという事であり、また、財政改革の熱意が継続されるという事であった。事実、清風がその地位を失った後も、後継者が清風の改革の意志を継いでいる。

　最後に、結果として、長期的に財政改革に取り組めた事が挙げられる。天

保の改革は大改革であり、短い期間での成功は不可能であった。村田清風の改革に反対が強まると、これに対して坪井九右衛門派が実権を握り、その後、清風の流れを汲む周布政之助派が実権を握って、清風の改革を再び押し進めるという具合に、長期間を掛けて改革をなし遂げたのである 2)。

　村田清風の行った天保の改革は、長州藩の困窮財政を救ったばかりか、産業振興策によって、藩の力を大きく発展させた。更に、藩校である明倫館を再建する等の教育政策によって、吉田松陰等多くの傑物を輩出した。加えて、清風の長州藩の財政改革は、単に、藩財政の立て直しというだけでなく、明治維新の財政的基盤の整備の意味をも有していたといえよう 3)。

　村田清風は、財政改革だけでなく、軍備の改革と充実のために、江戸に武器庫を建設し、地元の萩では海岸防備等の訓練を行った 4)。その結果、長年の弊害を取り除いて出費を節約し、藩政は一新され士気を大いに高め、後に長州藩が雄藩となる基礎を築いた。清風の意を継いだ周布政之助も、軍制改革に着手し、幕末に新型ゲーベル銃1000丁を購入して、銃陣訓練を行うとともに、軍艦建造等の洋式化を促進した。また、特筆すべき事として、農兵を取り立て始めた事が挙げられる。これが、奇兵隊の先駆となった。一方で、周布は、身分に拘わらず、有能な下層家臣の登用を積極的に行ったのである。

　一方、薩摩藩では、1851（嘉永4）年に島津斉彬（なりあきら）が11代藩主に就任すると、調所広郷が築いた財政を基盤として集成館事業に着手し、現在の鹿児島県磯地区を中心に近代工場群が建設される。いわゆる、殖産興業時代への突入であり、以後、西郷隆盛らが活躍する事になる。長州藩では、村田清風が築いた財政を基盤に、軍備の増強、近代化が図られていき、明治維新へとつながっていく。

　ちなみに、幕府における水野忠邦の天保の改革は、村田清風よりも遅れてなされている。水野が幕府の財政改革に着手したのは、1841（天保12）年であった。そして、水野の財政改革は失敗し、清風の改革は成功する。その結果、同じく財政改革に成功した調所広郷の薩摩藩とともに連合し、倒幕に成功する。

　本章において、筆者は長州藩の財政改革を分析考察してきたが、結果とし

第 12 章　村田清風の財政改革（長州藩　第二期改革）

て協力し合い、幕府を打倒して明治維新をなし遂げた薩摩藩の財政改革と比較しておこう[5]。

　第一に共通点に関して述べておこう。長州藩と薩摩藩はともに地理的に辺境の地にあったという事が挙げられる。長州藩は本州の辺境に位置し、薩摩藩は九州の辺境に位置している。すなわち、両藩とも江戸幕府とは遠く離れた所にあり、尊皇攘夷や倒幕思想を生み出す自由な発想を保有しやすい状況にあった。また、ともに関ヶ原の戦いでは西軍に与し、敗北を経験している。薩摩藩は井伊直政らの取りなしで、当時の領地を安堵されたが、長州藩は3分の1に減封されている。更に、長州藩も薩摩藩も外様大名であった。しかも、外様大名の中で多くの領地を有していたが、江戸幕府の政治には関与を許されなかった。換言するならば、両藩は幕府から疎外された存在であったのである。この事が倒幕思想に与えた影響は大きなものがあったであろう。加えて、財政状況に関しては、長州藩も薩摩藩も財政赤字が累積していた。長州藩は134万両、薩摩藩は500万両もの借財を抱えていたのである。すなわち、財政的にも両藩は危機感を共有していたといえるであろう。

　その結果、長州藩と薩摩藩において大規模な財政改革がなされたのである。長州藩では村田清風、薩摩藩では調所広郷という傑出した財政改革の指導者が存在した。そして、長州藩の財政改革と薩摩藩の財政改革は、互いに影響し合っていたといってもよいであろう。例えば、借財踏み倒し政策としての長州藩の公内借金37カ年賦皆済仕法と薩摩藩の藩債250年賦償還法とは、極めて酷似している。

　第二に相違点を挙げておこう。長州藩の村田清風の財政改革では、やや緩やかな政策を採っているのに対して、薩摩藩の調所広郷の財政改革では、苛斂誅求等の政策が採用されている。換言するならば、長州藩では短期的な財政改革を実施して成功しているのに対し、薩摩藩は長期的視野に立って財政改革を行い、結果として20年を要しているのである。いうなれば、薩摩藩はそれだけ財政的にも危機意識を保有していたという事ができよう。

　いずれにしても、長州藩と薩摩藩は財政改革に成功し、財政再建をなし得たのである。これが幕末における倒幕を可能とした事は、否定のできない事

実であろう。やがて、長州藩と薩摩藩は薩長連合によって結ばれ、ともに立ち上がったのである。倒幕に成功した両藩は、明治新政府の大部分の要職を占めるに至ったのは、周知の事実であろう。

註
1) 布浦眞作、前掲論文、295 頁参照。
2) これには、藩主毛利敬親の絶妙な指導力と均衡感覚が働いていたと思われる。
3) 薩摩藩は、調所広郷の努力により反射炉を導入する等、最新の技術を用いて幕末に主導権を握り、長州藩も同じく、トーマス・ブレーク・グラバー（Thomas Blake Glover）から最新の武器を購入する事が可能となった。
4) 村田清風は、1843（天保 14）年、家臣の反対を押し切って、羽賀台で大操練を行っている。
5) 長州藩と薩摩藩の改革の相違点に関しては、平池久義「薩摩藩における調所広郷の天保の改革——組織論の視点から——」『下関市立大学論集』第 46 巻第 2 号、下関市立大学学会、2002 年が詳細である。

村田清風関係略年表

1776（安永 5 ）年	薩摩に調所広郷が生まれる。
1783（天明 3 ）年	村田清風、長門国大津郡三隅村沢江に生まれる。
1787（天明 7 ）年	幕府では、松平定信が老中に就任して改革を実施。
1796（寛政 8 ）年	明倫館に入学。萩に洪水あり。防長各地で大火。
1802（享和 2 ）年	江戸で塙保己一から兵法や海防策を学ぶ。
1811（文化 8 ）年	当役管轄下の右筆役密用方に取り立てられる。5 カ年の非常倹約令の実施。
1812（文化 9 ）年	当職管轄下の御用内掛に取り立てられる。
1820（文政 3 ）年	『売却売爵論』を上申。倹約令。
1821（文政 4 ）年	御用所右筆本役を命ぜられる。周布政之助生まれる。
1824（文政 7 ）年	当職手元役に転じ、大坂方面の財務整理を命じられる。
1825（文政 8 ）年	葛飾邸にて、毛利斉熙より財務整理を委任される。異国船打ち払い令出る。
1827（文政10）年	江戸番の矢倉方頭人に任じられる。薩摩の調所広郷が財政改革主任となり、改革資金の調達を開始。
1829（文政12）年	手元役と矢倉方頭人を兼任する。
1830（天保元）年	矢倉方頭人を免じ、撫育方頭人になる。多年の勲功に対して禄 50 石

第12章　村田清風の財政改革（長州藩　第二期改革）　　259

	加増せられる。当役手元役に任じられる。吉田松陰生まれる。
1831（天保2）年	三田尻の皮騒動をきっかけに周防長門両国に一揆拡大する（天保の大一揆）。
1832（天保3）年	薩摩の調所広郷が財政整理の功績により、家老格側詰勤となる。8万貫の負債。毛利斉元の命を受け、『此度談』を書き、国政改革の意見を上申する（改革綱領執筆）。これが以後の財政改革の基本となる。
1833（天保4）年	薩摩の調所広郷が藩主島津斉興から、朱印書により財政改革遂行を改めて委任され、家老側詰勤となる。
1835（天保6）年	薩摩藩で、藩債250年賦償還法制定。
1838（天保9）年	長州藩の負債は9万貫余りにもなる。財政改革担当者と地江戸両仕組掛に任命される。
1839（天保10）年	財政仕組掛に専任されて苦慮する。また、誹謗される。異常な暑さのため大不作。飢餓拡大する。
1840（天保11）年	表番頭に準じ、江戸用談役を命ぜられる。財政改革会議にて流弊改正に関して7カ条の建白をなす。神器陣用掛を兼任。講武意見を上申する。萩に医学所開設。絹布禁止令。奢侈禁止令。士風矯正令。文学興隆令。越荷方を開設する。村田清風の天保の改革が始まる。薩摩藩では、この年までに財政改革はほぼ成功する。
1841（天保12）年	幕府で、水野忠邦が天保の改革に着手する。
1842（天保13）年	撫育方用掛を兼任。5カ年倹約令。淫祠解除令。三隅に孔子を祀った尊厳堂を建て、文庫を設ける。村田清風の天保の改革は、一応成功。
1843（天保14）年	公内借金37カ年賦皆済仕法を施行（村田清風献策）。
1844（弘化元）年	江戸手元役を免ぜられる（村田清風退陣）。表番頭格。藩政は、坪井九右衛門一派の手に帰す。「公内借捌法」を施行する。西国で大雨洪水。
1848（嘉永元）年	明倫館再建用掛を命じられるが、発病して退職。
1849（嘉永2）年	明倫館が再建される。
1850（嘉永3）年	『病翁宇波言』を著述する。
1851（嘉永4）年	薩摩藩で島津斉彬が集成館事業に着手する。
1855（安政2）年	江戸方海防仕組参与の任命を受ける。ただし、老体なので、日々出勤に及ばずとの命あり。様式訓練開始。洋学の振興を督励。村田清風は脳卒中の再発のため、点鬼簿の人となる（7月9日、享年73歳）。
1864（元治元）年	周布政之助、蛤御門の変を引責し、自刃する。

（出所：平池久義「長州藩における村田清風の天保の改革——組織論の革新の視点から——」『産業文化研究所所報』第10号、下関市立大学附属産業文化研究所、1999年、55〜57頁より作成）

参考文献目録

例　言
1　以下の参考文献目録は、本書の構成に対応させ、原則として、章ごとに区分整理したものである。ただし、各章に共通する文献は別記した。
2　アイウエオ順、同一著者の文献は発行年度順に配列した。
3　単著、共著、編著と論文等を区分して、配列した。

第１章
(1) 著書
・稲垣史生『歴史考証事典』新人物往来社、1974 年。
・大石学・柏森新治『徳川宗春　温知政要』テレビ愛知、1996 年。
・大石学編『規制緩和に挑んだ「名君」　徳川宗春の生涯』小学館、1996 年。
・大石学訳・解説『徳川宗春　温知政要』海越出版社、1996 年。
・尾崎久弥『徳川宗春年譜』名古屋市経済局貿易観光課、1957 年。
・海音寺潮五郎『吉宗と宗春』文藝春秋、1995 年。
・加来耕三『徳川宗春　尾張宰相の深謀』毎日新聞社、1995 年。
・金谷治編訳『老子』講談社、1997 年。
・金谷治訳注『大学・中庸』岩波書店、2014 年。
・亀井宏『尾張の宗春』東洋経済新報社、1995 年。
・北川宥智『徳川宗春　〈江戸〉を超えた先見力』風媒社、2013 年。
・清水義範『尾張春風伝　上・下』幻冬舎、2000 年。
・新宿歴史博物館編『尾張家への誘い』新宿歴史博物館、2006 年。
・津本陽・童門冬二『徳川吉宗の人間学』PHP 研究所、2009 年。
・童門冬二『逆境に打ち克つ人間学』大和書房、1999 年。
・徳川美術館編『徳川宗春　没後 250 年記念――稀代の名君か異端の名君か――』徳川美術館、2014 年。
・徳川宗春『温知政要』ブックショップ「マイタウン」、1996 年。
・徳川宗英『徳川某重大事件――殿様たちの修羅場――』PHP 研究所、2013 年。
・徳永真一郎『徳川宗春――大いなる尾張の挑戦――』海越出版社、1987 年。
・富田源太郎『無念なり――尾張藩の名君　徳川宗春――』三九出版、2010 年。
・名古屋市役所編纂『名古屋市史　人物編』名古屋市役所、1936 年。
・原史彦『没後 250 年記念　徳川宗春』徳川美術館、2014 年。
・林董一編『新編　尾張藩家臣団の研究』国書刊行会、1989 年。
・福井保『内閣文庫所蔵史籍叢刊　第 18 巻　大名著述集』汲古書院、1982 年。
・藤野保『近世国家史の研究――幕藩制と領国体制――』吉川弘文館、2002 年。
・藤野保編『近世国家の成立・展開と近代』雄山閣、1998 年。
・舟橋幸男原案、NPO 法人宗春ロマン隊著『徳川宗春伝』文芸社、2016 年。

・本田豊『知らなかった江戸のくらし』遊子館、2008 年。
・桝田道也『わかりやすし宗春――吉宗の逆をいった殿様――』コミック乱、2008 年（電子書籍 Kindle 版）。
・矢頭純『徳川宗春』海越出版社、1987 年。
・八幡和郎『江戸 300 藩　読む辞典』講談社、2015 年。
・八幡和郎・臼井喜法『江戸三〇〇年　「普通の武士はこう生きた」』ベスト社、2005 年。
・拙書『イギリス正統派の財政経済思想と受容過程』学文社、2008 年。

(2) 論文
・青柳淳子「18 世紀後半における尾張藩の思潮と海保青陵」『三田学会雑誌』第 105 巻第 1 号、慶應義塾経済学会、2012 年。
・加来耕三「歴史に見る経営感覚（第 22 回）倹約の非を見抜いていた名君　徳川宗春」『商工ジャーナル』第 39 巻第 1 号、商工中金経済研究所、2013 年。
・白根孝胤「徳川宗春の家督相続・官位叙任と幕藩関係」林董一編『近世名古屋享元絵巻の世界』清文堂出版、2007 年。
・田中眞佐志「徳川宗春の研究――荻生徂徠との接点――」『歴史研究』第 56 巻第 9 号、歴研、2014 年。
・多比左志「温知政要管見［徳川宗春］」『郷土文化』第 6 巻第 3 号、名古屋郷土文化会、1951 年。
・東京電力営業部編「まちづくり人国記　名古屋人気質を生み出した風流君主　徳川宗春」『地域開発ニュース』第 286 号、東京電力営業部、2005 年。
・童門冬二「一号一得 (8) 明とは太陽と月のこと　徳川宗春」『公営企業』第 34 巻第 8 号、地方財務協会、2002 年。
・林由紀子「徳川宗春の法律観と政策――とくに老子とのかかわりを中心に――」林董一編『近世名古屋享元絵巻の世界』清文堂出版、2007 年。
・拙稿「徳川宗春の財政改革」『第 20 回日本情報ディレクトリ学会全国大会研究予稿集』第 20 巻、日本情報ディレクトリ学会、2016 年。
・拙稿「徳川吉宗の財政改革に関する一研究」『第 21 回日本情報ディレクトリ学会全国大会研究予稿集』第 21 巻、日本情報ディレクトリ学会、2017 年。

(3) その他
・http://www.tokugawa.or.jp/institute/019.0001-owari-part01.htm（2018 年 3 月 20 日現在）

第 2 章

(1) 著書
・稲葉継陽・今村直樹編『日本近世の領国地域社会――熊本藩政の成立・改革・展開――』吉川弘文館、2015 年。
・永青文庫編『季刊永青文庫』第 39 号、永青文庫、1991 年。
・大村荘助『熊本経済録――細川重賢の「宝暦の改革」――』八代古文書の会、1995 年。
・『科学朝日』編『殿様生物学の系譜』朝日新聞社、1991 年。
・加来耕三『細川家の叡知――組織繁栄の条件――』日本経済新聞社、1992 年。

・加来耕三『非常の才——肥後熊本藩六代藩主細川重賢藩政再建の知略——』講談社、2000年。
・加来耕三『名君の条件——熊本藩六代藩主細川重賢の藩政改革——』グラフ社、2008年。
・鎌田浩『熊本藩の法と政治——近代的統治への胎動——』創文社、1998年。
・鎌田浩『肥後藩の庶民事件録——日本近代自由刑の誕生——』熊本日日新聞社、2000年。
・川口恭子『重賢公逸話』熊本日日新聞社、2008年。
・川口恭子編『細川家家臣略系譜』熊本藩政史研究会、1983年。
・熊本県立美術館編『細川家の歴史と名宝』熊本県立美術館、2008年。
・熊本大学附属図書館編『宝暦の改革と細川重賢』熊本大学附属図書館、2003年。
・小林秀雄『無私の精神』文藝春秋、1985年。
・人文社第一編集部編『古地図・城下町絵図で見る　幕末諸州最後の藩主たち　西日本編』人文社、1997年。
・堤克彦『藩校「時習館学」入門　肥後藩の教育』トライ、2014年。
・童門冬二『名君肥後の銀台　細川重賢』実業之日本社、1999年。
・童門冬二『上杉鷹山と細井平洲』PHP研究所、2000年。
・童門冬二『戦国武将に学ぶ生活術』産能大学出版部、2001年。
・童門冬二『細川重賢——熊本藩財政改革の名君——』学陽書房、2002年。
・童門冬二『「中興の祖」の研究——組織をよみがえらせるリーダーの条件——』PHP研究所、2006年。
・西山禎一『熊本藩役職者一覧』細川藩政史研究会、2007年。
・西山禎一『熊本藩藩士便覧』細川藩政史研究会、2010年。
・森正人・稲葉継陽編『細川家の歴史資料と書籍——永青文庫資料論——』吉川弘文館、2013年。
・吉村豊雄・三澤純・稲葉継陽編『熊本藩の地域社会と行政——近代社会形成の起点——』思文閣、2009年。
・Toynbee, A. J., *A Study of History*, Volume I, Oxford University Press, 1946. トインビー，アーノルド・J. 著、長谷川松治訳『歴史の研究Ⅰ（サマヴェル縮冊版）』社会思想社、1975年。

(2) 論文
・磯田道史「藩政改革の伝播——熊本藩宝暦改革と水戸藩寛政改革——」『日本研究』第40巻、国際日本文化研究センター、2009年。
・加来耕三「英傑たちの日本史——"肥後の鳳凰"と尊称された藩政改革の成功者　細川重賢——」『マネジメントレポート』第387号、第一勧銀総合研究所、2000年。
・加来耕三「歴史に見る経営感覚（第12回）細川重賢　"肥後の鳳凰"の藩政改革」『商工ジャーナル』第38巻第3号、商工中金経済研究所、2012年。
・加来耕三「歴史に学ぶ人心収攬術（第8回）藩政改革を最初に成功させた　細川重賢」『税理』第56巻第14号、ぎょうせい、2013年。
・童門冬二「安定組織が危機に面した時の克服策　名君細川重賢の改革」『刑政』第116巻第3号、矯正協会、2005年。
・童門冬二「人づくりは木づくりだ・細川重賢」『季刊消防科学と情報』第110巻、消防

科学総合センター、2012 年。
・中江克己「江戸の構造改革・リーダーたちの知恵（8）赤字を解消した名君細川重賢〈熊本藩〉」『公評』第 39 巻第 10 号、公評社、2002 年。
・野口喜久雄「熊本藩における藩営製蠟業」森田誠一編『地方史研究叢書　肥後細川藩の研究』名著出版、1974 年。
・平池久義「熊本藩における細川重賢の藩政改革──組織論の視点から──」『下関市立大学論集』第 54 巻第 2 号、下関市立大学学会、2010 年。
・松本寿三郎「熊本藩における藩札の史料収集と研究」『日本銀行金融研究所依託研究報告』第 3 巻第 1 号、日本銀行金融研究所、1990 年。

(3) その他
・宇城市古文書講座Ⅱ、第 21 回、2014 年 3 月 1 日資料。
・http://special.nikkeibp.co.jp/article（2018 年 3 月 21 日現在）

第 3 章

(1) 著書
・池波正太郎『真田騒動　恩田木工』新潮社、1995 年。
・占部都美『日本経営の神髄　解説『日暮硯』』日本経営図書、1980 年。
・大石慎三郎『虚言申すまじく候──江戸中期の行財政改革──』筑摩書房、1983 年。
・大平喜間多『信濃郷土叢書　第 13 編　真田幸弘公と恩田木工』信濃郷土文化普及会、1929 年。
・大平喜間多『恩田木工民親伝』信濃毎日新聞社、1935 年。
・加来耕三『日本再建者列伝』学陽書房、2003 年。
・笠谷和比古『『日暮硯』と改革の時代──恩田杢にみる名臣の条件──』PHP 研究所、1999 年。
・笠谷和比古校注『新訂　日暮硯』岩波書店、2007 年。
・河合敦編訳『［新訳］日暮硯』PHP 研究所、2013 年。
・川村真二『恩田木工──真田藩を再建した誠心の指導者──』PHP 研究所、1997 年。
・小松茂朗『成功する人間管理法──「恩田杢流」経営術──』国際情報社、1983 年。
・瀧澤七郎『日暮硯　恩田杢』明徳出版社、1957 年。
・堤清二解説・訳『現代語で読む日暮硯』三笠書房、1983 年。
・奈良本辰也『日暮硯──信州松代藩奇跡の財政再建──』講談社、1987 年。
・奈良本辰也『日暮硯紀行』信濃毎日新聞社、1991 年。
・西尾実・林博校注『日暮硯』岩波書店、1980 年。
・福井昌雄編著『日暮硯　木工内談』今日の問題社、1938 年。
・藤田公道『『日暮硯』　リーダーの心構え』山下出版、1996 年。
・ベンダサン、イザヤ『日本人とユダヤ人』角川書店、1992 年。

(2) 論文
・恩田恒久「『『日暮硯の研究』の濫觴と概略』『信大国語教育』第 4 号、信州大学国語教育学会、1994 年。
・笠谷和比古「『日暮硯』と恩田杢──松代藩宝暦改革の実像──」『歴史読本』第 45 巻

第 7 号、新人物往来社、2000 年。
・中谷彪「『日暮硯』に学ぶ学校経営学——日本的学校経営の神髄（第Ⅱ報）——」『大阪教育大学紀要　第Ⅳ部門』第 48 巻第 1 号、大阪教育大学、1999 年。
・西沢武彦「松代藩における恩田杢の改革」『信濃』第 8 巻第 11 号、信濃史学会、1956 年。
・平ι久義「松代藩における恩田杢の藩政改革（1）・（2）組織論の視点から」『下関市立大学論集』第 53 巻第 1 〜 3 号、下関市立大学学会、2009 〜 2010 年。
・宮坂寛美「『恩田木工民親』考」（研究ノート）『信濃』第 51 巻第 5 号、信濃史学会、1999 年。
・拙稿「恩田杢の財政改革に関する若干の考察」『日本情報ディレクトリ学会誌』第 14 巻、日本情報ディレクトリ学会、2016 年。
・拙稿「『日暮硯』に関する一研究」（研究レポート）『日本情報ディレクトリ学会誌』第 14 巻、日本情報ディレクトリ学会、2016 年。

第 4 章
(1) 著書
・安彦孝次郎『上杉鷹山の人間と生涯』サイエンティスト社、1994 年。
・石川正敏『上杉鷹山』講談社、1966 年。
・今泉亨吉『米沢信用金庫叢書 2　上杉鷹山公』しんきん企画、1993 年。
・今泉亨吉『上杉鷹山公小伝』米沢藩御堀端史蹟保存会、2014 年。
・上杉鷹山博物館『上杉鷹山の財政改革——国と民のしあわせ——』川島印刷、2012 年。
・内村鑑三著、鈴木範久訳『代表的日本人』岩波書店、1999 年。
・遠藤英『米沢学事始　上杉鷹山の訓え』川島印刷、2011 年。
・大井魁『細井平洲　上杉鷹山の師——その政治理念と教育の思想——』九里学園教育研究所、1991 年。
・小野榮『シリーズ藩物語　米沢藩』現代書館、2006 年。
・加来耕三『異端の変革者　上杉鷹山』集英社、2001 年。
・加澤昌人『上杉謙信の信仰と信念』上杉家御廟所、1983 年。
・河合敦監修、モラロジー研究所編『上杉鷹山』モラロジー研究所、2012 年。
・小関悠一郎『上杉鷹山と米沢』吉川弘文館、2016 年。
・嶋津義忠『上杉鷹山——財政危機を打開した名君の生涯——』PHP 研究所、2002 年。
・鈴村進『名指導者　上杉鷹山に学ぶ』三笠書房、2001 年。
・高野澄『上杉鷹山の指導力——人心を結集できるリーダーの条件——』PHP 研究所、1998 年。
・田宮友亀雄『上杉鷹山　米沢の救世主』不忘出版、1986 年。
・佃律志『上杉鷹山　リーダーの要諦』日本経済新聞出版社、2016 年。
・童門冬二『細井平洲　上杉鷹山の師』集英社、2011 年。
・中村忠雄『名君　上杉鷹山公』上杉神社社務所、1967 年。
・野島透『山田方谷に学ぶ財政改革——上杉鷹山を上回る財政改革者——』明徳出版社、2002 年。
・花ケ前盛明・横山昭男『図説　上杉謙信と上杉鷹山』河出書房新社、1999 年。

・松野良寅『先人の世紀──上杉鷹山公と郷土の先人──』上杉鷹山公と郷土の先人を顕彰する会、1989 年。
・安田尚義『上杉鷹山』日向文庫刊行会、1982 年。
・横山昭男『上杉鷹山』吉川弘文館、2002 年。
・米沢市教育委員会編『上杉鷹山公とその時代』米沢市教育委員会、1989 年。
・渡部図南夫『上杉鷹山公』鉱脈社、1978 年。
・渡部図南夫『上杉鷹山公の人生観』鉱脈社、1981 年。
・渡辺与五郎『細井平洲の教育論』上杉鷹山研究会、1965 年。
・渡辺与五郎『近世日本経済史──上杉鷹山と米沢藩政史──』文化書房博文社、1973 年。

(2) 論文

・飯嶋七生・吾妻雄「上杉鷹山が学んだ思想」『歴史と教育』第 181 号、自由主義史観研究会、2014 年。
・石塚光政「上杉鷹山の藩経営における倫理観の研究」『日本経営倫理学会誌』第 11 巻、日本経営倫理学会、2004 年。
・石塚光政「上杉鷹山の藩経営」『経営倫理』第 44 号、経営倫理実践研究センター、2006 年。
・加来耕三「英傑たちの日本史──藩政改革を成功させた名君　上杉治憲（鷹山）──」『マネジメントレポート』第 410 号、第一勧銀総合研究所、2002 年。
・金子善次郎「先駆者上杉鷹山公に学ぶ構造改革の精神と行動力」『自治実務セミナー』第 42 巻第 3 号、第一法規出版、2003 年。
・小関悠一郎「上杉鷹山と米沢藩」『米沢史学』第 26 号、米沢史学会、2010 年。
・堺常雄「上杉鷹山から学ぶこと」『日本病院会雑誌』第 63 巻第 8 号、日本病院会、2016 年。
・高橋力「東北の未来　上杉鷹山公」『東京交通短期大学研究紀要』第 19 号、東京交通学会、2014 年。
・童門冬二「上杉鷹山の人生哲学 (1)〜(4)」『道経塾』第 2 巻第 1 号〜第 4 号、モラロジー研究所、2000 年。
・童門冬二「心を木に託した上杉鷹山の改革」『月刊自由民主』第 655 号、自由民主党、2007 年。
・童門冬二・村井嘉浩「上杉鷹山に学ぶ復興の精神」『Voice』第 466 号、PHP 研究所、2016 年。
・服部剛「三百諸侯第一の賢君　上杉鷹山」『月刊プリンシパル』第 20 巻第 9 号、学事出版、2016 年。
・平池久義「米沢藩における上杉鷹山の藩政改革──組織論の視点から──」『下関市立大学論集』第 54 巻第 1 号、下関市立大学学会、2010 年。
・藤岡日出生「『上杉鷹山の財政改革』に関する一考察」『キャリア開発論集』第 3 号、LEC 東京リーガルマインド大学、2007 年。
・松野良寅「上杉鷹山とその残照」『日本音響学会誌』第 55 巻第 2 号、日本音響学会、1999 年。
・百瀬明治「上杉鷹山と米沢藩」『歴史読本』第 45 巻第 4 号、新人物往来社、2000 年。

- 山岸治男「福祉政策から見た旧米沢藩の財政改革――上杉鷹山の藩政改革を中心に――」『大分大学教育福祉科学部研究紀要』第30巻第2号、大分大学教育福祉科学部、2008年。
- 横山岳「上杉鷹山と米沢織」『シルクレポート』第56号、大日本蚕糸会、2018年。
- 渡辺与五郎「上杉鷹山公の経済政策」『亜細亜大学誌諸学紀要 人文・社会・自然』第10号、亜細亜大学、1963年。
- 渡辺与五郎「上杉鷹山の荒政について」『亜細亜大学経済學紀要』第1巻第1号、亜細亜大学、1966年。
- 渡部史夫「米沢藩における蚕糸業の成立と藩政改革」『歴史』第39号、東北史学会、1969年。
- 拙稿「上杉鷹山の財政改革に関する若干の考察」『国際文化表現研究』第11号、国際文化表現学会、2015年。

第5章
(1) 著書
- 青山侑市『松江掃苔録――松江藩を支えた家と人――』松江市教育委員会、2012年。
- 荒木英信『新編 松江八百八町町内物語』ハーベスト出版、2012年。
- 石井悠『松江藩』現代書館、2012年。
- 磯田道史『武士の家計簿』新潮社、2003年。
- 乾隆明『松江藩の財政危機を救え――2つの藩政改革とその後の松江藩――』松江市教育委員会、2008年。
- 上野富太郎・野津静一郎編『松江市誌』松江市廰、1941年。
- 島根県編『島根縣史 全9巻』名著出版、1972年。
- 島根県編『島根県の歴史』山川出版社、2005年。
- 島根県立図書館郷土資料編『松江藩列士録 第5巻』島根県立図書館、2006年。
- 高尾一彦他編『岩波講座日本歴史11 近世3』岩波書店、1976年。
- 瀧本誠一編『日本經濟叢書 巻17』日本經濟叢書刊行會、1915年。
- 玉木勲『松江藩を支えた代々家老六家』ハーベスト出版、2011年。
- 中国地方総合研究センター編『歴史に学ぶ地域再生』吉備人出版、2008年。
- 長尾遼『真説 松平不昧――江戸中期を生きた見事な大名の生涯――』原書房、2001年。
- 中原健次『松江藩格式と職制』松江今井書店、1998年。
- 中原健次編『松江藩家臣団の崩壊』オフィスなかむら、2003年。
- 野津静一郎編『松江市誌』松江市、1941年。
- 原傳『松江藩經濟史の研究』日本評論社、1934年。
- 藤間亨『論証・松平不昧の生涯――松平不昧伝――』原書房、1999年。
- 松江市編集委員会編『松江市史 史料編5 近世Ⅰ』松江市教育委員会、2011年。
- 松尾寿『城下町松江の誕生と町のしくみ』松江市教育委員会、2008年。
- 松平家編輯部編『増補復刊 松平不昧傳』原書房、1999年。
- 安澤秀一編『松江藩・出入捷覧〈松平不昧傳・別冊〉』原書房、1999年。

(2) 論文
・乾隆明現代語訳「財政再建の証言を読む　朝日丹波恒重の手記」乾隆明編著『松江開府 400 年　続松江藩の時代』山陰中央新報社、2010 年。
・岩橋勝「出雲松江藩の銭遣い」『松山大学論集』第 24 巻第 4・2 号、松山大学総合研究所、2012 年。
・上野富太郎「贈位者列傳」『島根縣私立教育會雑誌』第 313 号、中等教育研究所、1916 年。
・江戸時代人づくり風土記編纂室「松江藩の藩政改革と天明の大一揆」『江戸時代人づくり風土記 32　ふるさとの人と知恵　島根』農山漁村文化協会、1994 年。
・左方郁子「松平治郷」『歴史読本』第 51 巻第 1 号、新人物往来社、2006 年。
・鈴木眞人「現代に息づく文化の香り——松平不昧の産業振興と現代への影響——」『日経研月報』第 423 巻、日本経済研究所、2013 年。
・童門冬二「日本人のこころ（13）名君を支えた名家老～（18）きょうのメシと百年後のメシ」『農業協同組合経営実務』第 55 巻第 1 号～第 6 号、全国協同出版、2000 年。
・中江克己「茶の湯大名　松平不昧・小堀政一」『公評』第 47 巻第 11 号、公評社、2000 年。
・中江克己「江戸の構造改革・リーダーたちの知恵（4）朝日丹波の才覚と辣腕ぶり〈松江藩〉」『公評』第 39 巻第 6 号、公評社、2002 年。
・拙稿「朝日丹波の財政改革に関する若干の考察」『日本情報ディレクトリ学会誌』第 16 巻、日本情報ディレクトリ学会、2018 年。

第 6 章

(1) 著書
・有坂隆道『山片蟠桃』兵庫県教育委員会他、1961 年。
・有坂隆道『山片蟠桃と升屋』創元社、1993 年。
・有坂隆道『山片蟠桃と大阪の洋学』創元社、2005 年。
・伊藤昭弘『藩財政再考』清文堂出版、2014 年。
・碓田のぼる他『日本の思想』新日本出版、2001 年。
・亀田次郎『山片蟠桃』全国書房、1943 年。
・木村剛久『蟠桃の夢』トランスビュー、2013 年。
・木村武夫編『日本史の研究』ミネルヴァ書房、1970 年。
・子安宣邦『江戸思想史講義』岩波書店、1998 年。
・司馬遼太郎『十六の話』中央公論社、1997 年。
・末中哲夫『山片蟠桃の研究』清文堂出版、1971 年。
・谷沢永一『歴史が遺してくれた日本人の誇り』青春出版社、2016 年。
・土屋喬雄『日本資本主義の経営史的研究』みすず書房、1954 年。
・中野明『財政改革に挑んだサムライ達 3　農業経済から市場経済へ』I Books、2014 年（電子書籍 Kindle 版）。
・日本歴史地理学会編『日本商人史』日本学術普及会、1940 年。
・野村兼太郎『徳川時代の経済思想』日本評論社、1939 年。

・土方成美『日本財政の発展』図南書房、1943 年。
・藤田五郎『近世封建社会の構造』御茶の水書房、1951 年。
・水田紀久・有坂隆道校注『日本思想大系 43　富永仲基・山片蟠桃』岩波書店、1973 年。
・源了圓責任編集『日本の名著 23』中央公論社、1977 年。
・宮内徳雄『山片蟠桃──『夢之代』と生涯──』創元社、1984 年。
・宮本又次『近世商業組織の研究』有斐閣、1939 年。
・宮本又次『近世商人意識の研究』有斐閣、1941 年。
・宮本又次『大阪町人論』ミネルヴァ書房、1959 年。
・宮本又次『大阪経済文化史講義』文献出版、1980 年。
・宮本又次『町人社会の学芸と懐徳堂』文献出版、1982 年。
・山木育『山片蟠桃』東洋経済新報社、1998 年。
・山本七平『江戸時代の先覚者たち』PHP 研究所、1990 年。

(2) 論文
・有坂隆道「合理主義の町人学者　山片蟠桃」『日本及日本人』第 1477 巻、日本及日本人社、1969 年。
・有坂隆道・末中哲夫「山片蟠桃の研究 (1)〜(終)」『ヒストリア』第 1 号〜第 9 号、大阪歴史学会、1951〜1954 年。
・井上実「懐徳堂学派の経済思想──とくに中井竹山と山片蟠桃の経済思想について──」『史泉』第 41 巻、関西大学史学・地理学会、1970 年。
・井上実「山片蟠桃と海保青陵の経済思想について」『史泉』第 44 巻、関西大学史学・地理学会、1972 年。
・折原裕「江戸期における商利肯定論の形成　石田梅岩と山片蟠桃」『敬愛大学研究論集』第 42 巻、敬愛大学・千葉敬愛短期大学、1992 年。
・加来耕三「商人道の原点に学ぶ　石田梅岩、富永仲基、山片蟠桃──『家』を守り、自らを益し、その利をもって世間に貢献する──」『理念と経営』第 35 巻、コスモ教育出版、2008 年。
・岸田知子（研究代表者）「山片蟠桃の思想の形成と展開」日本学術振興会編『平成 12・13 年度科学研究費　補助金研究成果報告書』日本学術振興会、2002 年。
・岸田知子「山片蟠桃と『論語』──『夢ノ代』経論篇研究──」『高野山大学論叢』第 39 巻、高野山大学、2004 年。
・岸田知子「山片蟠桃『夢ノ代』経論篇訳注 (1)〜(4)」『懐徳堂研究』第 2 巻〜第 6 巻、大阪大学大学院文学研究科・文学部懐徳堂研究センター、2011〜2015 年。
・北村実「日本の思想 15　山片蟠桃」『前衛』第 404 巻、日本共産党中央委員会、1977 年。
・逆井孝仁「山片蟠桃論──儒教的経済論の可能性──」『経済学史学会年報』第 31 巻、経済学史学会、1993 年。
・逆井孝仁「日本における『民富』の思想──石田梅岩と山片蟠桃──」『金沢経済大学論集』第 30 巻第 2 号、金沢経済大学経済学会、1996 年。
・竹林庄太郎「山片蟠桃の商業思想 (1)・(2)」『同志社商学』第 28 巻第 3 号〜第 4 号、同志社大学商学会、1977 年。
・辻照三「近世社会の『町人学者』に関する一考察───升屋小右衛門（山片蟠桃）の場

合――」『Cosmica』第 26 巻、京都外国語大学、1997 年。
・童門冬二「歴史に学ぶ商人の知恵（第 23 回）チエは頭のしぼり汁　山片蟠桃（上）・（第 24 回）みごとな発想力と実行　山片蟠桃（下）」『Top promotions 販促会議』第 46 巻・第 47 巻、宣伝会議、2002 年。
・童門冬二「一号一得（1）掟はひとつでよい　山片蟠桃」『公営企業』第 35 巻第 1 号、地方財務協会、2003 年。
・童門冬二「江戸のビジネスマン列伝（117）〜（139）山片蟠桃（1）〜（23）」『エルダー』第 28 巻第 12 号〜第 30 巻第 12 号、高齢・障害者雇用支援機構、2006〜2008 年。
・中江克己「江戸の構造改革・リーダーたちの知恵（14）刺米と米札で黒字にした山片蟠桃〈仙台藩〉」『公評』第 40 巻第 5 号、公評社、2003 年。
・野村兼太郎「徳川時代における合理主義の一例　山片蟠桃の思想」『経済学研究』第 3 巻、紀元社、1949 年。
・宮川康子「山片蟠桃　人と思想」『やそしま』第 9 巻、関西・大阪 21 世紀協会上方芸能運営委員会、2015 年。
・山木育「山片蟠桃　『江戸回米』で巨利を得、仙台藩の財政基盤を築く」『エコノミスト』第 76 巻第 56 号、毎日新聞社、1998 年。

第 7 章
(1) 著書
・飯島千秋『江戸幕府財政の研究』吉川弘文館、2004 年。
・磯崎康彦『松平定信の生涯と芸術』ゆまに書房、2010 年。
・柏村哲博『寛政改革と代官行政』国書刊行会、1985 年。
・小林清治編『福島の研究　第 3 巻　近世篇』清文堂出版、1986 年。
・白河市史編纂委員会編『白河市史資料集　第 4 集・第 6 集』白河市史編纂委員会、1964・1966 年。
・高澤憲治『松平定信政権と寛政改革』清文堂出版、2008 年。
・高澤憲治『松平定信』吉川弘文館、2012 年。
・竹内誠『寛政改革の研究』吉川弘文館、2009 年。
・童門冬二『田沼意次と松平定信』時事通信社、2000 年。
・中井信彦『転換期幕藩制の研究――宝暦・天明期の経済政策と商品流通――』塙書房、1971 年。
・萩原裕雄『徳川幕閣政談』マイブックチューン 21、1987 年。
・福島県白河市編『白河市史　第 7 巻　資料編 4　近世Ⅱ』福島県白河市、1993 年。
・福島県白河市編『白河市史　第 2 巻　通史編 2　近世』福島県白河市、2006 年。
・藤田覚『松平定信――政治改革に挑んだ老中――』中央公論社、1993 年。
・藤田覚『田沼意次』ミネルヴァ書房、2007 年。
・藤田覚『田沼時代』吉川弘文館、2012 年。
・山本敏夫『松平定信――その人と生涯――』山本敏夫、1983 年。
・拙書（編者）『増訂　経済学の基本原理と諸問題』八千代出版、2013 年。

(2) 論文
・菊本智之「松平定信の武芸思想に関する一考察」『武道学研究』第 23 巻第 3 号、日本武道学会、1991 年。
・見城悌治「近代日本における『偉人』 松平定信の表象」『千葉大学留学生センター紀要』第 3 巻、千葉大学留学生センター、1997 年。
・高澤憲治「寛政改革前後の白河藩政と松平定信」『国史学』第 185 号、国史学会、2005 年。
・竹川重男「寛政改革期における松平定信の思想と徂徠学」『国史談話会雑誌』第 22 号、東北大学文学部国史研究室国史談話会、1981 年。
・竹川重男「松平定信の『物価論』に関する一考察（上）」『福大史学』第 33 号、福島大学史学会、1982 年。
・童門冬二「改革に大切な日本の心 松平定信」『刑政』第 113 巻第 5 号、矯正協会、2002 年。
・中江克己「江戸の構造改革・リーダーたちの知恵 (19) 農政と教育に尽力した松平定信〈白河藩〉」『公評』第 40 巻第 10 号、公評社、2003 年。
・野口武彦「江戸の改革政治と官僚組織 老中首座・松平定信の挑戦と挫折」『中央公論』第 124 巻第 12 号、中央公論新社、2009 年。
・野崎健二郎「白河藩の寛政改革」小林清治編『福島の研究 第 3 巻 近世篇』清文堂出版、1986 年。

第 8 章
(1) 著書
・石川正敏『庄内風土記 上巻』荘内日報社、1972 年。
・伊豆田忠悦編『郷土史事典 山形県』昌平社、1982 年。
・五十公野清一『本間光丘』日本出版社、1943 年。
・内田ユリ他『庄内セミナー報告集』庄内セミナー実行委員会、2010 年。
・大場正巳『本間家の俵田渡口米制の実証分析』御茶の水書房、1985 年。
・小倉榮一郎『近江商人の開発力』中央経済社、1991 年。
・河合敦『復興の日本史』祥伝社、2012 年。
・小松隆二『公益とは何か』論創社、2004 年。
・小松隆二『公益の種を蒔いた人びと――「公益の故郷・庄内」の偉人たち――』東北出版企画、2007 年。
・コミュニティ新聞社編『酒田湊繁盛史』コミュニティ新聞社、1992 年。
・斎藤正一『庄内藩』吉川弘文堂、1990 年。
・酒田市史編纂委員会編『酒田市史 資料篇 第 5 集 経済篇 上』酒田市、1971 年。
・酒田市史編纂委員会編『酒田市史 上巻（改訂版）』酒田市、1987 年。
・酒田市史編纂委員会編『酒田市史 年表（改訂版）』酒田市、1988 年。
・酒田青年会議所編『酒田に本間光丘あり』酒田まちづくり開発、2010 年。
・佐藤三郎『庄内藩酒井家』東洋書院、1975 年。
・佐藤三郎『酒田の本間家』中央書院、1991 年。

- 鈴木旭『江戸期不況を乗り切った「六大商人」の知恵』日本文芸社、1994 年。
- 鈴木旭『本間光丘』ダイヤモンド社、1995 年。
- 高田宏『日本海繁盛記』岩波書店、1992 年。
- 田村寛三『続々酒田ききあるき』酒田ききあるき会、1995 年。
- 童門冬二『「本間さま」の経済再生の法則──欲を捨てよ、利益はおのずとついてくる──』PHP 研究所、2003 年。
- 童門冬二『徳川三百年を支えた豪商の「才覚」』角川書店、2013 年。
- 堀川豊永『救荒の父　本間光丘翁』人文閣、1949 年。
- 本間勝喜『シリーズ藩物語　庄内藩』現代書館、2009 年。
- 山形県編『山形県史　第 3 巻　近世編　下』巌南堂書店、1987 年。
- 山形県酒田市編『酒田の歴史探訪』酒田市企画調整部企画調整課、2002 年。
- 横山昭男他『山形県の歴史』山川出版社、1998 年。
- 吉田伸之・高村直助編『商人と流通』山川出版社、1992 年。

(2) 論文
- 江戸時代人づくり風土記編纂室「本間光丘──藩財政の再建や植林事業に尽くした豪商（酒田）──」『江戸時代人づくり風土記 6　ふるさとの人と知恵　山形』農山漁村文化協会、1991 年。
- 岡本好古「本間光丘」岡本好古他『歴史の群像 7　挑戦』集英社、1988 年。
- 田村寛三「財界からの抜擢人事」『歴史と旅』第 24 巻第 8 号、秋田書店、1996 年。
- 童門冬二「官吏意外史　本間光丘（その 12）庄内藩窮迫の原因」『地方自治職員研修』第 32 巻第 10 号、公職研、1999 年。
- 童門冬二「官吏意外史　本間光丘（その 19）財政再建は藩政すべての計画見直し」『地方自治職員研修』第 33 巻第 5 号、公職研、2000 年。
- 童門冬二「官吏意外史　本間光丘（その 27）襲う天災」『地方自治職員研修』第 34 巻第 1 号、公職研、2001 年。
- 童門冬二「官吏意外史　本間光丘（その 30）困窮農民への愛情」『地方自治職員研修』第 34 巻第 4 号、公職研、2001 年。
- 童門冬二「官吏意外史　本間光丘（その 35）幕政改革の波の中に」『地方自治職員研修』第 34 巻第 9 号、公職研、2001 年。
- 中江克己「江戸の構造改革・リーダーたちの知恵（9）『救荒の父』と謳われた本間光丘〈庄内藩〉」『公評』第 39 巻第 11 号、公評社、2002 年。
- 深井雅海「享保前期における『将軍専制政治』の一考察」林陸朗先生還暦記念会編『近世国家の支配構造』雄山閣、1986 年。
- 宮城好郎「近世における酒田商人のフィランソロピー（1）本間光丘を中心に」『酒田短期大学研究論集』第 15 号、酒田短期大学、1996 年。
- 宮城好郎「近世における酒田商人のフィランソロピー（2・完）本間光丘を中心に」『酒田短期大学研究論集』第 15 号、酒田短期大学、1996 年。

(3) その他
- http://www.kedanren.or.jp/japanese/policy/csr.hmail（2018 年 3 月 20 日現在）

第 9 章

(1) 著書
・糸田恒雄『河合寸翁の業績と姫路藩の勤王思想』糸田恒雄、1978 年。
・岡谷繁実『続名将言行録　上・中・下』教育社、1980 年。
・熊田かよこ『姫路藩の名家老　河合寸翁——藩政改革と人材育成にかけた生涯——』神戸新聞総合出版センター、2015 年。
・寺林峻『財政再建の名家老　河合道臣——姫路城凍って寒からず——』PHP 研究所、2002 年。
・童門冬二『偉物伝』講談社、2001 年。
・姫路市糸引連合自治会編『河合寸翁講座　一』姫路市糸引連合自治会、2017 年。
・姫路市市史編集専門委員会編『姫路市史　第 4 巻　本編　近世 2』姫路市、1992 年。
・藤戸孝純『河合寸翁学問所仁寿山校遺構顚末記』藤戸孝純、1995 年。
・穂積勝次郎『河合寸翁先生の産業政策』中国日日新聞社、1957 年。
・穂積勝次郎『姫路藩綿業経済史』穂積勝次郎、1962 年。
・穂積勝次郎『姫路藩の藩老　河合寸翁伝』穂積勝次郎、1972 年。
・矢内正夫編『河合寸翁大夫伝』河合大夫顕彰会、1920 年。
・矢内正夫編纂『河合寸翁大夫年譜』河合大夫顕彰会、1924 年。
・芳井直利『姫府名士　河合寸翁伝』姫路市役所、1912 年。

(2) 論文
・赤井克己「姫路藩家老河合寸翁のすごい藩政改革」『おかやま財界』第 43 号第 5 号、おかやま財界、2014 年。
・今中寛司「河合寸翁に関する一史料」『兵庫史学』第 19 号、兵庫史学会、1959 年。
・黒部亨「河合寸翁——名家老の藩政改革——」播磨学研究所編『姫路城を彩る人たち』神戸新聞総合出版センター、2000 年。
・寺林峻「河合道臣——リストラなどの『定番』を退け領民のやる気を起こさせ藩財政再建——」『エコノミスト』第 76 巻第 56 号、毎日新聞社、1998 年。
・寺林峻「酒井家名家老・河合道臣（寸翁）ものがたり」『歴史と旅』第 28 巻第 5 号、秋田書店、2001 年。
・童門冬二「歴史に学ぶ人材育成（6）河合道臣」『人事管理』第 322 巻、日本人事管理協会、1997 年。
・童門冬二「河合寸翁（1）〜（7）」『ガバナンス』第 154 巻〜第 160 巻、ぎょうせい、2014 年。
・中江克己「江戸の構造改革・リーダーたちの知恵（10）領民との共栄を図った河合道臣〈姫路藩〉」『公評』第 40 巻第 1 号、公評社、2003 年。

第 10 章

(1) 著書
・上原兼善『鎖国と藩貿易』八重岳書房、1981 年。
・加来耕三『日本補佐役列伝』学陽書房、2001 年。
・鹿児島県編『鹿児島県史　第 2 巻』鹿児島県、1980 年。

・川嶋眞人『蘭学の里・中津』近代文芸社、2001年。
・芳即正『薩摩の模合と質屋』大和学芸図書、1980年。
・芳即正『島津重豪』吉川弘文館、1980年。
・芳即正『調所広郷』吉川弘文館、1987年。
・佐藤雅美『調所笑左衛門』学陽書房、2002年。
・島津斉彬文書刊行会『島津斉彬文書　上巻』吉川弘文館、1959年。
・台明寺岩人『斉彬に消された男　調所笑左衛門広郷』南方新社、2006年。
・童門冬二『江戸管理社会反骨者列伝』講談社、1988年。
・徳富猪一郎『近世日本国民史　雄藩篇』民友社、1935年。
・日本農業発達史調査会編『日本農業発達史』中央公論社、1978年。
・原口泉『維新の系譜』グラフ社、2008年。
・原口虎雄『鹿児島県の歴史』山川出版社、1973年。
・原口虎雄『幕末の薩摩――悲劇の改革者、調所笑左衛門――』中央公論社、1987年。
・原田敏明『郷土の歴史　九州編』宝文館、1959年。
・樋口弘『日本糖業史』内外経済社、1956年。
・松下志朗『近世奄美の支配と社会』第一書房、1983年。
・宮本又次『九州経済史研究』講談社、1978年。

(2) 論文

・上原兼善「薩摩藩における唐物仕法の展開」『史淵』第113揖、九州大学大学院人文科学研究院、1976年。
・上原兼善「藩貿易の展開と構造」『日本史研究』第215号、日本史研究会、1980年。
・大淵利男「佐藤信淵の『経済論』について」『政経研究』第26巻第2号、日本大学法学会、1989年。
・加来耕三「歴史に見る経営感覚（第1回）調所笑左衛門の薩摩藩藩政改革」『商工ジャーナル』第37巻第4号、商工中金経済研究所、2011年。
・芳即正「調所笑左衛門書簡とその年代比定」『鹿児島純心女子短期大学研究年報』第9号、鹿児島純心女子短期大学、1981年。
・芳即正「調所広郷書簡について――史料紹介を中心に――」『鹿児島純心女子短期大学研究紀要』第15号、鹿児島純心女子短期大学、1985年。
・黒田安雄「安永・天明期における薩摩藩の動向」『地方史研究』第22巻第6号、地方史研究協議会、1972年。
・黒田安雄「薩摩藩天保改革末期の給地高改正」『九州史学』第61号、九州史学研究会、1972年。
・黒田安雄「文化・文政期長崎商法拡張をめぐる薩摩藩の画策」『史淵』第114号、九州大学大学院人文科学研究院、1977年。
・五味克夫「調所氏寸考」『日本歴史』第162号、吉川弘文館、1961年。
・齊藤尚志「佐藤信淵の思想――『産霊』の原理と『術』の模索を中心として――」『千里山文学論集』第63巻、関西大学、2000年。
・武尾要子「薩摩琉球貿易と貿易商人石本家の関係」宮本又次編『九州経済史論集　第2巻』福岡商工会議所、1956年。

・中江克己「江戸の構造改革・リーダーたちの知恵（6）借金を踏み倒した調所広郷〈薩摩藩〉」『公評』第39巻第8号、公評社、2002年。
・原口虎雄「鹿児島県農業発達史序説」日本農業発達史調査会編『日本農業発達史　別巻上』中央公論社、1978年。
・原口虎雄「薩摩郷土生活の経済的基礎」宮本又次編『九州経済史研究』講談社、1978年。
・平池久義「薩摩藩における調所広郷の天保の改革——組織論の視点から——」『下関市立大学論集』第46巻第2号、下関市立大学学会、2002年。
・布施啓一「佐藤信淵経済論の一考察」『立命館文學』第415号、立命館大学人文学会、1980年。
・山本弘文「薩藩天保改革の前提」『経済志林』第22巻第4号、法政大学経済学会、1954年。

第11章

(1) 著書
・太田報助『毛利十一代史　第6冊・第7冊』名著出版、1972年。
・小川國治『転換期長州藩の研究』思文閣、1996年。
・小川國治『毛利重就』吉川弘文館、2003年。
・河村一郎『長州藩思想史覚書』河村一郎、1986年。
・河村一郎『長州藩徂徠学』河村一郎、1990年。
・河村一郎『防長藩政期への視座』桜プリント企業組合、1998年。
・岸田裕之『大名領国の経済構造』岩波書店、2001年。
・後藤陽一編『瀬戸内海地域の史的展開』福武書店、1978年。
・田中誠二『近世の検地と年貢』塙書房、1996年。
・萩市郷土博物館編『萩市郷土博物館叢書　第2集　蔵櫃録』萩市郷土博物館、1993年。
・防府市史編纂委員会編『防府市史　史料Ⅱ　上・下』防府市、1996年。
・堀江保蔵『我国近世の専売制度』臨川書店、1973年。
・三坂圭治『萩藩の財政と撫育』春秋社松柏館、1944年。
・三坂圭治『県史シリーズ35　山口県の歴史』山川出版社、1972年。
・三坂圭治『萩藩の財政と撫育制度（改訂版）』マツノ書店、1977年。
・山口県編『山口県文化史年表』マツノ書店、1991年。
・山口県文書館編『御所帯根積』（山口県文書館所蔵）山口県文書館、1754年。
・山口県文書館編『山口県史料　近世編　法制　上・下』山口県文書館、1976～1977年。

(2) 論文
・大谷家文書「御馳走銀相持出銀米覚」（山口県文書館所蔵）大谷家、1830年。
・小川國治「長州藩宝暦改革と室積会所の成立」『史学研究』第124巻、広島史学研究会、1974年。
・小川國治「長州藩の流通政策と中関越荷方」後藤陽一編『瀬戸内海地域の史的展開』福武書店、1978年。
・小川國治「長州藩経済政策と山代請紙制」渡辺則之編『産業の発達と地域社会』溪水社、1982年。

・田中彰「長州藩における櫨と蠟」地方史研究協議会編『日本産業史大系　第7巻　中国四国地方篇』東京大学出版会、1960年。
・田中誠二「萩藩後期の藩財政」山口大学文学会編『山口大学文学会志』第49巻、山口大学文学会、1999年。
・西川俊作・谷村賢治「藩札論再考萩札・広島札を中心に」『三田学会雑誌』第73巻第3号、慶應義塾経済学会、1980年。
・根岸賢太郎「成立期藩経済の構造」古島敏雄他『日本経済史大系　第3巻　近世　上』東京大学出版会、1965年。
・福尾猛市郎「長州藩宝暦改革の意義と地元資本の育成」『史学研究30周年記念論叢』広島史学研究会、1960年。
・松岡利夫「毛利藩における宝暦改革の政治的考察」『西日本史学会創立10周年記念論文集』西日本史学会、1970年。
・三輪為一「長州萩の藩札」『社会経済史学』第8巻第6号、社会経済史学会、1938年。
・山口和雄「藩札史研究序説」『経済学論集』第31巻第4号、東京大学経済学会、1966年。
・山口和雄「藩札史の地域別考察」『社会経済史学』第49巻第2号、社会経済史学会、1983年。
・山口県文書館編「慶長16年7月4日付　覚（所務方箇条）」『山口県資料　近世編　法制　上』山口県文書館、1976年。

第12章
(1) 著書
・井手文雄『新稿近代財政学（第3改訂版）』税務経理協会、1976年。
・香川政一『村田清風小伝』椿窓書屋、1938年。
・金谷治『孟子』岩波書店、2013年。
・北島正元編『徳川将軍列伝』秋田書店、1998年。
・芝原拓自『明治維新の権力基盤』御茶の水書房、1965年。
・霜月一生『経営参謀　村田清風』叢文社、1989年。
・關順也『藩政改革と明治維新』有斐閣、1956年。
・田中彰『塙選書45　幕末の藩政改革』塙書房、1981年。
・土屋喬雄編『封建社会の構造分析』勁草書房、1950年。
・遠山茂樹『明治維新』岩波書店、1983年。
・奈良本辰也『日本近世史研究』白鳳書館、1948年。
・奈良本辰也『維新史の課題』白東書館、1949年。
・奈良本辰也『近世封建社会史論』要書房、1952年。
・奈良本辰也『近世封建社会論』奈良本辰也、1952年。
・奈良本辰也『近世日本思想史研究』河出書房新社、1965年。
・奈良本辰也『日本近世の思想と文化』岩波書店、1978年。
・奈良本辰也編『幕藩制の動揺』世界文化社、1967年。
・奈良本辰也・赤井達郎編『近代への溶明　江戸時代後期』学習研究社、1970年。
・奈良本辰也・衣笠安喜編『江戸時代の思想』徳間書店、1966年。

・沼田次郎『幕末洋学史』刀江書院、1951年。
・林三雄『長州藩の経営管理』文芸社、2001年。
・平川喜敬『村田清風——その業績と感懐——』東洋図書、1980年。
・本庄栄治郎編『近世日本の三大改革』龍吟社、1944年。
・三坂圭治『萩藩の財政と撫育制度（復刻版）』マツノ書店、1999年。
・三輪為一『旧萩藩非常用貯蓄金穀』防長文化研究会、1938年。
・山口県教育会編『村田清風全集　上巻・下巻』山口県教育会、1961〜1963年。

(2) 論文
・穐本洋哉「萩藩財政収支と経済政策」『社会経済史学』第42巻第4号、社会経済史学会、1977年。
・石母田正「封建国家に関する理論的諸問題」歴史学研究会編『国家権力の諸段階』岩波書店、1950年。
・小川亜弥子「村田清風の洋学観——幕末期長州藩藩政改革との関連で——」『史学研究』第191巻、広島史学研究会、1991年。
・芝原拓自「長州藩体制の解体過程」『日本史研究』第64巻、日本史研究会、1963年。
・嶋津隆文「中国地域の経世家たち　第4回　村田清風」『経済調査統計月報』中国電力エネルギア総合研究所、2008年。
・田中彰「村田清風の海防論と洋学」『日本歴史』第93号、吉川弘文館、1956年。
・田中彰「長州藩の天保改革」『ヒストリア』第18号、大阪歴史学会、1957年。
・津田秀夫「天保の改革」歴史学研究会・日本史研究会編『日本歴史講座　第4巻　近世〜近代』東京大学出版会、1971年。
・布浦眞作「村田清風の藩政改革」平泉澄監修『歴史残花2』時事通信社、1968年。
・平池久義「長州藩における村田清風の天保の改革——組織論の革新の視点から——」『産業文化研究所所報』第10号、下関市立大学附属産業文化研究所、1999年。
・平池久義「薩摩藩における調所広郷の天保の改革——組織論の視点から——」『下関市立大学論集』第46巻第2号、下関市立大学学会、2002年。
・拙稿「村田清風の財政改革に関する若干の考察」『国際文化表現研究』第10号、国際文化表現学会、2014年。

各章に重複する文献
(1) 著書
・朝尾直弘他編『岩波講座　日本通史13　近世3』岩波書店、1994年。
・朝倉治彦・三浦一郎編『世界人物逸話大事典』角川書店、1996年。
・井澤豊一郎編『日本史1000人　下巻』世界文化社、2010年。
・井沢元彦『逆説の日本史15　近世改革編』小学館、2012年。
・井門寛『江戸の財政再建——恩田木工・上杉鷹山ほか20人の改革者たち——』中央公論新社、2000年。
・大石慎三郎『享保改革の経済政策』御茶の水書房、1961年。
・大石慎三郎『日本の歴史20　幕藩制の転換』小学館、1975年。
・大石学『享保改革の地域政策』吉川弘文館、1996年。

・大野瑞男『江戸幕府財政史論』吉川弘文館、1996年。
・加来耕三『名家老たちの危機の戦略戦術』さくら舎、2014年。
・金谷治訳注『論語』岩波書店、2014年。
・河合敦『早わかり　江戸の決断――武士たちは、どう諸藩を立て直したのか――』講談社、2006年。
・川口浩他『日本経済思想史　江戸から昭和』勁草書房、2015年。
・北島正元『日本の歴史18　幕藩制の苦悶』中央公論社、2006年。
・木村礎・藤野保・村上直編『藩史大事典』雄山閣、1990年。
・楠戸義昭『お家再興のリーダーシップ――歴史に名を残す「理財の人」10人に学ぶ――』新人物往来社、2009年。
・倉地克直『全集日本の歴史11　徳川社会のゆらぎ』小学館、2008年。
・蔵並省自・實方壽義『近世社会の政治と経済』ミネルヴァ書房、1995年。
・児玉幸多『日本の歴史16　元禄時代』中央公論社、1966年。
・児玉幸多・北島正元監修『藩史総覧』新人物往来社、1977年。
・児玉幸多・木村礎編『大名列伝4　名君篇』人物往来社、1967年。
・佐藤雅美『歴史に学ぶ「執念」の財政改革』集英社、1999年。
・新人物往来社編『別冊歴史読本59　江戸諸藩役人役職白書』新人物往来社、1998年。
・全日本新聞連盟編『維新革命史』全日本新聞連盟、1969年。
・田尻祐一郎『江戸の思想史――人物・方法・連環――』中央公論新社、2011年。
・高杢利彦『日本の歴史13　元禄・享保の時代』集英社、1992年。
・圭室文雄『江戸幕府の宗教統制』評論社、1971年。
・辻善之助『日本文化史　第5巻』春秋社、1988年。
・辻達也『享保改革の研究』創文社、1963年。
・辻達也『江戸時代を考える』中央公論社、1988年。
・辻達也編『日本の近世10　近代への胎動』中央公論社、1993年。
・土屋喬雄『封建社会崩壊過程の研究』弘文堂、1953年。
・土屋喬雄『封建社会崩壊過程の研究（復刻版）』象山社、1981年。
・童門冬二『江戸の財政改革』小学館、2002年。
・童門冬二『乱世を生き抜く戦国武将のマネジメント術』ダイヤモンド社、2011年。
・童門冬二『諸国賢人列伝　地域に人と歴史あり』ぎょうせい、2014年。
・童門冬二監修『江戸の大名人物列伝』東京書籍、2000年。
・中江克己『"御家"立て直し』青春出版社、2004年。
・中野明『財政改革に挑んだサムライ達』I Books、2014年（電子書籍Kindle版）。
・奈良本辰也校注『日本思想大系38　近世政道論』岩波書店、1976年。
・新渡戸稲造著、矢内原忠雄訳『武士道』岩波書店、2018年。
・日本英雄傳編纂所編『日本英雄傳　第7巻〜第9巻』非凡閣、1936年。
・野村兼太郎『徳川時代の社会経済思想概論』日本評論社、1934年。
・野村兼太郎『近世日本の経世家』泉文社、1948年。
・萩原裕雄『地方再生は江戸に学べ！――藩政改革を成功に導いたスペシャリストたち――』三空出版、2015年（電子書籍Kindle版）。

・深谷克己『近世人の研究』名著刊行会、2003 年。
・藤田覚『近世の三大改革』山川出版社、2011 年。
・藤田覚編『幕藩制改革の展開』山川出版社、2001 年。
・本庄栄治郎『日本経済思想史研究』日本評論社、1948 年。
・松本四郎・山田忠雄編『講座日本近世史 4　元禄・享保期の政治と社会』有斐閣、1980 年。
・見瀬和雄『幕藩制市場と藩財政』巖南堂書店、1998 年。
・百瀬明治『名君と賢臣　江戸の政治改革』講談社、1996 年。
・山下昌也『大名の家計簿』角川書店、2012 年。
・山本明『江戸三百藩』西東社、2011 年。
・山本敦司編『江戸の財政再建 20 人の知恵』扶桑社、1998 年。
・山本博文監修『江戸時代 265 年ニュース事典』柏書房、2012 年。
・吉田一徳『大日本史紀伝志表撰者考』風間書房、1965 年。
・読売新聞社編『人物再発見』人物往来社、1965 年。
・歴史群像編『戦国驍将・知将・奇将伝——乱世を駆けた 62 人の生き様・死に様——』歴史群像、2007 年。
・『歴史読本』編集部編『江戸三百藩藩主列伝』新人物往来社、2012 年。
・早稲田大学経済史学会編『近世日本農民経済史研究』早稲田大学経済史学会、1952 年。
・拙書『近世諸藩における財政改革——濫觴編——』八千代出版、2018 年。
(2) 論文
・佐藤和子「百姓は国の宝ぞ」『日本及日本人』第 1572 号、日本及日本人社、1983 年。
・新人物往来社編「特集参勤交代」『歴史読本』第 34 巻第 23 号、新人物往来社、1989 年。
・高野澄「行財政改革の指南役——君主を補佐した賢臣たち——」『歴史読本』第 45 巻第 7 号、新人物往来社、2000 年。
・拙稿「上杉鷹山の財政改革に関する若干の考察」『国際文化表現研究』第 11 号、国際文化表現学会、2015 年。

＊本書は、以下の日本大学国際関係研究所個人研究費の成果の一部である。
(1) 2018 年度「近世諸藩の財政改革の濫觴と燎原　中期編」
(2) 2019 年度「近世諸藩の財政改革の濫觴と燎原　中期編Ⅱ」

人名索引

ア 行

秋月種美	72
秋山玉山	39
浅野内匠頭長矩	4
朝日丹波（郷保）	94, 191, 194
安部清右衛門	123
新井白石	1
有馬左兵衛佐	219
井伊直政	257
石田三成	76
泉源右衛門	146
板倉修理	30
伊藤博文	248
稲津頼勝	31
犬塚又内	183
井原孫左衛門	226
芋川延親	82
色部照長	82
岩品源五郎	193
上杉顕孝	87
上杉景勝	76
上杉謙信	76, 79
上杉定勝	76
上杉重定	72, 74, 77-8, 83
上杉綱勝	76, 79
上杉綱憲	72, 76-7
上杉斉定	75
上杉治憲	72-3, 248
上杉治広	75, 83-4
上杉鷹山	27-8, 44, 71, 139, 160, 162, 217
上杉吉憲	78
宇佐美恵助	96
内田屋孫右衛門	234
内村鑑三	71
内海継之	186
海野九郎太夫	51
榎本就時	237
大石内蔵助	43
大岡忠光	118
大久保忠真	67
大久保利通	198, 213
大熊五郎左衛門	56
大河内帯刀	180-1
大沢宗敷	201
大塚孝綽	135
大槻玄沢	116
大野勘兵衛	180
岡庭小平	191
荻生徂徠	96, 139, 169
奥田主馬忠雄	4
小河内弥内	138
長田三郎右衛門	237
小田切備中	94, 99
織田信長	79
小山田新八	56
小山田又七	56
恩田民重	51
恩田杢	49

カ 行

海保青陵	127, 129, 246
勘解由左衛門宗在	178
堅田元武	222, 226
勝原吉太夫	234
桂三郎左衛門	222
加藤清正	29
加藤忠広	29, 32
金子清兵衛	233
樺山主税	204
蒲地正定	31
川合定恒	178-81
川合定連	184
河合甚四郎	178
川合甚四郎宗見	179
河合寸翁	177

人 名 索 引　　　281

河合宗兵衛宗晴	178
河合但馬守宗忠	178
川合八百五郎	179
河合良翰	180
川崎主右衛門基明	199
川崎清八	199
川崎良八	199-200
川瀬伝五郎雅中	150
河村瑞賢	155, 233, 252
河村秀根	7
鎌原兵庫	56
木戸孝允	248
木村左右衛門	136
木村丈八	87
京極忠高	98
清田征恒	31
清野祐秀	82
吉良上野介	76, 78
桐野孫太郎	209
九條輔子	4
倉崎恭右衛門	87
グラバー（Glover, T. B.）	258
クリントン（Clinton, W. J. "Bill"）	72
ケインズ（Keynes, J. M.）	2, 23
ケネディ（Kennedy, J. F.）	71
孔子	103
鴻池又四郎	115
古賀精里	181
国武弾助	35
小南市郎兵衛	136
小西行長	29
小林秀雄	28
小松成章	52
小村帳懸粟屋勝之	230

サ　行

西郷隆盛	198, 213, 256
酒井忠徳	155, 161, 167-8
酒井忠勝	162
酒井忠真	164
酒井忠以	179
酒井忠恭	179, 183

酒井忠学	180
酒井忠道	177, 180, 184
酒井忠当	163
酒井忠実	178, 180
酒井忠義	163
酒井忠寄	160, 165-6
酒井抱一	179
酒井正親	178
坂九郎左衛門（時存）	222, 227
坂本屋四郎左衛門	150
佐久間象山	49, 64
佐々木満令	230
佐竹義和	248
佐々成政	29
佐藤信淵	206, 212
佐藤平三郎	148
真田繁信	52
真田信利	54
真田信弘	55
真田信政	54
真田信安	52, 55, 57
真田信之	51, 54
真田昌幸	51, 54
真田幸貫	49, 64
真田幸弘	49, 52, 54
真田幸道	51, 54
真田幸村	51, 54
シーボルト（Siebold, P. F. von）	204
塩野儀兵衛	55
志賀祐親	84
繁田幸助	192
重村吉右衛門	236
宍戸広周	221-2
柴野栗山	180-1
渋沢栄一	68, 134
島津重豪	200, 205
島津家久	197
島津斉彬	197, 256
島津斉興	201
島津斉宣	200
島津久光	198
島津義久	197
島津義弘	197

清水吉左衛門	150		田安宗武	135
清水清冬	31		丹波重賢	95
下田市兵衛	63		千坂高敦	82
白石正一郎	254		秩父季保	204
白石茂兵衛	163		常見文左衛門	136
白井太左衛門	237		坪井九右衛門	247, 255
白井矢太夫	172		トインビー (Toynbee, A. J.)	27
白須平七	233		桃源蔵	96
神保綱忠 (蘭室)	73		道明寺屋吉左右衛門	115
調所笑左衛門	201		土岐半之丞	140
調所清悦	199-200		徳川家重	57, 118
調所善右衛門	200		徳川家継	1
調所友治	200		徳川家斉	136, 138, 200, 219, 249
調所広郷	197, 243, 254		徳川家宣	1, 4-5
周田貢	245		徳川家治	73, 118, 135, 137, 142, 166, 245
須田満主	82		徳川家光	2, 79
周布政之助	247-8, 256		徳川家康	9, 29, 54, 76, 102, 178, 217
スミス (Smith, A.)	65, 116		徳川重好	134
仙石城之助	95		徳川継友	5-6, 9, 11
			徳川綱誠	3, 9
タ 行			徳川綱吉	4, 77
			徳川鍋松	5
大黒屋善四郎	237		徳川斉荘	9
大黒屋善蔵	123		徳川斉朝	9
高杉晋作	248		徳川斉温	9
高洲就忠	217, 227, 232-3		徳川秀忠	178
高須隼人	180		徳川 (八三郎) 通顕	4-5
高津達恒	87		徳川通春	20
高山賢秀	158		徳川光友	6, 9
竹下与右衛門	199		徳川宗勝	7, 9, 80
竹内式部	118		徳川宗睦	9
竹内八郎右衛門	169, 173		徳川宗春	1, 12
竹腰正武	6		徳川茂徳	9
竹俣当綱	72, 75, 80-1		徳川安之助通温	4
竹原勘十郎玄路	31		徳川慶勝	9
但見重春	95		徳川義恕	9
伊達重村	123		徳川慶臧	9
伊達政宗	121		徳川義直	3, 8-10
田沼意次	118, 134, 136, 138, 162, 181, 204		徳川吉通	5, 9
田村半右衛門	55-6		徳川吉宗	2, 12, 23, 41, 118, 133, 135
田安定国	135		徳川頼宣	3, 8
田安定信	133		徳川頼房	3, 8
田安治察	135-6		徳川頼方	4

人名索引

戸無瀬	220
豊臣秀吉	29, 76, 79

ナ　行

内藤半左衛門	180
長井源太	60
長尾景明	82
長岡忠英	39
中島源次	193
長瀬宇平	31
中津佐助	31
永富独嘯庵	234
中西淡淵	75
長沼九郎左衛門	222
長野九之丞直通	179
中野半左衛門	254
中村増蔵	192
中村弥左衛門	57
梨羽広言	226-7
成沢勘左衛門	64
成瀬正太	6
新渡戸稲造	71
二宮尊徳（金次郎）	66-8, 118
禰津数馬	53, 58
禰津三十郎	53, 56
禰津要左衛門	64
苆戸善政	80-1

ハ　行

長谷川慶右衛門	234
長谷川十兵衛	117
長谷川宗兵衛	236
長谷川安兵衛	117
長谷川与兵衛（季烈）	117
塙保己一	246
羽仁正之	230, 232-3
馬場権兵衛了可	158
浜田庄助	193
早川茂左衛門	140
原八郎五郎	55-7, 60
備前屋吉兵衛	115

尾藤二洲	181
一橋治済	134
平賀源内	235
平林正在	82
深田慎斎	13
福澤諭吉	3
藤沢周平	156
藤田孫十郎忠起	149-50
布施光貞	231
舟橋屋四郎右衛門	115
古川古松軒	163
ペリー（Perry, M. C.）	243
ベンダサン（Ben-Dasan, I.）	49
細井平洲	72, 75, 88
細川重賢	27, 139, 248
細川忠興	29
細川忠利	29, 32
細川綱利	30
細川宣紀	30
細川光尚	31
細川宗孝	30, 34
細川幽斎	29
堀尾吉晴	98
堀川廣益	7
堀平太左衛門勝名	31, 37
本多意気揚	180
本多民部左衛門	180, 183
本間（四郎三郎）光丘	155, 157
本間熊次郎宗久	159, 162
本間春庵俊安	159
本間新十郎重光	159
本間新蔵光吉	159
本間光寿	157-8
本間原光	157

マ　行

前田綱紀	166
牧野英成	13
牧本善右衛門	147
益田広堯	221
益田広道	227
松坂屋七之進	230

283

松平明矩	140	毛利讃岐守元平	219
松平伊織義武	5	毛利重広	219
松平佐十郎	179	毛利大三郎	219, 221
松平定勝	139	毛利（大膳大夫）重就	217, 220, 243
松平定邦	136, 142	毛利敬親	240, 246
松平定重	140	毛利綱広	219
松平定綱	137, 139	毛利綱元	223
松平定永	134	毛利輝元	223
松平定信	44, 126, 133, 180, 246	毛利斉熙	246
松平定賢	140	毛利斉元	246
松平左仲	180-1	毛利治親	222, 245
松平忠吉	9	毛利秀	219
松平直矩	140	毛利秀就	221
松平直政	95, 98	毛利広漢	221
松平南海	110	毛利広定	217, 219
松平宣維	97-8	毛利広豊	221
松平乗邑	20	毛利政苗	219
松平治郷	93, 179	毛利匡満	220
松平宗衍	93, 96, 99	毛利匡幸	219
松平基知	140	毛利宗広	223
松平義淳	7	毛利元次	223
松平義真	5	毛利元連	226
間部詮房	4	毛利元知	219
マルサス（Malthus, T. R.）	2	毛利元朝	220
マンデヴィル（Mandevill, B. de）	21	毛利元就	219
水野重幸	161, 167	毛利元矩	219
水野忠邦	88, 133, 256	毛利元房	220
三谷三九郎	77, 80, 82	毛利師就	219
三谷半太夫正長	95	毛利百合	220
三星屋武右衛門	115	毛利吉広	219, 223
三戸基芳	231	毛利吉元	223
源頼朝	197	望月治部左衛門（知英）	51, 53, 56, 64
都野祥正	231	望月行晃	53, 58
向井平右衛門命留	150	本町茂右衛門	147
椋梨藤太	247	森平右衛門	79-80
村上平次郎	235		
村田岩子	245	**ヤ　行**	
村田光賢	245		
村田清風	213, 240, 243	矢沢帯刀	56
村田為之	244	安尾宗虎	201
孟子	103	八田嘉助	56, 63
毛利甲斐守匡敬	220	八谷弥六郎	245
毛利甲斐守匡広	219	柳沢吉保	4

柳多四郎兵衛	95		
山県市左衛門	222	**ラ　行**	
山片重芳（升屋平右衛門）	120, 127		
山県大弐	118	頼山陽	161
山片蟠桃	115, 117		
山片芳達	120	**ワ　行**	
山田顕義	244		
山内知真	10	脇坂丹下	95
山本七平	49, 116	ワグナー（Wagner, A.）	65
山脇東洋	234	藁科松柏	72
結城秀康	98	藁科立遠	84
吉田松陰	247, 256		

事項索引

ア 行

『会津藩家世実紀』	145
上地	231
上米	164, 183, 195
足軽	59
預札	190
「安永御地盤組立」	170-1
硫黄開発	42
医学院	204
一円融合	67
一代新番	201
一所持	202
一所持格	202
「一致共和対策弁」	124
一般会計	231
稲作収穫	60
戌年の大満水	55
ヴァリアント	50
浮与力	95
請紙制	236
『字下人言』	138, 141
打込高	139
打ち壊し	142
卯年の飢饉	142
右筆役密用方	246
馬市	20
馬の繁殖	85
運上	59
運上金	252
運上銀	233, 237
営業税	128, 190
永否地	223
江戸下米	11
江戸朱座御用	210
江戸大火	55
江戸奉行	34
エリート	51
延享の改革	99
塩田の開発	232
演武館	204
御家断絶	30
応能原則	89
嚶鳴館	73
大監察	38
大きな政府	22
大坂運送米売払代銀	224
大坂米切手訴訟事件	223, 226
大坂夏の陣	57
大塩平八郎の乱	88
大津借	167
大奉行	31, 37-8
大廊下上之部屋	8
御貸金	183
御勝手御用掛	170
『御訓誡』	146
御小姓格	160, 167
御小姓組	200, 202
御小納戸兼務	201
御小納戸勤	201
御小納戸頭取	201
御直捌	94, 99, 109, 112
御仕組一件扣	227
『御所帯根積』	224, 226
御勝置銀	234
御側御用人格	201
御立派	95
御立派の改革	94, 105-6, 109
御使番	201-2
御手製蠟燭	193
御手傳御用惣奉行	97
御手廻格御小姓支配	160
お天守銀	33
御成御殿	11
御触書	144
覚	228-9
御目見格	107

事項索引　287

表番頭格江戸用談役	246
織座	146
織物役所	146
尾張黄門	7
尾張藩	1
『温知政要』	6, 12-5, 20

カ　行

改革御用掛	173
開墾の保護奨励	85
開作	253
開作方御用掛	232
会所寄合	163
廻船	108
回送米	145
懐徳堂	115, 117
外部商人	78
『海防糸口』	247
買米	122, 125
買米制度	124
買米本金	124
開明政策	204
価格統制	22
懸り物	171
格式	8
隠し田畑	40
学田新田	150
欠落百姓	83, 164
『花月草紙』	138
貸上金	126
貸銀所	232
貸金役所	167
貸付米銀	229
貸付米	165
春日神社	73, 75
「家中之者身体持直内之覚書」	163
家中扶持米	11
勝手掛	64
勝手向	185, 194
歌舞伎	6
歌舞伎者	8
貨幣経済	33, 115, 130, 142, 151

紙売払代銀	224
神の見えざる手	116
華門	121
空札	106
借上	124
借上金	171
家老勝手掛	52, 55, 60
家老顧問役	246
家老職	178
官位	9
寛延・宝暦の改革	94
旱害	123
勘定吟味役	64
含翠堂	115
寛政異学の禁	181
寛政の改革	81, 84, 86, 107, 126, 129, 133, 138, 151, 180, 213
勧農抑商	109
旱魃	99
勘略	53
勘略奉行	52
官僚機構	17
官僚政治	4
棄捐令	107
飢餓対策	145
飢饉	45
起請文	63, 69
規制緩和	12, 17
規制強化（策）	17, 22
義倉	108
北前船	80, 155, 164, 253
切手会所	190
義田方	100
絹織物所	191
木主	236
木実方	100
木札	233
奇兵隊	256
機密間	31
救恤金	144
救米方差引残銀	224
給領地	235
凶作	35, 78, 80

凶作対策	167	黒砂糖生産	208
京都所司代	138	軍役	33
享保の改革	13, 22, 24, 53, 133, 213	軍制改革	256
享保の大飢饉	99-100	郡代	171
切米	122	郡奉行	38, 209
記録所役	217, 227, 230	郡奉行添役	57
勤倹節約	12	景気刺激策	19
勤功開作	253	景気変動	23
銀札	35-6, 106	経国救民	180
銀主	130	『稽古談』	127
緊縮財政（策）	12, 122	『経済提要』	206
緊縮主義	22	経済発展	18
緊縮政策	17, 204	経済復興策	17
近習役	55	経世家	111
禁止令	108	経世済民	103, 110
『近思録』	204	経費支出行為	58, 61
近思録崩れ	204	経費節減	62
近世国家	218	ケインジアン	22
銀高	225	下代	230
金納制	59, 69	闕年	107
銀元会所	194	検見法	40
禁令規制	17	検見役	57
公事	55	家頼中馳走米	228
郡上一揆	41	謙譲の美徳	67
被下金	183	『原色博物図譜』	36
畔頭	224	健全財政	161
口米	10, 12	倹約	62, 177
公内借捌法	251	倹約主義	2, 19, 22
公内借金37ヵ年賦皆済仕法	250, 257	倹約の模範	112
国家老	52, 179	倹約令	23, 61, 122, 126, 144, 165, 186-7
国持大名	9	元禄時代	77
国元加判役	220, 222, 226	元禄文化	3, 38
与頭	107	「御意見之覚」	223
組遣い	171	御一門家	202
公役	100	蝗害	100, 225
蔵入高	122	光格天皇即位式代参	184
蔵入地	224, 235	公儀開作	253
蔵入地高（直接収入）	32	公儀御遺用銀於札座引替銀	224
蔵米	194	公金乱用	79
蔵米知行	142	高家	7-8
蔵元	37, 130	後見役	97
繰越赤字	77	好古堂	192
黒砂糖市場	207	耕作放棄地	171

事項索引　　　289

『公私日記』	186	小番	202
江洲山門御修復	97	小番新頭	200
豪商	128	小村帳役所	230
合成の誤謬	21	米経済	22, 115, 130
郷村支配機構の整備	173	米拵	209
荒田の復興	58, 61	米相場	124, 159
高度経済成長時代	12, 22	米取引	115
購入独占制	122	米の投機	160
厚薄広狭秤	230	御物	201
高利貸し	159	小物成	42
古学派儒学者	96	御用金	55
御家中勝手向取計	160, 162, 167, 171	御用金備	165
國學院大学	244	御用兼御取次見習	201
国産振興	85	御用商人	56, 63, 77, 82
米高	225	御用陶器所	193
石高制	182	御用内掛	246
『国本論』	137	『御領知御取箇元払帳』	76-7, 79
『国本論付録』	137	『御領内惣人数御改増減之覚』	141
石盛	230	御連枝	4
御家人	162	御簾中	4
御家来開作	253	困窮農民の救済	173
五公五民	20, 107, 182		
御国産方御役座	237	サ　行	
後桜町天皇即位式代参	184		
御三卿	133	『宰我の償』	117
御三家	1-2, 5, 8, 133	西国宰相	184
小算用格	107	再春館	43
越荷方	232, 250, 252, 254	在所（本拠地）	10
越荷方事業	250	財政赤字	30
御地盤組立	170	財政改革会議	255
伍十組合	86	財政窮乏	78, 121
御趣向の改革	99	財政緊縮	81
御前仕組方兼郡奉行	232	財政困窮	104
固定資産税	186	財政支出	2
五徳	14	財政収入	2
御徳用櫨	236	財政16カ年基本組立（16年の組立）	84-6
『御内々申上候覧』	222	在町被仰渡之覚	187
御内用	3	在庁御家人	200
御内用達	142	酒田火防用金	174
小納戸役	31-2	『酒田人名録』	161
5人組帳	87	先納切手	194
固寧倉	178	桜島の大噴火	203
『此度談』	246	差上切	188

刺米	119, 125	市場経済	116
差控	226	四書五経	20, 245
佐多地頭職	202	自然災害	203
札銀	226	七家騒動	82
札銀引替用正銀	227	七公三民	107
札座	106	質札	39
雑税	165	質米切手	226
薩長連合	258	執政	95, 180
『薩藩経緯記』	206	質素倹約	174
薩摩藩暦	204	質素倹約令	6
雑用金	165	実高	139
茶道頭	201	士農工商	13, 156
砂糖製造所	192	仕登米	209
茶道坊主	200	芝居見物	18
晒蠟	236	地場産業	41
産業開発	82, 232	地引合検地	40
産業奨励策	190	資本主義	101
産業振興（策）	41, 108, 177, 252	『島根縣史』	93
産業税	252	下郡	107, 110
参勤交代（制度）	33, 39, 74, 78, 82, 85, 98, 104, 122, 168, 173	下郡役	107
		借銀返済方	228
36 興利	60, 69	借財	63, 77
三枡口米	11	借知	78
蚕桑役局	85	奢侈品	174
産物切手	190	趣意書	81
三役銀（夫銀、堤役銀、伝馬銀）	11	朱印状	205
算用方	230	自由経済	129
山林方	100	衆子	13, 21
地江戸両仕組掛	246	自由市場主義	116
仕置役（当職）	95, 97, 102	重商主義	23, 116, 134-5
仕置役添役	95	『修身録』	137
直目付役	231	重税政策	140
『史記』	136	収入獲得行為	58
直触	201	重農主義	23, 116, 134-5, 146
『自教鑑』	136	修復普請	123
時限立法	59	修補会計	252, 254
侍講	180, 182	修補資金	253
四公六民	10, 20	修補制度	251
私札	190	14 ヵ条の壁書	87
持参金	35	儒家	14
地子銭	128	儒教	14, 103
寺社開作	253	趣向方	99, 101
時習館	39	守護大名	197

事項索引

朱子学	96, 103, 115, 139
主席家老	51
出家禁止令	170
準御三家	166
『春秋左氏伝』	3
準備銀	35
商業株	162
貞享検地	230
商業資本	151
正銀	225
将軍侍講	4, 8
少将	8
上書箱	84
上申書	172
庄内大地震	170
商人学者	115-6, 130
上納金	126, 183, 206
消費奨励策	19
冗費の節減	188
商品経済	18, 109, 239
昌平坂学問所	181
定法櫃実高	236
庄屋	107
丈量	230
浄瑠璃	6
諸方勝手掛	178, 180-1, 184
『書経』	178
殖産興業(産業の振興)	12, 58, 60, 151, 191, 218
諸郡畠銀	224
『諸国民の富の性質及び諸原因に関する一研究』(『諸国民の富』)	116
諸小役	59
所帯方	228
所得税	186
『白石茂兵衛覚書』	163
白子神社	73, 75
四郎兵衛産業	252
仁	14
神器陣	246, 248
進貢	211
新興商人	45
人口政策	83
人材登用	85
仁慈	19
親政	94-5, 99
仁政	74, 139, 179
仁政思想	137
『仁政録』	149
新田開発	10, 12, 58, 61, 122, 149, 164, 177, 194, 230, 253
新田方	100
新番	202
人別銭	79
新物成	231
『親類並申渡書』	119
推譲	67
周田塾	247
捨て扶持	31
寸志御家人制	34
『寸翁退隠願之書』	185
征夷大将軍	5
正貨	34
菁莪社	72
旌旗	121
誓詞	58, 73
税制	128
誠忠組	197
旌表	120
製蠟事業	42
関ヶ原の戦い	9, 29, 51, 54, 76, 98, 197, 217, 243, 257
積小為大	67
石炭運上銀	233
籍田の礼	83
摂政	109
折衷派の儒学	75
銭札	190
迫駒	148
迫駒拝借金	148
善光寺普請	55
戦国時代	162, 186, 197
戦国大名	33
賤商主義	156
専売営業税	128
専売制	41, 208, 218

専売統制	239
泉府方	100-1
『草稿抄』	117, 120
造士館	204
奏者並役	227
奏者役	227
増上米	170
相談役	38
総詰	181-2
総紕	85
惣百姓一揆	57
組織改革	85
租税制度	69
側近政治	4, 79
率先垂範	88
徂徠学	169
尊皇攘夷	257
損引	40

タ　行

『大学』	20
代官	230
大凶作	41
大倹約	82
大倹約令	74, 81
大嘗会	7
大庄屋	106
滞納銀	211
『代表的日本人』	71
大名貸し	115, 184
大名行列	33
大名仕切料	86
高須松平家（四谷家）	9
高田検地	55
高遠検地	55
高輪御殿	207
タスク・フォース	31
たたら製鉄	147
田沼時代	142
頼母子講	188
田村騒動	56
探索取締り方	210

担税能力	190
「丹波恒重の手記」	96
小さな政府	22
地下馳走米	228
知行	37, 122
知行地	197
知行地高	32
知行取	76
笞刑	31
『治国大本』	103, 105, 110
『治国譜』	105-6, 110
『治国譜考証』	105-7, 110
馳走米	225, 249
地方公共団体	186
中老格	95
中老仕置添役	94, 99
逃散	36, 79, 163
徴税制度	23
朝鮮通信使	184
貯米	145
追損米	223
通行税	78
月割上納	59, 69
月割分納	60
津留政策	192
潰れ百姓	163-4
詰所	8
鶴浜開作	232
手余地	141, 163
帝王学	159
定追損米	222-3
低成長時代	12
泥土脱色糖法	235, 239
定免制	236
定免法	40
手伝普請	33, 78, 104, 122, 124, 164, 171, 203
手廻頭役	222, 226
伝国の辞	83
天皇即位式代参	186
天ぷら金	211
『天保11年7月　流弊改正意見』（「7月7日の7カ条の建白書」）	249-50
天保の改革	88, 133, 213, 240,

事項索引

	243-4, 248-9, 255
天保の大飢饉	88
「天明御地盤組立」	171
天明の改革	87
天明の大飢饉	45, 134, 137, 151, 161, 168
天文館	204
東海道普請	165
銅座	118
東山焼	192
当職	217, 219, 221
当職裏判役	217, 227, 230
当職手元役	222-3, 249
銅銭	106
倒幕運動	212
倒幕思想	257
当分之養子	220
当役	226, 238
当役手元役	222
『東遊雑記』	163
当用借米銀	227
徳懸	40
『徳川実紀』	143
徳川四天王	162
特産物の生産	191
『読書巧課録』	137
徳政	173-4
所替	183
外様	218
外様大名	29, 78, 166
富の再分配	108

ナ　行

仲買商人	127
名古屋祇園祭	6
名古屋城	10
名古屋東照宮祭	6
南湖の庭園	149
南蛮車	234, 238
西廻り航路	155, 254
日光諸堂修復	184
日光代参	184, 186
日光東照宮修理	165

日光普請	55
『二宮翁夜話』	67
250年間の年賦返済	207
『日本及日本人』	72
『日本外史』	161
『日本人とユダヤ人』	49
日本大学	244
入札払米	143
人間尊重主義	60, 67
人参製役所	191
抜け綿	237
塗物役所	146
年貢	23, 33
年貢金	11
年貢軽減政策	140
年貢収入	177
年貢高	122
年貢徴収体系	iii
年貢月割	59
年貢納入	59
年貢の徴収	40, 58, 60
年貢米越小物成	11
年貢率	23
農業政策	83
農業の振興	173
農業復興	155
『農政本論』	206
農村の荒廃	79, 142
農村の復興策	172
農地解放	156
農民の商人化	146
能力主義	52
ノブレス・オブリュージュ	51

ハ　行

『売却売爵論』	246
拝借米	166
廃藩置県	208
萩藩	218
幕政改革	137, 151
幕藩体制	22, 118, 151, 182, 218
幕府御連枝	5

幕府巡見使	163	百姓作徳米	122
幕府体制	198	百姓自力開作	253
幕府老中	135	『病翁宇波言』	245
禿百姓	83	鬢付屋中	237
櫨方	42	撫育会計	252, 254
櫨方請込役人	42	撫育方	230, 232, 238-40, 243
櫨方手子	235	撫育方塩田	233
櫨方役所	236	撫育資金	252-3
櫨手子	236	付加税	11
櫨実取立人	236	奉行	38
畠銀	225	分限	107
八組郷中	168, 173	分限料	183
『蜂の寓話』	17, 21	富士山の大噴火	164
8万貫目の大敵	244	富士山の噴火	11
法度	17	『武士道』	71
破免	41	扶助米	76
梁川松平家（大久保家）	9	釜甑方	100
藩営蠟締所	42	札上所	233
藩軍用金	206	譜代大名	29, 137, 183
藩債	249	札切手	190
藩債証文	206	武断主義	77
藩債250年賦償還法	257	武断政治	118
藩札	10, 34, 126, 190	扶持方成	227, 238
——の発行	34	扶持米	122, 126
播州木綿	118	物品移転税	190
判書	10	物々交換	15
藩政刷新	102	舟繋	125
半知	225	歩引	62
半知借上	37, 53, 58, 62, 65, 78	不昧流	93
番役	227	文教政策	33
引米	144	文人派	177, 185
『日暮硯』	49-50, 64, 66	文治主義	77
備荒貯蓄制度	173	分度	67
備荒籾	168	文明館	96
非常倹約令	249	『文明論之概略』	3
非常の才	45	米価対策	127
備前検地	10	米価調整	108
備蓄金	206	米札	119, 126, 130
備蓄米	170	米札制度	130
逼塞	95-6, 98, 179	平羅	108
筆頭家老	53, 56	鼈甲細工所	193
人割扶持	144	別途会計	231
百姓一揆	29-30, 56, 99, 140, 142	ペティ=クラークの法則	87

事項索引

便宜の原則	65
宝永山の噴火	55
封建時代	83
封建社会	52
『防長風土注進案』	252
防長米	252
『抱朴子』	110
法令（規制）	16-7
宝暦検地	217, 230-1, 239
宝暦の改革	28, 37, 52, 217, 238, 240, 243, 249, 253
宝暦の飢饉	88, 101
俸禄	58, 76
俸禄切下げ	34
『牧民後判』	137
没落農民	141
本知	145
本知支給	144
本年貢	59
本禄高	122

マ　行

賄	165
『升小談』	127
升屋札	126
又者	165
町方吟味役	146
町奉行	201
『松江市誌』	93
『松江藩出入捷覧』	106, 111
末席家老	56
『松平不昧傳』	108
間引	79
『御行状史料』	150
御国用積銀（制度）	188-9, 195
密貿易	211
「水戸黄門漫遊記」	101
見習奉公	158-9
身分制度	156
冥加金	34, 190
冥加銀	188
冥加銀講	188
冥加金制度	190
名代	227
無為思想	21
無格	202
無私の精神	28
無職家老	99
村手子	235
村遣い	171
村札	190
室津銀元会所	189, 194
明君	3
名君	3
明治維新	214, 240, 243, 256
明治維新史	218
明倫館	245, 247, 256
明倫館再建用掛	247
明和・安永の改革	81, 85-6
明和の改革	93
乳母子	57
綿布運上仕法	237
『毛介綺煥』	36
「申仕置条上」	223
「申聞置条々」	37
『申聞条々』	231
物成（年貢収入）	122
籾相場（御立直段）	59
木綿切手	190
木綿札	190

ヤ　行

薬園奉行	211
矢倉方頭人	249, 254
役料	122
約料米	201
八谷塾	245
遊郭の開設	18
遊休貨幣	22
湯島聖堂	180
『夢之代』	116, 127, 129-30
養蚕業	86
養蚕奨励	85
用使役	99

養鯉	60	利用税	128
予算制度	58	『領知判物』	12
四ツ概制度	10	『遼東の以農古』	245, 247
米沢絹織物	82	量入制出原則（量入為出の原則）	68, 87, 110, 251, 254
寄合	202	領民救済	45
寄合並	202	臨時税	226
与力	95	累進課税制度	89
		累積赤字	63
		『歴史の研究』	27

ラ　行

		老子	21
蘭学	116	老中首座	138
蘭癖	204	六斎市	20
理外の理	58	六公四民	107
理財	104	『論語』	20-1, 43
利米	166		
琉球貿易	203, 211		

ワ　行

「柳子新論」	118		
流通経済	156		
両替商	184	賄賂政治	118
両替商升屋	115	若年寄	138
両御隠居様御続料掛	201	脇米	164
領国支配体制	9	割引値段（段相場）	59

著者紹介

大淵 三洋（おおふち　みつひろ）　Mitsuhiro OFUCHI

〔略歴〕
1957 年　静岡県三島に生まれる
1980 年　日本大学経済学部卒業
1985 年　日本大学大学院経済学研究科博士後期課程単位取得満期退学
1998 年　Visiting Research Fellow, Professor : The Institute of Historical Research, University of London
　　　　Research Scholar : The London School of Economics and Political Science, University of London
2008 年　Visiting Fellow : Adam Smith Research Foundation, University of Glasgow
　　　　Visiting Scholar : The Scottish Institute for Research in Economics, University of Edinburgh
　　　　博士（国際関係）
現　在　日本大学国際関係学部教授

〔主たる著書〕
『近世諸藩における財政改革――濫觴編――』（単著）八千代出版、2018 年
『基本経済学』（共編著）八千代出版、2018 年
『イギリス正統派の財政経済思想と受容過程』（単著）学文社、2008 年
『イギリス正統派経済学の系譜と財政論』（単著）学文社、2005 年
『古典派経済学の自由観と財政思想の展開』（単著）評論社、1996 年

〔主たる訳書〕
グローブス, ハロルド・M. 著『租税思想史――大ブリテンおよびアメリカ合衆国における 200 年間にわたる租税思想――』（共訳）駿河台出版社、1984 年
ヒースフィールド, デイビッド編著『現代インフレーション理論の展望――モデルと政策――』（共訳）日本経済評論社、1984 年

近世諸藩における財政改革
──燎原(りょうげん)編──

2019年6月5日第1版1刷発行

著　者─大　淵　三　洋
発行者─森　口　恵美子
印刷所─壮光舎印刷㈱
製本所─渡　邉　製　本㈱
発行所─八千代出版株式会社

〒101-0061　東京都千代田区神田三崎町2-2-13
TEL　03-3262-0420
FAX　03-3237-0723
振替　00190-4-168060

＊定価はカバーに表示してあります。
＊落丁・乱丁本はお取替えいたします。

ISBN978-4-8429-1750-4　　　　©2019　M. Ofuchi